U0959236

"对赌协议"实务全书

操作指引与裁判规则

刘鹏飞　著

中国法制出版社
CHINA LEGAL PUBLISHING HOUSE

序言

企业是创造社会财富的机器，资金是造富机器的血液！现代企业的成长、运营、做大做强几乎都离不开外部输血即融资。随着中国经济的高速发展，我国已经成为世界上最大的创业投资市场之一。“对赌协议”作为股权投融资市场的常用估值融资工具，活跃了我国股权投融资及并购市场，促进了我国企业和经济的发展。但“对赌协议”也有一系列的弊端，引发了很多纠纷。因为“对赌协议”的标的额一般比较大，起步额度一般也要数千万元，对赌失败后的纠纷往往很激烈、结果很惨烈，融资公司的大股东或实际控制人有可能落得个倾家荡产的结局，投资方也可能因融资方缺乏补偿能力而血本无归。

因“对赌协议”涉及的利益主体较多，法律关系复杂，涉及公司法、合同法、财会制度、金融制度、经济制度及其他法律制度规范等。“对赌协议”的诸多法律问题，无论是理论界还是实务界还存在很多争议。随着“对赌协议”法律服务需求的激增，对相关指导性资料的渴望也日益急切。本人多年来专注于股权投融资及公司法的实践和理论研究，深知创业投资的风险和不易。自被称为“中国对赌第一案”的“甘肃世恒与苏州海富案”后，我一直准备写一本关于“对赌协议”的法律实务用书，望能给创投者及相关从业者提供一点参考或提示。随着我国对赌案例的不断丰富、本人关于对赌实践和理论研究的不断深入，以及2019年《全国法院民商事审判工作会议纪要》的公布，使得本书最终得以成型。在本书写作过程中，全球新冠疫情暴发，给很多“对赌协议”的履行造成了巨大的影响，因此本书第六章对相关问题讲解得也比较详细。

为了便于阅读，本书的几个特点有必要向读者介绍一下：

1. 非诉与诉讼相结合：本书注重非诉与诉讼相结合，通过非诉加深对诉讼的理解认识，通过诉讼促进非诉技能的提高。

2. 融资方与投资方分别有针对性建议：本书涉及的实操问题，都尽量根据投融资双方的不同特点、不同立场、不同风险分别有针对性地提出建议或提示。本书第十一章是针对投融资主体的不同特点，分两节对前十章内容做了概括性的提炼和补充。

3. 注重实操落地：本书介绍的所有具体对赌问题，几乎都给出了实操解决方案或提示。本书讲求的落地不仅仅是实操的落地，更要追求操作方案的法律依据、理论依据、案例依据的落地，实操方案不能成为“空中楼阁”。

4. 实操、案例、法条、理论、能力提升相结合：本书注重实操的同时，更注重理论联系实际，力图让读者不仅“知其然”，还要“知其所以然”，希望读者能够从感性认识上升到理性认知，真正能够达到能力的提升。

5. 案例丰富，具有工具书的特点：本书写作时，力图把“对赌协议”涉及的常见法律问题特别是诉讼问题尽量多地收集进来，并从数千个对赌案例中精选了数十个具有代表性的案例，以便读者需要时可以查阅到参考观点或风险提示。

6. 系统性、动态分析解决问题：本书在分析解决“对赌协议”问题时，运用作者创立的“股权投融资生命循环理论”系统性、动态地分析矛盾、设计方案，即处理股权投融资法律问题，必须充分考量并尊重公司的“初创—成长—扩张—成熟—衰亡”生命周期、公司不同融资生命阶段的特点和衔接问题以及 PE 等投资机构的“募—投—管—退”的资本循环过程，避免割裂、静态的分析解决问题，避免简单的“头痛医头，脚痛医脚”或“刻舟求剑”式的处理股权投融资对赌法律问题。

世上没有两个完全相同的案件，因此遇到对赌法律事务不能简单套用书中观点，应当具体案件具体分析，请专业人士协助分析判断。受能力所限，书中内容仅是本人“摸着石头过河”的一点拾遗体会，难免粗陋浅薄甚至谬误，望能抛砖引玉。创投不易，愿相关从业者多一点坦途，如本书能给创投者带来一点点提示，本人将甚感欣慰。最后，感谢韩璐玮编辑、我的家人和朋友们的支持。

刘鹏飞

2021年3月15日于北京

目录

第一章　揭开“对赌协议”的面纱 / 001

第一节　对赌协议的基本知识 / 001

一、对赌协议的适用场景与概念 / 001

实务案例　摩根士丹利等机构投资蒙牛案 / 002

二、对赌协议的作用、估值调整方式、应用以及利弊 / 005

三、对赌协议的分类 / 008

四、对赌协议身世之谜 / 011

五、国外的估值调整机制 / 012

六、我国的对赌法律现状 / 013

第二节　对赌协议与其他法律关系的比较分析 / 014

一、射幸合同与对赌协议的比较分析 / 015

二、附生效条件的合同与对赌协议的比较分析 / 016

三、期权（股票期权）与对赌协议的比较分析 / 017

四、股权转让与对赌协议的比较分析 / 018

五、借贷与对赌协议的比较分析 / 019

六、明股实债与对赌协议的比较分析 / 019

七、联营合同与对赌协议的比较分析 / 020

八、担保合同与对赌协议的比较分析 / 021

九、股权让与担保与对赌协议的比较分析 / 021

十、对赌协议的法律性质 / 022

第二章　对赌要素与操作 / 023

第一节　与谁“赌”——对赌主体的选择与操作 / 023

一、投资机构的选择与反向尽调 / 023

二、与原股东对赌的几个要素与精细化筛选 / 027

三、与目标公司对赌的积极作用、法律困境与破解之道 / 029

四、与管理层对赌 / 032

五、涉及特殊对赌主体的选择 / 033

第二节　“赌”什么——对赌标的的设定与操作 / 034

一、“赌”业绩之财务指标 / 034

二、“赌”业绩之非财务指标 / 035

三、“赌”上市 / 036

四、“赌”其他 / 036

第三节　如何“赌”——对赌工具的选择与使用 / 037

一、货币补偿工具及其使用 / 037

二、股权调整（补偿）工具及其使用 / 038

三、股权回购（退出）工具及其使用 / 039

四、优先权工具及其使用 / 041

五、公司控制权调整工具及其使用 / 041

六、反稀释工具及其使用 / 043

七、对赌支付工具及其使用 / 043

八、其他对赌工具 / 044

第三章　估值、投资对赌条款设计与风险防范 / 045

第一节　公司估值 / 045

一、公司估值的含义 / 045

二、非上市公司的估值方法 / 046

三、上市公司的估值方法 / 048

四、不同类型和行业公司的估值方法 / 049
五、公司估值的确定 / 049
六、公司估值风险防范 / 050
第二节　对赌基础典型条款设计 / 050
一、估值条款设计与风险防范 / 051
二、财务业绩与现金补偿条款设计及风险防范 / 053
实务案例　甘肃世恒公司等与苏州海富公司增资纠纷再审案 / 054
三、上市目标与股权回购条款设计及风险防范 / 055
实务案例　甘肃世恒公司等与苏州海富公司增资纠纷再审案 / 057
第三节　对赌辅助保障条款设计 / 059
一、股权转让限制条款设计与风险防范 / 060
二、共同出售权条款设计与风险防范 / 061
三、强卖权条款设计与风险防范 / 062
四、反稀释条款设计与风险防范 / 064
五、优先分红权条款设计与风险防范 / 068
六、增资优先认购权条款设计与风险防范 / 069
七、优先清算权条款设计与风险防范 / 070
八、董事席位及一票否决权条款设计与风险防范 / 071
九、信息披露和检查权条款设计与风险防范 / 074
十、关联交易条款设计与风险防范 / 075
十一、竞业限制条款设计与风险防范 / 076
十二、违约责任条款设计与风险防范 / 077
十三、效力调整条款（抽屉协议）设计与风险防范 / 078
十四、其他条款 / 080

第四章　对赌协议的效力与履行 / 081

第一节　与原股东或实际控制人对赌的合同效力及履行 / 081
实务案例　甘肃世恒公司等与苏州海富公司增资纠纷再审案 / 082

一、对赌原则有效，但并非绝对有效 / 083
实务案例　上海瑞沨与朱某起等股权转让纠纷案 / 083
二、致使对赌协议无效的事由 / 084
三、违反法律、行政法规及规章的管理性规定的对赌协议的效力 / 085
四、支持实际履行与强制履行效力 / 086
五、合同效力与合同强制履行效力分开判断的意义 / 087
六、业绩补偿和股权回购可否同时得到支持 / 088
实务案例　深圳前海盛世企业（有限合伙）与徐某栋等股权转让纠纷案 / 088
实务案例　佛山市优势集成企业、潘某来合同纠纷案 / 089
第二节　与目标公司对赌的合同效力及履行 / 090
一、投资方与目标公司对赌的合同效力 / 091
二、投资方与目标公司对赌，并不必然违反法定资本制损害债权人利益 / 093
三、投资方与目标公司对赌，即使构成保底条款也不必然无效 / 096
四、投资方与目标公司对赌，是当事人在商事活动中意思自治的正当需求 / 096
实务案例　江苏华工公司与扬州锻压公司等请求公司收购股份纠纷案 / 097
五、对赌协议有效，未必具有强制履行效力 / 100
实务案例　中国国际经济贸易仲裁委员会 2014 年某仲裁案 / 104
六、目标公司对赌失败，减资完成前，担保人的回购担保义务未成就 / 105
实务案例　北京银海通投资中心、新疆西龙公司股权转让纠纷再审审查与审判监督案 / 105
七、投资方请求目标公司承担金钱补偿义务的困境与处理方法 / 106
八、投资方请求目标公司回购股权的困境与处理方法 / 107
第三节　对赌协议的效力与公平原则、风险共担原则 / 109
一、对赌协议是否违反公平原则 / 109

二、投资方既对赌又参与公司经营管理是否违反公平原则 / 110
实务案例 陆某芸等与北京四方继保公司合同纠纷案 / 111
三、对赌协议是否违反风险共担原则 / 111
实务案例 强某延与曹某波等股权转让纠纷再审案 / 112
四、对赌协议与保底条款 / 113
五、对赌协议与名为投资，实为借贷 / 115
六、对赌协议与显失公平 / 116
实务案例 九江九鼎中心（有限合伙）与谢某与公司有关的纠纷案 / 116

第五章 对赌条款的触发、行权期限及风险防控 / 118

第一节 对赌条款的触发认定、责任承担 / 118
一、对赌条款的触发原因与责任承担 / 118
实务案例 蓝某桥、宜都天峡公司、湖北天峡公司与苏州周原九鼎投资中心（有限合伙）其他合同纠纷案 / 119
二、对赌条款的触发认定 / 120
实务案例 冯某等与天津平禄公司合同纠纷案 / 120
三、约定不明对赌条款的触发认定 / 121
实务案例 九江九鼎投资中心（有限合伙）与谢某与公司有关的纠纷案 / 122
四、对赌条款的“提前”触发 / 124
实务案例 蓝某桥、宜都天峡公司、湖北天峡公司与苏州周原九鼎投资中心（有限合伙）其他合同纠纷案 / 124
五、触发回购条款的“条件”“期限”与“期限利益”抗辩理由 / 126
实务案例 北京碧海舟公司等与天津雷石投资（有限合伙）股权转让纠纷案 / 126
六、对赌协议回购条件的触发是否必然以对方违约为前提 / 129
实务案例 招银叁号与杨某红合同纠纷案 / 129

七、对赌条款触发的风险防控 / 131
第二节　对赌行权的除斥期间、合理期限、诉讼时效 / 132
一、对赌中股权回购权的法律性质与行权期限的关系 / 132
二、对赌中股权回购权的除斥期间 / 133
实务案例　安徽绿雨公司与北京正达投资股权转让纠纷案 / 134
三、对赌中股权回购权的合理期限及其认定 / 135
实务案例　冯某等与天津平禄公司合同纠纷案 / 136
实务案例　张家港浩波贸易公司与张家港盛威公司股权转让纠纷案 / 139
实务案例　北京千舟清源基金（有限合伙）等与山东宏力公司等合同纠纷案 / 141
四、对赌中股权回购权的诉讼时效 / 143
实务案例　九江九鼎中心（有限合伙）与谢某与公司有关的纠纷案 / 143
五、对赌中股权回购权诉讼时效起算点的确定 / 146
实务案例　方某中与池州工投公司等股权转让纠纷案 / 147
实务案例　张某忠、柳某合同纠纷案 / 147
实务案例　湖南湘西高新投资、新中合公司股权转让纠纷案 / 149
实务案例　信达新兴公司与庄某等股权转让纠纷案 / 149
实务案例　高能公司与吴某秋委托合同纠纷案 / 150
实务案例　浙江星莱和公司、莱恩公司股权转让纠纷案 / 151
实务案例　东华科技公司与淮化公司合同纠纷案 / 152
六、对赌条款触发后的期限法律风险防范 / 153

第六章　对赌与不可抗力、情势变更、约定解除权 / 155

第一节　对赌与不可抗力、约定解除权 / 155
一、不可抗力的认定标准与范围 / 156
二、不可抗力引起的法律后果与责任 / 157

三、对赌与疫情 / 160
实务案例　井某敏、南某茹新增资本认购、买卖合同纠纷案 / 161
四、对赌与 IPO 暂停 / 161
实务案例　上海嘉石公司与李某民、第三人新疆天海绿洲公司股权转让纠纷案 / 162
五、对赌与政府征收 / 163
实务案例　江西建信（有限合伙）与南昌宝葫芦及其股东等增资合同纠纷案 / 163
实务案例　耀声公司与厦门信托公司、青岛海协信托公司借款担保合同纠纷案 / 166
六、对赌协议中的不可抗力条款与约定解除权 / 166
实务案例　北京佳莲公司与北京百得利公司买卖合同纠纷案 / 168
实务案例　翁某某与胡某某等股权转让纠纷案 / 171
七、对赌中融资方应对不可抗力的注意事项与措施 / 171
实务案例　董某杰与陈某锋股权转让纠纷案 / 175
八、对赌中投资方应对不可抗力的注意事项与措施 / 175
九、法院在对赌协议涉及不可抗力案件时的审查要点及裁判思路 / 176
第二节　对赌与情势变更 / 178
一、情势变更的概念与适用条件 / 178
二、情势变更原则的法律后果与程序要求 / 179
三、情势变更与不可抗力、商业风险、显失公平之比较 / 181
实务案例　成都鹏伟公司与江西省某县人民政府、某县鄱阳湖采砂管理工作领导小组办公室采矿权纠纷案 / 182
实务案例　大宗公司、宗某晋与淮北圣火矿业公司等股权转让纠纷案 / 184
四、对赌与疫情 / 185
五、对赌与 IPO / 185
实务案例　甄某君等与梁某明等股权认购权转让纠纷案 / 186
实务案例　周某华与黄某玲等合同纠纷案 / 186

六、对赌与全球金融风暴 / 187
实务案例 上海立鸿投资（普通合伙）与浙江中宙光电公司等股权转让纠纷案 / 187
七、对赌与双反措施 / 188
实务案例 厦门金泰投资（有限合伙）与骆某、江西雷迪公司公司增资纠纷案 / 188
八、对赌与市场价格剧烈波动 / 189
实务案例 南京誉达投资（有限合伙）与陈某等股权转让纠纷案 / 190
九、对赌协议中的情势变更条款 / 190
实务案例 翁某某与胡某某等股权转让纠纷案 / 191
十、对赌中应对情势变更的注意事项与措施 / 191

第七章 对赌担保与创业者保护 / 193

第一节 对赌担保与应对策略 / 193
一、公司担保基本规定之《公司法》第 16 条的三种理论观点 / 194
二、公司关联担保效力判断的法律依据与逻辑 / 194
三、公司关联担保主观善意的认定与审查义务 / 196
四、越权担保的民事责任与对赌关联担保的特殊性 / 197
五、实践中对赌案例关联担保问题的不同理解 / 198
实务案例 通联公司与成都新方向公司等与公司有关的纠纷案 / 198
实务案例 郭某等与郑某等股权转让纠纷案 / 199
实务案例 强某延与曹某波等股权转让纠纷案 / 201
六、公司担保问题的启示与对策 / 203
第二节 对赌中的创业者保护与家庭财产隔离 / 204
一、对赌实务中法院对夫妻共同债务的认定思路与裁判观点 / 204
实务案例 金某与建银文化基金合同纠纷案 / 204

实务案例 陆某芸等与北京四方继保公司合同纠纷案 / 207
二、对赌中涉及夫妻共同债务的法律规定与解析 / 208
三、对赌风险防范与家庭财产隔离保护措施 / 210

第八章 涉及国企、上市公司的对赌 / 215

第一节 涉及国企的对赌 / 215
一、涉及国企的对赌类型 / 215
二、对赌协议与国资监管规定 / 216
三、国企向非国企投资的对赌回购 / 218
四、国企引入非国企投资的对赌回购 / 220
实务案例 上海阳亨公司与江苏省盐业集团股权转让纠纷案 / 220
实务案例 华电集团与国恒公司股权转让合同纠纷案 / 222
实务案例 北京安联公司与北京安恒达公司等股权转让纠纷案 / 222
实务案例 武汉银城公司等与湖北信联公司国有土地使用权转让合同纠纷案 / 223
五、国企投资国企的对赌回购 / 224
实务案例 联大公司与安徽高速股权转让纠纷案 / 224
六、涉及国企对赌的股权补偿问题 / 225
七、涉及国企对赌的法律风险与对策 / 226
第二节 涉及上市公司的对赌 / 227
一、上市公司“对赌”的含义、作用与现状 / 228
二、上市公司涉及对赌的几种情况 / 230
三、上市公司并购重组时的对赌主体、对赌资产及补偿原则 / 232
四、上市公司对赌常见业绩承诺与补偿方案核心事项 / 233
五、监管机构的关注重点与对赌实操建议 / 236
六、上市公司在现行法律体系下的对赌困局与办法 / 237
七、并购重组中双方当事人的对赌风险与应对策略 / 239

第九章　对赌案例实录与诉讼实操全程指引 / 242

第一节　对赌案情解剖与要点筛查 / 242
一、对赌案件基本文件和案情 / 242
二、对赌案件要点提炼与委托人诉求 / 252
三、对赌案件法律关系疑点问题筛查 / 253
四、对赌案件疑点问题提炼剖析 / 256
第二节　对赌案件战略规划、战术设计与诉讼实操 / 257
一、对赌案件诉求的确定与战略规划、战术设计 / 258
二、对赌纠纷案由、管辖、起诉与战略战术的实施 / 260
三、对赌诉讼节奏的战术控制 / 266
四、对赌纠纷的开庭与辩论 / 268
五、对赌纠纷的相持、谈判与和解 / 272

第十章　对赌协议的法律适用与裁判规则 / 274

第一节　对赌协议的法律适用 / 274
一、对赌协议常见法律适用问题及产生原因 / 274
二、对赌协议中合同法与公司法的调整领域 / 275
三、对赌协议中合同法与公司法的衔接转换 / 275
四、法院在对赌协议法律适用问题上的回应 / 276
五、仲裁委员会在对赌协议法律适用方面的特点 / 276
第二节　对赌案件的审判理念和裁判规则 / 277
一、对赌案件的审判理念和审理原则 / 277
二、审理对赌案件的裁判规则 / 279
三、对赌协议中的几个底层法律关系问题 / 280
四、目标公司内外债权间的衡平保护与深石原则 / 282
第三节　最高人民法院裁判观点集成 / 283
一、对赌协议与股权转让的区别认定 / 283

二、当事人在《投资协议书》外另行签订的保护投资人利益的条款，属于对投资合作商业风险的安排，应为有效 / 284
三、将未能实现约定净利润指标设为股权回购条件，并不损害目标公司及债权人利益，应为有效 / 286
四、因股权回购协议履行基础已经发生颠覆性变化，致使回购义务不能按约定期限和比例履行的，不构成违约 / 287
五、股权回购请求虽然被驳回，但是待回购条件成就时仍可再主张 / 288

第十一章　对赌法律问题综合提示 / 291

第一节　对融资方的对赌法律问题综合提示 / 291
一、融资方的优势、劣势及面临的主要风险 / 291
二、补足短板，及时聘请外部专家顾问 / 292
三、是否对赌、如何对赌，知其后果再抉择 / 293
四、投资机构的选择 / 293
五、业绩目标要理性，上市预期要合理，不盲目追求高估值 / 294
六、融资节奏及多轮融资的对赌问题 / 295
七、从对赌控局到公司控制权 / 296
八、对赌陷阱之经营控制权被干预及丢失后对对赌协议履行的影响 / 296
实务案例　陆某芸等与四方继保公司合同纠纷案 / 297
实务案例　瑞锋公司等与劳莱斯门业公司等公司合并纠纷案 / 298
九、对赌的潜在风险条款 / 299
十、利益及风险的平衡，减免责任条款要明确 / 299
十一、注意风险隔离与家庭财产保护 / 300
十二、股权融资时的商业秘密保护 / 300
十三、程序权利与期限利益 / 301
十四、对赌刑事法律风险 / 301
第二节　对投资方的对赌法律问题综合提示 / 302
一、投资方的优势、劣势及面临的主要风险 / 302

二、加强尽调，尽量减小估值误差 / 304
三、确保对赌协议的效力，勿疏忽放纵，防范经验主义错误 / 305
四、对赌设计要注意诸多关系和要素的协调配合 / 306
五、注重对赌担保问题 / 306
六、争议解决方式及管辖地点的选择 / 306
七、争议解决程序与强制执行 / 307

第一章　揭开“对赌协议”的面纱

“横看成岭侧成峰，远近高低各不同”，这是对赌协议常给人的印象。因为对赌协议并不是一个严格意义上的专业法律术语，其涉及的利益主体较多、法律关系复杂，所以无论是实务界还是理论界，对其普遍存在不同的认识和定性，甚至不同观点之间偏差很大。鉴于此，本书在讲述对赌协议之前，有必要先揭开对赌协议的面纱，概括介绍一下对赌协议的基本概念。就相关问题，本章将分成“对赌协议的基本知识”和“对赌协议与其他法律关系的比较分析”两节进行介绍。

第一节　对赌协议的基本知识

对赌协议出现的时间不算太长，且在不断地变化，涉及的法律关系也较复杂，因此在探讨对赌协议法律问题之前，有必要先厘清对赌协议的范围，理解口径、概念、含义等问题。同时，为了更全面地了解对赌协议，本节将一并介绍对赌协议的渊源、作用、分类、我国对赌协议的现状等。

一、对赌协议的适用场景与概念

说到对赌协议，蒙牛公司与摩根士丹利等境外投资基金的对赌安排是一个典型案例。

实务案例

摩根士丹利等机构投资蒙牛案①

2003年蒙牛与摩根士丹利、鼎晖、英联投资签订"对赌协议"约定，如果在2004年至2006年3年内，蒙牛乳业的每股盈利年复合增长率超过50%，那么这3家投资机构将最多7830万股股权转让给蒙牛在海外上市注册的金牛公司；但如果蒙牛在此期间的年复合增长率未达到50%，金牛公司亦就要将最多7830万股股权转让给机构投资者，或者向他们支付对应的现金。由于蒙牛乳业业绩表现远远超出预期，2005年4月，3家机构投资者向金牛公司支付了598.76万美元的可换股票据，提前终止双方协议。

对赌协议，又称估值调整机制（Valuation Adjustment Mechanism，VAM）或"估值调整协议"，在我国实践中主要有三种适用场景：一是风险投资（Venture Capital，VC）、私募股权投资（Private Equity，PE）过程中的对赌；二是上市公司重大资产重组交易中的业绩补偿（本书第八章第二节专门介绍）；三是中国企业（不限于上市公司）并购海外标的时或有对价，又叫作盈利支付机制（Earn－Out）的安排。其中，PE/VC投资语境下的对赌引发了最持久的法律争议。②

由于人们认识理解的不同，在对赌协议具体的定义上，到目前为止，学术界尚未做出统一明确的界定。实践中关于"对赌协议"条款范围的界定至

---

① 参见蒙牛乳业："释义""企业架构"，《招股章程》，载香港交易所官网，http：//www. hkexnews. hk/listedco/listconews/SEHK/2004/0601/02319/CWP111_ c. pdf，2020年2月17日访问。本节有关蒙牛乳业对赌案的具体内容均参见该《招股章程》。

② 参见刘燕：《"对赌协议"的裁判路径及政策选择——基于PE/VC与公司对赌场景的分析》，载《法学研究》2020年第2期。

少存在三种不同的口径[①]：

一是最狭义的口径：赌业绩，作价补偿。

此口径仅指初始投资的作价调整条款，即针对股权估值困难，双方约定以特定时间后公司实现的业绩作为标准，或者对超额投入的投资者给予补偿，或者要求投入不足的投资者增加出资。[②] 这种口径的对赌协议看起来最符合“估值调整机制（VAM）”的本义。

二是中等口径：赌业绩，作价补偿+股权回购（赌上市居多）。

投资者退出时的股权回购条款通常发生在目标公司未能成功实现IPO上市的情形下。严格来讲，退出阶段的股权回购可以视为“对赌协议”，但称为“估值调整”是比较勉强的。

三是最广义的口径：赌业绩，作价补偿+股权回购+一系列配套条款。

一系列配套条款是指诸如以优先股作为投资工具，采取分期融资、控制权分配、创始人薪酬安排、棘轮条款、领售权、回购优先股等一系列特殊设计。此种口径是将“对赌协议”含糊地表述为投资方与融资方就“未来不确

---

① 由于各家公司对赌交易的细节不同，且缺乏域外法律文本对应概念的界定，国内文献（包括财经类或法律类）在对赌协议或估值调整机制的含义、范围等方面缺乏明确或统一的解说。大体上，人们将对赌协议视为融资活动（特别是PE/VC投资）中应对未来不确定性问题（特别是估值不确定）所使用的金融条款。对于这些条款的范围，至少存在三种不同口径的理解：

一是最狭义的口径，“对赌协议”仅指初始投资的作价调整条款，即针对股权估值困难，双方约定以特定时间后公司实现的业绩作为标准，或者对超额投入的投资者给予补偿，或者要求投入不足的投资者增加出资。这种口径的对赌协议看起来最符合“估值调整机制（VAM）”的本义。

二是中等口径，“对赌协议”包括前述的初始投资作价补偿条款以及投资者退出时的股份（股权）回购条款，后者通常发生在被投资企业未能成功实现IPO上市的情形下。严格来说，将退出阶段的股权回购解释为“估值调整”是比较勉强的，因此时实为PE投资之终止，并无对投资作价进行估值调整之意。冠之以“对赌协议”之名或无可厚非，但进一步视之为“估值调整机制（VAM）”则谬矣。

三是最广义的口径，是将“对赌协议”含糊地表述为投资方与融资方就“未来不确定的情形”所作的约定，根据未来企业的实际盈利能力，由投资者或者融资者获得一定的权利作为补偿。就此含义而言，对赌协议也可以视为PE/VC投资合同的代名词，因为整个一套复杂冗长的PE/VC合同就是为了解决高科技创业公司融资所面对的“极端的不确定性、信息不对称以及代理成本问题”。诸如以优先股作为投资工具，采取分期融资、控制权分配（以及重新分配）、创始人薪酬安排、棘轮条款、领售权、回购优先股等一系列特殊设计，都意味着在未来某种事件发生时对投资者和融资者之间的权利义务（及利益）的变化或调整，从而具有了“对赌”所内含的相机抉择之特征。参见刘燕：《对赌协议与公司法资本管制：美国实践及其启示》，载《环球法律评论》（京）2016年第20163期。

② 参见汤谷良、刘辉：《机构投资者“对赌协议”的治理效应与财务启示》，载《财务与会计》2006年10月；姜达洋：《并购中慎用对赌协议》，载《连锁与特许》2006年第11期。

定的情形”所作的约定，可理解为 PE/VC 投资合同。

以上第一种、第二种口径中的“对赌协议”仅仅是投资协议的一部分条款，因此也可以称为“对赌条款”。这两种口径的对赌协议调整的是股权估值定价及相关财产性问题。第三种口径中的“对赌协议”由于将相关配套条款全部囊括其中，因此只能称为“对赌协议”，不能称为对赌条款，其调整的内容不但包括股权估值定价及相关财产性问题，而且还包括其他权利问题。

最高人民法院在 2019 年 11 月 14 日公布的《全国法院民商事审判工作会议纪要》（以下简称《九民会议纪要》）中这样描述对赌协议：“实践中俗称的‘对赌协议’，又称估值调整协议，是指投资方与融资方在达成股权性融资协议时，为解决交易双方对目标公司未来发展的不确定性、信息不对称以及代理成本而设计的包含了股权回购、金钱补偿等对未来目标公司的估值进行调整的协议。”这是我国司法机关首次对对赌协议作出的概念性描述，对准确认定对赌协议的概念和范围具有重要意义。此描述比较侧重于 PE/VC 的投资语境，条款范围上应属于上述第二种口径概括的范围。笔者认为，可以把“对赌协议”看成“搁置争议，先行合作，目标未达，秋后算账”的一种股权投融资合作方式。

“估值调整机制（VAM）”或“估值调整协议”的概念都好理解，但“对赌协议”的称谓从何而来呢？因为估值调整协议，一方面具有一定的“赌性”，即涉及对被投资企业未来不确定性的判断决策，形式上好似对未来风险下了“赌注”；另一方面估值调整协议又体现出一定的对立性，即当投融资双方进行股权价格调整补偿、股权回购时，双方的立场往往是对立的，有些“零和博弈”的味道，尤其是在双向激励、惩罚的情况下，更能凸显双方的对立性，所以中国人便形象地将此种协议称为对赌协议（单向对赌更像是激励机制）。不论是“对赌协议”还是“估值调整机制”，在通常的认识中两个称呼的含义并无区别，前者是感性通俗的叫法，重点描述风险，可能稍微带点负面评价；后者是理性严谨的称谓，重点描述作用，其实质都与赌博无关，即“对赌”非“赌”。

二、对赌协议的作用、估值调整方式、应用以及利弊

《九民会议纪要》中对赌协议的概念性描述非常精彩，用词精练，抓住核心本质，同时对对赌协议的不同称谓、适用主体和范围、作用、估值调整方式等进行了全面的描述。下面主要就对赌协议概念描述中的作用、估值调整方式、应用以及利弊进行讲解。

（一）对赌协议的作用：解决不确定性、信息不对称和代理成本问题

对赌协议的作用就是解决融资合同中的三个核心问题，即企业未来发展的不确定性、投融资双方的信息不对称和代理成本问题，最终目的是促成股权投融资双方达成合作。

所谓的不确定性，指的就是协议所“对赌”的标的未来的不确定性，即企业未来的业绩不确定、企业能否上市不确定、企业其他条件（比如能否获得某个资质、牌照等）不确定。

信息不对称，指的是投资者与融资者之间存在明显的信息不对称。PE/VC 股权投资时，目标公司（被投资公司）的盈利水平主要是目标公司的控股股东或管理层预测的，他们掌握着被投资公司的全部信息，而投资者（通常是财务投资者，一般不直接参与目标公司的经营管理，其经营管理权委托给目标公司原经营管理层）虽然也做尽调，但是从信息掌握的丰富程度、深入程度等均与原股东和管理层无法比拟。信息不对称是市场经济的弊病，而信息不对称会导致市场交易产生一系列意想不到的问题。在信息经济学上，一般将由于信息不对称导致的问题分为两类，一类是“逆向选择”问题，一类是“道德风险”问题。

“逆向选择”是指市场交易的一方如果能够利用多于另一方的信息使自己受益而对方受损时，信息劣势的一方便难以顺利地作出买卖决策，于是价格便随之扭曲，并失去平衡供求、促成交易的作用，进而导致市场效率的降低。在股权投融资市场中容易造成股权估值价格扭曲、估值困难，从而造成股权投融资成交困难。

“道德风险”，是指代理人签订合约后采用隐藏行为，由于代理人和委托人信息不对称，给委托人带来损失的问题。在PE/VC股权投融资过程中，融资方原股东或实际控制人很可能会利用这种不对称信息，使自身利益最大化，从而损害投资方的利益。

代理成本问题，是指在PE/VC股权投资过程中，因信息不对称、投资方与融资方的利益不完全一致，这就造成了投资方与融资方、委托方与代理方的监督、信任等代理成本问题。对赌协议通过明确具体的业绩目标、上市目标等对赌标的约定，将投融资双方的利益目标变一致，同时给予公司经营管理者一定的目标压力或激励，从而解决了代理成本问题。

对赌协议的工具作用具体体现在以下三个方面：

1. 融资工具

对赌协议正是通过结构性安排的方式，即估值投资—投资运营—调整估值，解决了融资合同的三大核心问题，成为创业公司与PE/VC投资方的桥梁，起到了融资工具的作用。

2. 价格发现工具

创业公司的股权，因缺乏市场交易，也很难通过公信渠道窗口查询到公允的参考价值，更为重要的是投资方购买的是目标公司巨额增资“膨胀”后的未来，而不是过去，公司的未来具有非常高的不确定性，其估值很难公平准确，何况投融资双方信息不对称。正是因为创业公司股权的估值困难，通过对赌协议的估值调整机制才得以发现投融资双方都能接受的目标公司股权价值。对赌协议的英文名称（Valuation Adjustment Mechanism，VAM），更能准确地体现其价格发现工具的含义。估值调整，一般是指投资人对目标公司投资时，比如按P/E（市盈率）法估值，以约定的P/E值与目标公司当年预测利润的乘积，作为目标公司的最终估值，以此估值作为投资的定价基础。投资后，目标公司当年利润达不到约定的预期利润时，需按照实际实现的利润对此前的估计进行调整，退还投资人的投资款或增加投资人的持股份额。

3. 管理激励工具

对赌协议通过定业绩、定目标、估值调整的方式，对公司经营管理层起到了管理工具、激励工具的作用。

（二）对赌协议估值调整的主要方式

对赌协议估值调整的方式，除了上文对赌协议概念性描述中提到的股权回购、金钱补偿方式之外，还有股权调整、股权稀释、股权激励、股权优先权等诸多方式。

（三）对赌协议的应用

对赌协议可以应用在以下几个方面：（1）创业型企业中的应用，如摩根士丹利等机构投资蒙牛；（2）成熟型企业中的应用，如摩根士丹利投资上海永乐电器公司；（3）并购中的应用，如凯雷投资控股徐工集团工程机械公司；（4）股改中的应用，如华联综超（600361）在应用对赌协议方面进行的尝试。

（四）对赌协议的利弊

对赌协议的积极作用，一方面，让中小企业能够较为简便地获得大额资金，从而解决资金紧张问题，以实现低成本融资和快速扩张的目的；另一方面，融资方只要实现对赌条件就无须出让企业控股权，且其资金利用成本相对较低；此外，通过条款设计让当事人调整风险、活跃市场。对于投资方来说减少了尽调成本、管理成本，同时更重要的是降低了投资风险。

但对赌协议的弊端也是很明显的。由于融资方为了拿到瓶颈资金，获得高估值以及尽早实现上市目标等，对赌协议很容易导致管理层为了眼前利益和目标，过度追求规模的非理性扩张，透支企业的未来，在一定程度上忽视或破坏目标公司内部治理，不利于公司的长期发展。融资方为短期利益，签订对赌协议时常常定下不切实际的业绩目标、上市预期，对企业未来风险估计不足，一旦经营环境发生变化，不能达到原先约定的业绩目标，很容易触发对赌纠纷，融资方将不得不通过巨额资金补偿、割让大额股权、让出控制权等方式补偿投资者，其损失是巨大的。

我国的对赌协议采用的是，“静态调整估值法”评估企业价值，与国外的“动态调整评估法”不同，因为缺少中间调控环节，其结果往往容易极端，要么实现业绩目标、上市预期而双方大喜，要么是公司不能实现业绩目标和上市预期而以巨额损失收场。而投资方常常因为融资方没有财力补偿或回购股权，而不能收回投资成本，实际损失惨重甚至还长期身陷纠纷泥潭。

三、对赌协议的分类

股权投融资市场的需求不同，对赌协议的类型也多样，不同类型的对赌协议有不同的法律特点，下面从不同的角度用五种分类方法对其进行介绍：

（一）按照与投资方对赌的主体不同分类

按照与投资方对赌的主体不同，可以分为：投资方与股东、实际控制人对赌；投资方与目标公司对赌；投资方与前两者共同对赌三类。2019 年 11 月 14 日最高人民法院发布的《九民会议纪要》即采用此种分类方式，这对判断对赌协议的效力和强制履行效力很有意义。

1. 投资方与股东、实际控制人（及管理层）对赌

此种类型为常见类型，尤其是“对赌第一案”——“海富对赌案”之后更是成为经常采用的类型。因为，从合同效力上讲，如无其他无效事由，认定该类型对赌协议有效并支持实际履行，实践中并无争议。

2. 投资方与目标公司对赌

因“对赌第一案”中最高人民法院否定了案中该类型对赌协议的效力，所以相当长一段时间内此类型的对赌变得比较少见。《九民会议纪要》虽然认为在不存在法定无效事由的情况下原则上不否定该类型对赌的效力，但是该类型的对赌协议在履行阶段特别注意不要违反“资本维持原则”，否则，法院不会支持实际履行，因此单独适用此种类型对赌协议的很少，当然并不妨碍和其他类型对赌结合使用。

3. 投资方与前两者共同对赌

同时采用以上两种类型对赌协议，如果设计得当，对投资方可以多一层保障。相关案例如“海富对赌案”。

（二）按照投资方式的不同分类

按照投资方式的不同，可以分为：基于增资的对赌和基于股权转让的对赌两类。

1. 基于增资的对赌

此种对赌，即投资方通过定向增资的方式向目标公司投资，成为目标公司股东，从而取得相关权益，约定对赌内容。此种类型的对赌是PE投资的常见方式，实践中，该种增资往往是高额溢价增资。如“海富对赌案”“凯雷徐工对赌案”。

2. 基于股权转让的对赌

此种对赌，即投资方通过高额溢价受让股权（一般是从目标公司大股东处受让）的方式成为目标公司股东，并约定对赌相关条款。此种情况下通常会约定，股权出让方将股权出让款以借款或其他关联方式使目标公司受益。

（三）按照对赌标的的不同分类

按照对赌标的的不同，可以分为：“赌”业绩、“赌”上市、“赌”其他三类。

1. “赌”业绩

此种协议比较常见。该类协议主要约定，当目标公司未能实现约定的业绩目标时，融资方要给予投资方一定的货币补偿、股权利益或其他利益等；反之也可以约定，当目标公司实现约定的业绩目标时，投资方给予融资方一定的利益补偿。对赌的业绩可以是财务指标，如净利润、销售（营业）额、超额回报和利润率、坏账率和无风险资产率、利润增长率、销售（营业）增长率等；也可以是非财务指标，如门店（网点）数量、用户（客户）数、产量、市场份额等。

目前在我国的股权投融资市场，PE机构更偏好财务指标对赌，其原因在于PE机构希望短期化投资通过上市退出，而财务指标是相关上市门槛的要求，且此指标容易量化评估。

2. “赌”上市

该类协议是常见类型。这种协议主要约定，当目标公司未能实现约定的上市目标时，融资方要给予投资方一定的货币补偿（往往是通过回购股权的方式）、股权利益或其他利益等；反之也可以约定，当目标公司实现约定的上市目标时，投资方给予融资方一定的利益补偿。此处的“上市”一般是狭义的公司上市，即目标公司首次公开募股（Initial Public Offerings，IPO），指公司通过境内或境外证券交易所（如境内主板、中小板、创业板、科创板及港交所等，境外纳斯达克、纽交所等）首次公开向投资者增发股票，以期募集用于企业发展资金的过程。上市在不同语境下以及国内外含义不同，而且上市有多种不同路径，因此在“赌”上市的条款中，一定要把相关内容约定清楚，以免产生歧义。

3. “赌”其他

实践中，除了常见的“赌”业绩、“赌”上市之外，还存在“赌”其他标的的情况。例如，目标公司取得某项重要资质、目标公司股权市场价格必须高于某个约定的价格、某项股权或资产并购的完成、技术目标等。

当然，对赌标的的选择与不同行业、公司的不同发展阶段、投资者的偏好、退出方式的选择、不同证券市场的上市门槛等因素有关，不同因素会导致不同选择。

（四）按照对赌主体承担责任的单双向

按照对赌主体承担责任的单双向不同，可以分为：单向对赌和双向对赌。

1. 单向对赌

该类协议一般常见的约定是，当目标公司未实现约定的目标时，融资方要给予投资方一定的货币补偿、股权利益或其他利益等，若目标公司实现了约定的目标，则相互利益不调整。此种对赌协议更像是单向激励协议，相关案例如“海富对赌案”。对赌协议产生于双向对赌，但目前单向对赌的比例越来越大。

2. 双向对赌

该类协议一般常见的约定是，当目标公司未实现约定的目标时，融资方要给予投资方一定的货币补偿、股权利益或其他利益等，若目标公司实现了约定的目标，则投资方给予融资方一定的调整利益，如“蒙牛对赌案”。

（五）按照对赌筹码的不同分类

按照对赌筹码的不同，可以分为：货币对赌、股权对赌、其他权益筹码对赌三类。

1. **货币对赌**

货币对赌，也可叫作现金补偿型对赌，当目标公司未能如期实现对赌目标时，融资方将给予投资方一定数量的货币作为补偿，如"小肥羊对赌案"。

2. **股权对赌**

股权对赌，即在满足协议中约定的对赌条件时，则需要进行相应的股东调整或股权回购等。股权对赌还可以分为，股权补偿、股权稀释、股权回购（退出）、股权优先权等方式。

3. **其他权益筹码**

除了货币、股权之外，其他权益也可以成为对赌双方利益调整的标的，如董事会席位、重要职位指定权等公司控制权相关权益。

四、对赌协议身世之谜

对赌协议的身世有些扑朔迷离，因其展现在我们眼前时是与 PE/VC 相伴相生的，所以实务界普遍认为对赌协议是随着国际资本由 PE/VC 带入中国，像 PE/VC 一样是舶来品，系国际资本市场或 PE/VC 投资的常用工具。由于估值调整机制常被业内人士称为 Valuation Adjustment Mechanism（VAM"），很多人就倾向性地认为估值调整机制或"对赌条款/协议"起源于美国风险投资界。但经过大量的法律检索，发现凡是与 VAM 概念相近的协议安排大都与亚洲地区和中国相关。[①] 新加坡管理大学法学院助理教授张巍也对此问题作了研究，他与在美国硅谷地区从事风险投资业务的专业律师交流，并查阅了该地区从事风险投资业务的知名律师事务所 Fenwick & West 自 2004 年以来按季度发布的美国硅谷地区风险投资协议条款趋势调查，认为基本可确认美国硅谷地区的风险投资业实际上并不存在与中国流行的 VAM 相类似的条款。[②] 其实对赌协议最早发源于 2002 年至 2004 年间摩根士丹利等境外基金投资蒙牛时设立的一项依业绩调整股权比例的安排，并经 2004 年蒙牛于香港联交所上市

---

① 滕云：《估值调整机制的合法性研究 I——起源与演变》，载腾讯新闻网，https://new.qq.com/omn/20190715/20190715A0UC6P00，2020 年 2 月 17 日访问。

② 张巍：《硅谷无对赌》，载《资本的规则》，中国法制出版社 2017 年版，第 4 页。

之招股说明书的描述而为公众所知。随后，永乐、太子奶等民营企业与境外投资者对赌失败的案件让这一术语广泛流传。[①] 关于对赌协议的渊源，可以说是：“众里寻他千百度，蓦然回首，那人却在灯火阑珊处。”

五、国外的估值调整机制

在国外的投融资协议中，估值调整也是企业投融资活动和并购活动中不可或缺的技术环节。不过，作为PE/VC投资的发源地美国法律界早就明确认识到，高科技创业公司融资中存在诸多风险和不确定性，所有的融资合同都需面对三方面的核心问题：不确定性、信息不对称和代理成本。[②] PE/VC合同的条款设计需要回应这些特殊的风险以满足商业实践的需求。为此，美国风险投资协会组织大批业内专家起草了一整套风险投资的《示范合同》，包括：（1）《投资条款清单》；（2）《A序列优先股购买协议》；（3）《公司章程》；（4）《示范补偿协议》；（5）《投资者权利协议》；（6）《管理权证书格式文本》；（7）《优先购买权和共同销售权协议》；（8）《投票协议》八项法律文件，基本覆盖了一个典型的风险投资操作过程所需要处理的全部法律问题，同时提供了不同的解决方案以适应多种融资安排方式的需要。[③] 从操作层面看，投资机构一般采用了“动态调整评估法”来评估企业价值，将企业价值与企业的成长性和盈利能力挂钩，具体而言，通常涉及财务绩效、非财务绩效、企业行为、管理层去向、股票发行、赎回补偿等方面。美国整套风险投资的《示范合同》比对赌协议更能够妥善预防、解决相关问题，因此美国已经没有存在像我国这样激烈的对赌协议的必要和价值了。

---

① 参见刘燕：《对赌协议与公司法资本管制：美国实践及其启示》，载《环球法律评论》（京）2016年第20163期。

② Ronald J. Gilson，Engineering a Venture Capital Market：Lessons From the American Experience，55 Stanford Law Review 1067，1076（2002－2003）.

③ 美国风险投资协会：《美国风险投资示范合同》（中英文对照本），北京市大成律师事务所、北京市律师协会风险投资委员会组织编译，法律出版社2006年版，出版前言。

六、我国的对赌法律现状

近年来，“对赌协议”伴随着 PE/VC 在国内蓬勃发展，在股权投融资市场被广泛使用，尤其在我国一级市场，以上市为目标的公司中数量更是集中。此外，对赌协议风靡中国投资界的另一个重要原因，在于我国金融市场具有不同于欧美市场的特殊法律环境。在国内，私募机构大多是以获利为最终目的的财务投资者，而非出于战略考虑，愿意长期持有被投资公司股权、参与公司管理的战略投资者。在美国，法律对于投资人的保护来源于其“优先股”机制。① 而我国并没有形成像美国一样完备有效的优先股机制，再加之《公司法》中同股同权、中小股东保护制度，IPO 审核制度的羁绊，使得对赌协议在我国体现出了一些独有的特征：

1. 对赌协议的变化与复杂性

对赌协议自出现以来，就一直在不断进化，从双向对赌到单向对赌、从股权调整到货币补偿、从赌业绩到赌上市再到赌其他，从不认可目标公司直接对赌到认可目标公司可以直接对赌，形式越来越复杂多样、纠纷越来越频繁、法律关系越来越复杂，当然，这也从侧面反映了我国股权投融资市场的繁荣活跃。

2. 对赌协议的主体特点

对赌协议在国内主要应用于投融资和兼并重组领域；适应的融资主体主要是成长型中小企业，其资金饥渴，对赌知识技能匮乏，对业绩目标容易乐观，签约易妥协；投资主体主要是投资机构，具有资金、对赌知识技能优势，主导制定对赌协议。

3. 对赌协议与私募股权投资方式

在我国，私募股权投资市场很不成熟，对赌协议所涉及的投资方的投资方式一般是财务型投资，注重短期利益，且一般采用“静态调整估值法”，选

---

① 参见夏晗：《“对赌协议”中外适应性比较》，载万方数据网，http：//www.wanfangdata.com.cn/details/detail.do？_type=perio&id=dgzk201234097，2020 年 3 月 7 日访问。

定企业单一财务指标业绩增长率为对赌标的，指标设定相对激进，容易造成管理的非理性扩张，增加经营风险。

4. 对赌协议的风险特点

由于采用“静态调整估值法”缺少中间调整环节，使得风险调控性变小，纠纷频繁，对赌失败占据大多数，容易出现极端现象。笔者相信，随着我国相关制度的完善和人们认识水平的不断提升，对赌协议会发挥更多积极的作用。

5. 司法理念的转变与发展

与对赌协议的广泛运用形成对比的是，我国还没有专门针对性的法律规定，在一定阶段纠纷的裁判尺度不统一。对赌协议相关法律关系的认定只能依照合同法、公司法以及一般的民法理论及法院的一些政策性审判规定进行认定。2019 年 11 月 14 日最高人民法院《九民会议纪要》的公布，给对赌协议案件裁判尺度的统一、对赌协议实务中的操作带来了重大影响。《九民会议纪要》不但明确了对赌协议的法律适用原则，而且修正了“对赌第一案”之后“投资方与目标公司对赌无效”的认识偏颇，推进并加强了人们对对赌协议可履行性的认识和重视。

第二节　对赌协议与其他法律关系的比较分析

对赌协议并非我国《民法典》中的典型合同类型，其同时具有多种法律关系的特征，若单从某个角度去认识，很容易与某些法律关系相混淆。因此对赌协议自产生以来，理论界、实务界对其法律性质就一直争议不断，也有人用各种类型的有名合同或其他法律关系解释对赌协议或套用定性，一时间众说纷纭。而认定对赌协议的法律性质，关系到处理对赌协议纠纷的法律适用、裁判思路、结果走向，意义重大。鉴于此，本节将对赌协议和与其具有某些相似特征的法律关系进行比较分析，并最终就对赌协议的法律性质作出认定。

一、射幸合同与对赌协议的比较分析

有观点认为，对赌协议是射幸合同的一种。[①] 因为对赌协议约定的目标条件具有不确定性，对赌双方都有可能获益或受损，所以对赌协议应当认定为射幸合同。

射幸合同，目前在我国没有法律上的专门规定，仅是学理上的一种划分。国外法律有相关规定，如《法国民法典》第 1104 条第 2 款定义射幸合同："在契约等价是指各方当事人依据某种不确定的事件，均有获得利益或损失之可能时，此种契约为射幸契约。"基于射幸合同中标的物的不确定性和偶然性，一般认为，射幸合同就是指合同当事人一方支付的代价所获得的只是一个机会，对购买人而言，他有可能获得远远大于所支付费用的效益，但也可能没有利益可获，故罗马法学家将与射幸合同有关的买卖活动称为“买希望”。[②] 典型的射幸合同如保险合同、彩票、赌博等。

虽然对赌协议与射幸合同有相似之处，但也存在很大差别，我们以典型的射幸合同“赌博”为例，与对赌协议进行比较分析：

1. 是否为零和博弈：赌博合同属于经济学上的零和博弈合同，赌博双方总是处于一方纯受益，一方纯受损的状态，而且受益数量与受损数量相等，相加为零。赌博当事人，一般情况下要么输，要么赢，风险极大。对赌协议完全不是零和博弈，双方的利益调整、分配与赌博完全不同，并不是“你吃我、我吃你”的关系。

2. 有无双赢、合作的可能：赌博当事人的合同目标完全不一致，一方输，另一方就赢，一方输多少，另一方就赢多少，双方利益完全对立，没有双赢及合作的可能。而对赌协议的出发点就是为了双赢与合作，因此双方当事人的目标具有一致性，比如共同的销售业绩要求、共同的上市目标等。对赌协

---

① 持该观点的代表作有：赵昭：《对赌协议的合法性出路》，载《学术界》2015 年第 2 期；杨宏芹、张岑：《对赌协议法律性质和效力研究——以海富投资案为视角》，载《江西财经大学学报》2013 年第 5 期；等等。

② 黄风：《射幸契约与衍生金融交易工具》，载杨振山等主编：《罗马法·中国法与民法法典化——物权和债权之研究》，中国政法大学出版社 2001 年版，第 63 页。

议的一个重要功能就是将对赌双方的目标、利益绑定，起到激励和降低代理成本的作用。实现对赌目标时，双赢；未实现对赌目标时，可能双输。目标公司的股权贬值，融资方要出资补偿、股权回购等自不必多说，投资方虽然理论上能收回全部或者部分投资款，但其损失了该项投资的可得利益和其他投资机会，甚至融资方的财产不足以赔偿投资方的投资款或回购其股权，从而使投资方的投资本金受损。

3. 对赌双方整体利益有没有增值：赌博合同，只是等量利益在赌博者之间转移，不会有整体利益增值；而对赌协议的签订目的就是使双方从市场上获得共同增值。

4. 对于不确定事件的控制程度：赌博合同的结果具有非常强的不确定性和偶然性，概率极小，技术性和可控性很小或几乎没有；对赌协议在签订时，目标公司具体的业绩增长指标是根据其资产状况、市场状况、团队经营能力等指标推算评估出来的，虽然实现业绩目标具有一定的风险，但其可控性、可预测性、技术性、实现的可能性要比赌博高得多。

二、附生效条件的合同与对赌协议的比较分析

有观点认为，对赌协议是一种附生效条件的合同。[①] 该观点认为，对赌协议的合同标的是目标公司未来的经营业绩或上市目标等，其特点是具有可能性、不确定性、未来性、合法性等，这与附生效条件的合同所附条件相似，因此对赌协议是附生效条件的合同。

虽然附生效条件的合同[②]与对赌协议有很多相似之处，但二者有着本质的不同。具体区别如下：

1. 标的区别：附生效条件合同所附的条件，并不是合同标的，而对赌协议所约定的目标公司未来的业绩、上市要求等是合同标的。

---

① 持该观点的代表作有：王振：《对赌协议法律性质的经济分析及其效力剖析》，载《理论经纬》2013 年第 5 期；陈外华：《对赌协议及其法律问题探析》，载《中国风险投资》2009 年第 9 期。

② 附生效条件的合同所附的条件，一般认为应当符合：未来性、不确定性、可能性、合法性和效力性的要求。参见刘凯湘主编：《民法总论》，北京大学出版社 2008 年版，第 303 ~ 307 页。

2. 效力区别：附生效条件的合同，在所附的条件成就之前，合同不发生效力，而对赌协议约定的目标公司未来的业绩、上市要求等是否实现，只是影响给付内容的变化，并不影响协议通常在成立时即生效的状况。

三、期权（股票期权）与对赌协议的比较分析

有观点认为，对赌协议属于期权，更类似于股票期权。该观点认为，对赌协议同时包含两份期权协议，双方当事人，每一方既是一份期权协议的买方，同时又是另一份期权协议的卖方。

期权，是指一种合约，是一种权利，源于 18 世纪后期的美国和欧洲市场，该合约赋予持有人在某一特定日期或该日之前的任何时间以固定价格购进或售出一种资产的权利。期权标的物包括股票、政府债券、货币、股票指数、商品期货等。但期权购买人也不一定真的想购买资产标的物，因此，期权到期时双方不一定进行标的物的实物交割，而只需按价差补足价款即可。

对赌协议虽然与期权有很多共同点，但其差别也是明显的：

1. 行权条件与义务：期权合约主要约定了到期日的“时间”条件，且时间条件不是义务，不可阻挡，不受控制，必然到来的；而对赌协议更强调的是“业绩”条件，而且还是融资方的义务，且该条件具有可控性，业绩目标也不必然实现。

2. 标的物：与股票期权相比，股票期权的标的物是股票，权利人可以购买拥有股票标的物。而“赌上市”“赌业绩”的对赌协议如果理解成期权的话，其标的物是什么呢？

3. 成本、风险、收益：期权买方付出的成本是权利金，一般的平均期权费为合约交易的金融资产或商品价格的 10% 左右，其风险是有限的，亏损最大值为权利金，其收益在理论上是无限的。期权卖方必须支付保证金以作为必须履行义务的财务担保，其风险在理论上是无限的，但收益是有限的，最大值为权利金。对赌协议不同的是：投资方对赌的前提是要支付巨额的投资款，且投资数额往往要高于购买的公司股权的价格，其投资款理论上通过对赌安排不会亏损，但实际上也可能因目标公司经营不善等原因得不到相应的

补偿而损失惨重，当然，其收益也可能是无限的。对融资对赌方来讲，其风险是巨大的，其收益也可以是巨大的。

4. 交易对价：期权的交易对价是货币，而调整对赌协议当事人双方利益的对价可以是其他权利，如董事席位，取得股权优先权等。

5. 对价的接收者与权利义务主体：期权合约的卖方收取权利金，同时是义务人，而签订对赌协议时，收取货币的一方是目标公司，而对赌主体往往不是目标公司，而是目标公司的原股东或实际控制人，但义务主体又可以是目标公司。

6. 执行对象：期权的执行对象仅以股票价格、期货价格为主；而对赌协议的执行对象则广泛得多，除了普遍的企业营业业绩、上市要求外，还包括股票价格、重要资质、电影票房价格，甚至董事会席位、实物等诸多形式。

四、股权转让与对赌协议的比较分析

有人将对赌协议与股权转让协议进行比较，尤其是与一些附未来事实条件的股权转让协议进行比较。其实两者也有明显的差别，以下几点值得注意。

1. 价格形成机制：对赌协议在签约取得股权时的价格，最重要的考虑因素是目标公司未来的业绩、上市预期等，而一般股权转让的价格重点考虑的是目标公司当时的状况及以往的业绩表现。对赌协议后期估值调整阶段的股权回购行为也是一种股权转让，但与一般的股权转让不同的仍然是价格形成机制。对赌股权回购的价格是按照前期约定好的定价公式计算出来的，股权回购也仅仅是对赌协议履行的一个阶段，而一般的股权转让，其价格形成是另外的评估机制，股权转让具有独立性，并不附属于某个程序的某个阶段。

2. 明确的对赌意图和标的：对赌协议当事人双方有共同的对赌意图，并约定了明确的对赌标的，比如赌业绩、赌上市等，若股权转让协议既没设定对赌标的，也没约定补偿或利益调整方式，此时的股权转让协议，应当是附未来事实条件的股权转让，而非对赌协议。

五、借贷与对赌协议的比较分析

有观点认为，对赌协议的投资方通过货币补偿、股权回购等方式回避了目标公司的经营风险，因此将其与借贷类比。其实二者有着本质的不同，借贷属于债权，对赌协议属于股权投资的一种方式。具体区别可以注意以下几点：

1. 身份取得：借贷付出的是一定时间内的货币使用权；股权投资付出的是投资款的所有权。

2. 身份权利：债权人不是股东，对公司债务人没有重大决策权等权利；股权投资取得股东身份，具有股东权益，对目标公司有参与重大决策的权利。

3. 优先权：债权优先于股权受偿。虽然投资方通过对赌协议调整也可以取得一定的优先权，但其优先权只是相对于目标公司其他股东的，其权利相对于债权来说仍然是劣后的。

4. 风险承担：债权人不承担公司经营风险，理论上不损失本金，到期收回本息。股权投资要承担公司经营风险。虽然投资方可以通过对赌协议将一定的经营风险转嫁给融资方，但当目标公司经营不善，融资方没有足够财产对投资方进行补偿的时候，投资方仍然要承担经营风险。

5. 收益：借贷一般收取固定的回报，收益有封顶规定，即利率不得超过国家规定的强制范围。股权投资的收益理论上不封顶。

6. 收回本金：借贷关系，一般是到期收回本金，并收取利息。而股权投资款原则上是不得抽回的，即便股权回购或公司定向减资也必须符合一定条件并履行严格的手续才可以。

六、明股实债与对赌协议的比较分析

明股实债，主要是指以股权形式投资，根据约定定期向投资者支付固定收益，并在满足特定条件后由被投资企业赎回股权或偿还本息。中国证券投资基金业协会在 2017 年 2 月 13 日发布《证券期货经营机构私募资产管理计划备案管理规范第 4 号——私募资产管理计划投资房地产开发企业、项目》，对明股实债进行了详细定义，明股实债是指投资回报不与被投资企业的经营业绩挂钩，不是根据企业的投资收益或亏损进行分配，而是向投资方提供保本保收益的承诺，根据约定定期向投资方支付固定收益，并在满足特定条件后由被投资企业赎回股权或者偿还本息的投资方式，常见形式包括回购、第三方收购、对赌、定期分红等。虽然明股实债与对赌协议有相似之处，例如交易过程一般都包括认购、投资入股、退出三个环节，但将对赌完全认定为明股实债似乎欠妥当，毕竟二者的区别也是很明显的。

1. 投资收益：明股实债以获取固定收益为目的，保本付息，定期支付，而对赌协议是以获取公司高额增资为目的，对赌的业绩要求、上市目标实现后，投资方的收益理论上是不封顶的，回购的固定回报只是规避风险的方式。

2. 业绩挂钩：明股实债与融资公司业绩不挂钩，对赌协议一般要与目标公司的业绩挂钩。

3. 退出方式：明股实债的退出方式主要是远期回购，而对赌协议中投资方的退出不一定是股权回购，其比较理想的退出方式是目标公司上市后出售股票，或目标公司被并购，即使是股权回购退出，也是附条件的。

4. 股权回购主体：明股实债的股权回购主体是被投资企业，而对赌协议的股权回购主体虽然可以是被投资企业，但通常不是被投资企业，而是以被投资企业的原股东、实际控制人为主，有时也有管理团队参与。

5. 经营管理权的要求：明股实债的投资者通常不参与被投资企业的经营管理，而对赌协议中的投资方一般对目标公司的经营管理权有一定要求。

七、联营合同与对赌协议的比较分析

我们先介绍一下联营合同的历史背景。1990 年《最高人民法院关于审理联营合同纠纷案件若干问题的解答》第 4 条第 2 项规定“企业法人、事业法人作为联营一方向联营体投资，但不参加共同经营，也不承担联营的风险责任，不论盈亏均按期收回本息，或者按期收取固定利润的，是名为联营，实为借贷，违反了有关金融法规，应当确认合同无效”。当时联营是我国企业之间、企业与事业单位之间横向经济联合的法律形式。后来随着《公司法》《合伙企业法》《合同法》的颁布，很少再出现联营的合作形式，法院也很少再适用此司法解释，除非当事人明确约定了联营的合作方式。

对赌协议是在《合同法》《公司法》调整下的一种股权投融资方式，显然不属于联营合同。

八、担保合同与对赌协议的比较分析

有观点认为，对赌协议是一种担保方式，本质是担保合同。其实，对赌协议与担保合同存在诸多不同点，例如：

1. 主从合同：担保合同是主合同的从合同，但对赌协议本身就是主合同或主合同的一部分。

2. 最终的责任承担者：担保合同的担保人承担了担保责任后，可以向债务人追偿，而对赌协议的义务人就是合同责任的最终承担者。

3. 担保物权与所有权：担保合同所约定的抵押权、质权、留置权等担保物权属于他物权，是为了担保债权的优先受偿，债权人并不拥有担保物，而对赌协议约定的是股权投融资的相关内容，投资方拥有股权的所有权，并且投资方最希望的是其股权升值 IPO 退出，而不是融资方回购。

4. 收益计算：债权人的收益计算方式并不来源于担保合同，但对赌协议是投资人收益的核心计算方式。

九、股权让与担保与对赌协议的比较分析

让与担保是大陆法系德、日等国经由判例、学说所形成的一种非典型的担保方式。我国经济活动和担保实务中亦多有运用，并得到了司法机关的一定认可。最高人民法院在 2019 年 11 月 14 日发布的《九民会议纪要》第 71 条规定，让与担保即债务人或者第三人与债权人订立合同，约定将财产在形式上转让至债权人名下，债务人到期清偿债务，债权人将该财产返还给债务人或第三人，债务人到期没有清偿债务，债权人可以对财产拍卖、变卖、折

价偿还债权的一种担保方式。股权让与担保是以股权为担保财产的让与担保形式。虽然股权让与担保与对赌协议有相似之处，比如：投资方或债权人前期都有支付财产相关行为，然后都将相应股权登记在投资方或债权人名下，最终都将股权出售变现或赎回等，但二者有着本质的不同：

1. 本质：股权让与担保的本质是担保，而对赌协议是股权投融资或其中一个组成部分，部分内容可以参看上面“对赌协议与担保合同的区别”。

2. 所有权：虽然两种方式投资方或债权人名下都登记有股权，但对赌协议的投资方具有股权的所有权，包括身份资格、参与公司重大决策权、财产权等，名下股权转让后，转让价款全部归投资人所有。股权让与担保的债权人并不拥有股权的所有权，只具有优先受偿权，公司不认可其股东资格、不具有股东表决权等，其名下股权拍卖、变卖后，价款高于债权的款项部分归债务人所有。

3. 股权退出方式：股权让与担保的债权人名下的股权，要么债务人偿债解除担保，要么拍卖、变卖、折价偿债等；而对赌协议的股权退出方式是上市变现、融资方回购、股权转让或并购等。

十、对赌协议的法律性质

从上文通过相关法律关系或术语与对赌协议的比较分析不难发现，它们与对赌协议既有相似之处，又有不同之点，因此，试图用某单一化类型的法律关系或术语来套用、解释对赌协议，有削足适履，以偏概全之嫌。实践中对赌协议的法律机制是多样的，既不属于《民法典》规定的任何一种有名合同，也不属于保证合同、抵押合同和质押合同等，其性质应属于非典型性的无名合同、混合合同。至于对赌协议的效力问题，应秉承着意思自治原则，只要不违反法律、行政法规的效力性强制性规定，不存在法定无效事由，就不应当否定其效力。

第二章　对赌要素与操作

对赌协议由诸多要素构成，如对赌主体即与谁“赌”、对赌标的即“赌”什么、对赌工具等，若要使用好对赌协议，就必须要对对赌要素有一个全面的认知，了解他们的脾气秉性和适用条件。对赌协议的实操性要求非常高，并非将对赌要素堆砌在一起就能发挥作用，关于对赌主体如何选择、对赌标的如何设定、对赌工具如何使用，都有很多需要注意的事项。本章将分三节，对相关内容进行介绍。

第一节　与谁“赌”——对赌主体的选择与操作

对赌主体的选择即与谁对赌，对融资方来说是选择什么样的投资人对赌融资更适合自己，更利于实现融资发展的目的。对投资人来说，对赌主体的选择就是选择融资方的目标公司、原股东、管理层等哪些主体对赌，更能保证投资安全、激发公司潜力，同时对赌主体的选择还涉及对赌标的、对赌筹码的选择、对赌协议的效力、担保的问题、签约程序问题、履约的可行性问题、履约手续的预设等诸多问题。所以，选择对赌主体时一定要考虑与后面一系列的问题形成有机统一的整体和联动机制。

一、投资机构的选择与反向尽调

融资方决定通过签订对赌协议的方式融资后，对于投资类型和投资机构的选择也应当慎重行事，选择适合自己的优质投资机构。财务投资机构与产业投资机构能够提供的资源有所不同，而且投资机构之间的差别也很大，应当注意甄别。

公司对外融资是一个长期、复杂且专业性很强的工作，要将其作为专项工作来做。公司有必要及时聘请擅长股权融资对赌业务的法律、财务、投资专家顾问协助公司，提升效率、防控风险，同时降低综合成本。

（一）选择财务投资还是战略投资

融资方要考虑清楚，自己除了需要资金之外，是否还需要投资方提供其他的重要帮助，比如公司管理或技术方面的支持以及产品、上下游业务方面的互补等，如果需要相关支持互补，就可以考虑战略投资者。战略投资者通常比财务投资者的投资期限更长，其投资的重点多集中在资源整合、对现有业务的影响等，核心就是协同效应，而不仅仅着眼于短期的财务回报。引入战略投资者的一个重要风险是他们可能成为潜在竞争者，因为他们更加关注目标公司的控制权。

目标公司如果仅仅需要的是资金支持，可以考虑财务投资者。财务投资者是指那些主要出于财务目的的投资者，财务投资者多为资管机构、私募股权机构、社保基金，等等。多数财务投资者除了在董事会层面上参与企业的重大战略决策外，一般不参与企业的日常管理和经营，也不会成为潜在的竞争者。财务投资者关注的重点是：自己的资金成本有多高，价格是否合适，项目周期是否过长，退出渠道是否顺畅，投资收益是否具有吸引力，等等。所以在选择投资目标时，他们就会考察目标公司3～5年后的业绩能否达到上市要求。成熟的财务投资机构在金融方面的经验、网络和渠道也有助于目标公司未来的上市。所以目标公司如果希望保持其独立性，财务投资者是最佳的选择。

融资方所作出的选择和需求及合作目的一定要在协议中写清楚，需要投资方提供哪些资源，以免产生歧义和纠纷。比如，实践中有的投资者与融资方相谈甚欢，口头交流时承诺除了资金支持外还提供方方面面的资源支持，但并未写到合同上，最终导致看重其他资源的融资方选错了合作对象。

（二）对投资机构的反向尽调及有效甄别

虽然投资机构可以为目标公司解决资金饥渴，但找到与目标公司契合的投资机构也不是容易的事。而且众多投资机构中“微笑的并非全是天使，也可能是端着毒酒的魔鬼”，因此融资方在选择投资机构前一定要注意甄别，要远离借投资之名行打劫之实的有严重前科劣迹的机构，远离名为“投资”实为“投机”的机构。融资方在接受投资机构对自己尽调的同时，而且有必要对投资机构提出反向尽调的要求。融资方的反向尽调是指其花费时间、人力、找渠道、探索方法调查了解投资机构，从而找到更专业、更有价值、更适合自己的投资方。

对投资方的反向尽调在前几年几乎不可能，但随着近年来我国 PE 投资蓬勃发展，PE 投资由买方市场变成了卖方市场，投资方的谈判地位也悄然发生了变化，反向尽调也慢慢被投资方所接受。其实，好的投资机构一定很欢迎尽调，因为可以通过尽调向目标公司展示自己真正的实力，提高合作的成功率。融资方一般主要关注投资方是否能给目标公司带来价值，以及是否更容易相处等，因此，其主要针对投资机构的基本面、价值面和行为面进行尽调。

1. 基本面

对投资机构基本面的尽调就是调查 PE 基金（或基金管理公司）是何时、何地、由哪些人成立的？经历了哪些变化？有哪些客户以及成功及失败的案例？从基本面特别是从变化里面，能大致看出投资机构的价值面和行为面的东西。

2. 价值面

对价值面的尽调就是调查 PE 投资机构能为融资方带来哪方面的价值资源，是管理方面、业务方面还是上市运作方面，等等。

3. 行为面

找投资机构，还要注意调查了解其在投资方面的行事风格，是控制型的还是放权型的、是同甘共苦型的还是有患难就一拍两散型的。融资方从引入一个新股东到最后上市直到新股东退出，一般需要几年的时间，投融资双方的行事风格、脾气秉性的匹配非常重要，如果经常有摩擦，公司就很难长久良性发展。因此，寻求投资方时，融资方不仅要展现好的方面，还要把将来目标公司可能出现的危机和风险说出来，了解投资机构的态度和行事风格。

对于反向尽调，包括公开渠道和非公开渠道。公开渠道，主要有相应的政府管理部门、网络、媒体、行业协会等。非公开渠道，主要是 PE 的投资人、曾投资企业、合作伙伴等。

最后再次强调，融资方挑选投资机构，适合自己的才是最好的，并不一定要选择大型有名的。

（三）以招标方式选择投资方

实践中，有企业通过招标的方式选择融资方，甚至确定的原则是价高者得，这是非常危险的。因为对于融资方而言需要的是资金，但不能仅仅考虑资金，双方的匹配度、契合度也很重要，同时好的投资机构能给企业带来各种无形资源。

（四）股权融资与特定股东及拟上市地点的问题

1. 三类股东问题

融资方如果有上市计划，股权融资时一定要注意契约型私募基金、资产管理计划和信托计划这三类股东。因为，根据证监会的相关规定，目前具有这三类股东的企业上市具有很大的障碍。《首次公开发行股票并上市管理办法》第 13 条规定，发行人的股权清晰，控股股东和受控股股东、实际控制人支配的股东持有的发行人股份不存在重大权属纠纷。这“三类股东”企业在 2017 年前普遍被认为因存在以下问题而不符合上市监管“股权清晰”的审核要求：一是可能存在层层嵌套和高杠杆，以及出资人和资金来源很难穿透核查；二是“三类股东”的投资决策、收益分配机制未经有效披露，容易引起纠纷，不符合 IPO 对股权结构清晰的要求；三是可能导致公司股权结构不稳定。鉴于此，证监会在 IPO 发行审核过程中予以了重点关注。此前，部分在审企业已经对“三类股东”采取了主动清理的办法。但清理活动是要付出高额代价的，达不到“三类股东”的理想价位，他们不一定答应退出。

2. 企业股权融资引进外资股东问题

融资方计划引入外资股东时，要注意遵守我国的外商投资负面清单管理制度，要符合法律法规和证监会等部门的规定。如果目标公司经营的是外商投资限制类项目，则需要取得商务主管部门的批准，对外商投资的股权比例及高管有限制的，也要遵守相关规定，如果经营的是外商投资禁止类项目，外资则不能进行投资。

3. 要根据企业后续拟上市地点相应进行股权融资

目标公司如有境外上市计划（注意：有些公司不能境内上市，只能考虑境外上市），应尽早搭建境外上市架构（如红筹架构等），引进境外资金，如果后续搭建境外上市架构成本会很高。另外，如果拟境外上市公司的股东有境内投资机构，此机构在境外持有该公司股权也会有问题。

二、与原股东对赌的几个要素与精细化筛选

（一）与股东对赌的特点

目标公司股东是投资方选择的最常见、最广泛、最主要的对赌主体。通常投资方与目标公司原股东对赌不涉及违反资本维持原则的问题，不侵害公司债权人的利益。目标公司的经营管理权通常由原股东控制，各项对赌指标与股东挂钩更加合理。投资方与原股东都是目标公司股东，具有同等法律地位。

（二）对赌标的

与股东对赌，对赌标的的选择范围最为广泛，可以分为三大类，即赌业绩、赌上市、赌其他。具体内容已经在本书第一章第一节中“对赌协议的分类”项下的“按照对赌标的的不同分类”中有详细的讲解，在此不再赘述。

（三）对赌筹码

与股东对赌的筹码也很广泛，可以是现金补偿、股权回购、股权补偿、经营管理权让渡、强制清算等，既可以单选，也可以多选。

（四）不同类型股东的对赌差异

1. 目标公司控股股东

目标公司控股股东一般是目标公司的控制人员，是投资方首选的最重要

限制约束人员。

2. 实际控制人

实际控制人虽然不是目标公司的直接股东，但其对目标公司的控制力几乎相当于创业公司的控股股东，只是未登记或显示为股东身份。创业公司的实际控制人往往存在于大型公司对内部创业者的孵化项目，或公司设置多层股权结构间接持股的情况，此外还要注意股权代持的情况。投资者与股东对赌时需要进一步延展到实际控制人才可能实现相应的对赌效果。

3. 普通小股东及因股权激励获得股权的员工股东

一般不建议将此类股东纳入对赌主体中，因为此类股东既不掌握公司控制权，经济实力也有限，其参与对赌一般不但起不到降低投资风险的作用，反而还可能增加对赌谈判的难度。如果此类股东同时具有公司执行或管理层身份，他们对对赌业绩目标的实现有至关重要的作用时，就可以考虑将他们纳入对赌主体当中。

4. 在先风险投资者股东

此类股东，通常对公司的经营管理和发展没有太大的影响，因此一般不会将他们纳入对赌主体当中。

5. 专业顾问、技术骨干股东

此类股东一般是创业公司用股权吸引的一些专业人才，比如技术顾问、管理顾问，等等。通常不要求此类股东参与对赌，但是当此类股东的工作（比如，技术顾问需要技术升级突破）对对赌业绩目标的实现起到至关重要的作用时，就要考虑将他们纳入对赌主体当中。

6. 因股权被全部收购而退出的原股东

一般情况，股东退出目标公司后不参与对赌，但一些特殊情况下原股东虽然失去股东身份，却仍然需要参与对赌。例如，有些并购基金收购目标公司，采用盈利能力支付计划的方式支付股权交易对价，即目标公司原股东出让股权后即使失去股东身份，但还继续经营管理目标公司，而目标公司的并购交易对价需要根据目标公司未来的经营业绩情况分期支付并最终确定。有些涉及上市公司的并购（详见本书第八章第二节相关内容）也采用以上方式支付对价。

最后重点提示一点，有些股东虽然不必或不需要参与对赌，既不享有对赌协议中的权利，也不承担对赌协议中的义务，但是不代表可以向这些股东隐瞒对赌实情，不代表这些股东不必在对赌协议上签字。有些情况某些股东虽然不承担对赌义务，但是不能否认其知情权。另外，在对赌机制设置当中，一些辅助性或保护性条款仍然需要全体股东或达到一定比例的股东同意才可实施，比如公司改制、增资、减资、一些特殊权益的保护等。此种情况不承担对赌义务的股东仍然需要在对赌协议或相应文件上签字，将其纳入约束范围，以免对赌协议在后续履行过程中出现障碍或影响相关文件的效力。

三、与目标公司对赌的积极作用、法律困境与破解之道

（一）与目标公司对赌的积极作用

目标公司是对赌机制的核心承载平台，其承接投资方的投资款、承载着投融资双方的创业投资预期，体现着投资对赌的执行情况、业绩目标的实现情况等。将目标公司设定为对赌主体，一方面有利于全方位激发调动目标公司相关要素的积极性，促使对赌目标的高效执行和实现；另一方面在触发对赌条款的情况下，使得投资方股权回购、现金补偿的诉求更加有物质保障。

（二）与目标公司对赌的法律困境与破解之道

通过“对赌第一案”和《九民会议纪要》的相关规定，我们认识到了目标公司参与对赌的困境，其中最主要的是要求目标公司在股权回购、现金补偿或权益调整时，注意不要违反资本维持原则，不要侵害公司债权人的利益。对此困境，可以参考如下破解之道：

1. 盈利支付机制（Earn－out）的运用

所谓盈利支付机制，也叫或有对价安排，指的是在并购交易中对目标公司的价值评估存在差异的情况下，采取的一种约定在交割之后买方再根据目标公司的业绩指标等的实现情况，确定是否支付或免除后期对价付款的一种机制。

2. 债转股

前期先用借款的形式投资，仅计算较低的利息，投资人后期再根据目标公司的对赌业绩情况选择是否将债权转为目标公司的股权。对于此种方案，需要注意的是合同效力问题。对于自然人投资者和普通公司投资者偶尔操作，一般问题不大，但对于私募投资机构的操作就会涉及违反行业规定的问题，但行业规定不是判断合同效力的依据。另外，即使借款合同条款被认定无效，一般也只是影响利息的问题，在投资方不能成为股东的情况下，其出资也依然可以被认定为借款。

3. 用资本公积金增资扩股后再股权补偿

投资方一般是溢价增资获得目标公司的股权，其中大部分投资款是列为目标公司的资本公积金。在触发对赌条款后，可以用股权对投资人进行补偿，补偿的股权来源于资本公积金的增资。此时需注意，投资前全体股东一定要签署协议及相关文件，对具体补偿方式、操作方法做出明确约定，以减少后续操作的障碍。

4. 经营控制权的让渡妥协

目标公司对投资人的财产性补偿，就要考虑是否违反资本维持原则，但如进行非财产性权益的让渡，就不用有此顾虑。当触发对赌条款后，对投资方进行公司经营控制权的让渡妥协，比如增加投资方的表决权数、否决权内容，增加投资方的董事席位、投资方指定或担任总经理、董事长、财务总监等。

5. 担保人

目标公司参与对赌，由于直接受制于资本维持原则的限制，也可以间接参与对赌协议，即以目标公司原股东等主体担保人的身份参与对赌。此种方式既减小了资本维持原则的限制，也为投资方提供了相应的财产保障。

6. 预设现金补偿、股权回购退出机制及程序文件

一旦触发对赌条款，一般目标公司的经济状况就会比较堪忧，很难有充足的资金对投资方进行补偿，若用未分配利润补偿或通过公司减资退股则需要履行手续、融资方相关股东的表决及签字。但触发对赌矛盾后，融资方往往是不会配合履行相关手续的，因此在签订对赌协议时一定要预设现金补偿、股权回购退出机制及程序文件。

（三）对赌程序规则的制定和预设

《九民会议纪要》规定，投资方与目标公司订立的“对赌协议”在不存在法定无效事由的情况下，目标公司仅以存在股权回购或者金钱补偿约定为由，主张“对赌协议”无效的，人民法院不予支持。自此以后，与目标公司对赌的关注重点将从对赌协议的效力问题转移到不违背资本维持原则、不侵害公司债权人利益的情况下对赌协议的履行问题。对赌协议的顺利履行离不开对赌程序规则的制定和预设，主要涉及以下几个方面。

1. 综合程序规则的预设

对于投资协议、对赌协议，涉及全体股东权益的文件以及公司章程中规定需要股东一致决的相关内容，需要股东会一致决通过。

2. 资本公积金增资扩股再补偿、债转股的规则设定

此类问题都属于公司增资类的问题，要依照法律和公司章程的规定，履行股东会程序。

3. 减资退股

在公司未分配利润不足以支付投资方退出的款项的情况下，则需要公司以减资的方式退股。减资，是指依照法定程序减少公司注册资本的行为。由于公司减资表现为公司责任资产的减少，这与公司资本不变原则相悖，所以公司减资必须遵循严格的法律程序。减资分为等比减资和不等比减资，减资退股一般是定向的不等比减资。这种减资较复杂，关系到股东的经济利益，需要评估和协商议价，从而确定股东收回的资金与公司股本的比价关系。因此，在不等比减资的情形下，需要股东之间签署减资协议，确定股东从公司收回的资金和减少该股东在公司股份的对比关系。一般情况下公司减资需要履行如下法律程序：

（1）公司董事会根据公司资金过剩和业务情况编制减资方案；

（2）公司股东会或股东大会通过公司减资的方案或股东协议；

（3）向公司债权人发出公司减资的通知并在报纸上进行公告；

（4）根据债权人的要求偿还债务或提供担保或与债权人达成协议；

（5）修改公司章程；

（6）向公司登记机关申请减少注册资本的工商变更登记；

（7）向股东退还出资，更换出资证书。

减资程序复杂，且一旦出现对赌纠纷，融资方很难配合减资，因此投资方签订对赌协议时最好预设相关手续和文件。

4. 清算退股

当投资失败时，投资人还可以通过清算退出，主要涉及的程序如下：

（1）通过清算决议，成立清算组；

（2）依法清算，优先清偿债权人债务；

（3）投资人约定分配剩余财产；

（4）最后，若还有剩余财产，其他股东再根据出资比例或其他约定进行分配。

5. 未分配利润回购股权

此种方式退股，程序上需要注意以下几点：

（1）股东会决议通过用未分配利润回购股权的具体方案；

（2）投资方退出股权，其他股东根据股权比例、出资比例或其他约定分配退回的股权；

（3）若投资人退出股权时，回购款还需日后支付的，投资人可以要求指派财务人员进入目标公司，以便了解公司的支付能力。

四、与管理层对赌

（一）与管理层对赌的目的和注意事项

将管理层设为对赌主体有很重要的现实意义，特别是对于所有权和经营权分离的公司来说。因为对赌业绩目标及相关指标能否实现的关键因素之一是公司管理能力和执行能力的良好发挥。因此将管理层也设为对赌主体，一方面将其利益与对赌业绩目标及相关指标挂钩，能对管理层起到很强的激励作用，有助于对赌协议的履行和对赌目标的实现；另一方面有利于稳定公司核心管理人员和专业技术人员，并促使他们忠实勤勉地工作。但并不是所有管理层都需要参与对赌，在此提醒注意以下几点：

（1）当目标公司的创始人、控股股东等对赌主体信心十足，管理层积极性很高的情况下就可以不必将管理层列为对赌主体对其进行激励，以免公司团队出现过激心态，彻底失去理性；

（2）管理层参与对赌，不是刚需，不是对赌核心主体，只是其他对赌主体的预备役；

（3）避免因参与对赌给管理层带来过重的心理负担，影响管理层的本职工作。

（二）对赌筹码的设定

与管理层对赌的筹码设定，要注意以下几点：

（1）管理职责与对赌目标要有关联性，即不能让其对职责范围之外的事项承担责任；

（2）利益和责任要平衡，要注意管理层的承受能力；

（3）对于单纯的普通管理层，其对赌筹码不宜设定为股权回购、现金补偿这样重大的责任，可以考虑职位、岗位的调整，某些利益的适当延迟发放或扣除等；

（4）对具有多重身份的管理者宜区分不同身份和职责分别设定对赌标的，比如既具有大股东身份又具有总经理身份的管理者，可以对其股东身份设置股权回购、现金补偿这样的对赌筹码，而对其总经理身份设置职位调整的对赌筹码。

五、涉及特殊对赌主体的选择

涉及的特殊对赌主体主要是指涉及国资、上市公司、其他特殊主体的对赌。与特殊主体对赌前要先考虑是否履行相关审批手续、是否违反国家限制性或禁止性规定以及违反相关规定后的效力等问题，然后再确定是否选择这些主体对赌、如何对赌等问题。关于特殊主体的对赌将在本书第八章专门讲解。

第二节 “赌”什么——对赌标的的设定与操作

对赌标的的设定，对于对赌设计来说至关重要，因为它决定着企业的发展方向，发展速度规划及与投融资总目标的匹配度等，对投融资的成败起着关键作用。对赌标的可以分为赌业绩、赌上市、赌其他三类，其中业绩指标又分为财务指标和非财务指标。下面就每一类型对赌标的的设定进行介绍。

一、“赌”业绩之财务指标

财务指标是企业总结、评价财务状况和经营成果的相对指标，可以用财务形式计算出来，是对赌中常用的对赌标的。因为财务指标容易量化评估，而且有些指标与上市门槛挂钩，符合有上市计划的目标公司。常见的对赌财务指标有净利润、销售（营业）额、超额回报和利润率、坏账率和无风险资产率、增长率等。

（一）净利润

净利润可以直观地体现公司的盈利能力，是财务投资者非常看重的指标。需要注意的是，在考察公司的净利润指标时一定要关注净利润的构成情况，主营业务的利润是否占据较高的比例，以便对目标公司的主营业务有个客观评价。

（二）销售（营业）额

对于初创企业，销售（营业）额是重要考察指标，一方面，创业初期要求承诺利润不现实；另一方面，前期拓展市场比短期获利更重要。

（三）坏账率和无风险资产率

坏账率和无风险资产率是考察金融类公司的重要指标，当年众多投资机构对 P2P 平台投资时由于忽视了此指标，埋下了最终的隐患。

（四）超额回报和利润率

超额回报和利润率主要适用两种情况，一种情况是，利润率较低的公司欲通过融资引入技术或调整商业模式及其他方式优化公司结构，降低成本，提高公司的利润率，从而实现超额回报。另一种情况是，在不良资产基金和并购基金投资并购的“病危”企业注资后，优化企业结构，提高企业的利润率。需要注意的是，对于高负债企业要考虑“债务指标”，防止目标公司违反约定将注资超额偿还旧债。

（五）增长率

增长率指标有利润增长率、销售（营业）额增长率、客户增长率等。此指标能够较客观地反映目标公司的未来发展状况，但有时会有一定的滞后性，不能及时准确显示业绩的客观情况。

二、“赌”业绩之非财务指标

非财务指标是无法用财务数据计算的，常见的非财务指标有门店（网点）数量、用户（客户）数、产量、市场份额等。将非财务指标设为对赌标的，有助于对目标公司的经营节点过程进行把握。

（一）门店（网点）数量

此指标能体现目标公司规模化复制扩张的绩效状况。将门店（网点）数量设为对赌标的时，注意规定对门店（网点）的具体要求，比如是直营、加盟还是合作店，门店（网点）盈利能力、规模要求、城市要求等，以免为了凑数量而出现垃圾门店（网点）。

（二）用户（客户）数

此指标是互联网公司估值对赌时常用的对赌标的。梅特卡夫法则（Metcalfe's Law）告诉我们，网络价值是以用户数量的平方的速度增长。网络价值等于网络节点数的平方，即 V = n 的平方（V 表示网络的总价值，n 表示用户数）。

（三）市场份额

市场份额也称市场占有率，是衡量企业营销状况的综合经济指标，也是分析企业竞争状况的重要指标。市场占有率高，表明企业竞争能力强，营销状况好，在市场上处于有利地位；反之，则表明企业竞争能力弱，营销状况差，在市场上处于不利地位。市场份额常用于投资成熟公司的对赌指标。

（四）产量

产量是指一定时期内生产某种物品的数量。在一定程度上，产量大能摊薄单品的生产成本，体现工业化生产水平及生产规模。产量、利润、市场占有率常放在一起综合评价，产量常作为快速扩张项目的对赌指标。

三、“赌”上市

目标公司上市是风险投资理想的退出方式，因此上市也是对赌常用的指标。上市一般是指狭义的公司上市，即目标公司首次公开募股。将上市设定为对赌指标要注意以下几点：

1. 对上市失败风险及意外事件风险做评估（详见本书第六章两节的相关内容）。

2. 由于上市对对赌协议有限制性规定，因此在对赌时要注意效力调整条款（抽屉协议）的设定［详见本书第三章第三节“十三、效力调整条款（抽屉协议）设计与风险防范”的相关内容］。

3. 上市在不同语境下以及国内国外有时含义不同，而且上市有多种不同方式路径，因此在“赌”上市的条款中，一定要把相关内容约定清楚，以免产生歧义。

四、“赌”其他

除了以上对赌指标之外，还有“赌”其他指标的情况，例如，研发成果进展或技术目标、取得某项重要资质等。

（一）研发成果进展或技术目标

知识产权对于高科技行业至关重要，但科技研发不是一朝一夕的事，需要一定的过程（比如疫苗的研发），而且有失败风险。为了加强阶段性过程评价监督，投资方在有关行业（比如医药健康行业）也会适用此对赌指标。

（二）取得某项重要资质

某项资质往往是某些行业的门槛，某些产品进入市场的必备条件，对企业的生存发展至关重要，因此投资有资质门槛要求的行业，会涉及将取得某项重要资质作为对赌指标的情况。

此外，还有将目标公司股权市场价格必须高于某个约定的价格，某项股权或资产并购的完成作为对赌标的的。对赌标的的选择与不同行业、公司的不同发展阶段、投资者的偏好、退出方式的选择、不同证券市场的上市门槛等有关，不同因素会影响不同选择。

第三节 如何“赌”——对赌工具的选择与使用

对赌协议的作用，是通过对赌工具的合理使用和有效配合实现的。对赌工具一旦选择或使用错误，不仅很难使对赌协议发挥作用，反而很可能给投融资当事人带来更大的风险和麻烦，因此若使用对赌协议，就一定要了解对赌工具。对赌工具根据其作用可以分成多种类型：补偿性工具有货币补偿工具、股权调整（补偿）工具；股权退出性工具有股权回购工具、股权领售工具、股转债工具等；此外还有优先权工具、控制权调整工具、反稀释工具、支付工具及其他工具等。本节就对赌工具的选择及使用进行介绍。

一、货币补偿工具及其使用

货币补偿也称现金补偿，通常是当目标公司未能如期实现对赌目标时，融资方根据约定的计算方法直接给予投资方货币补偿，以实现对赌协议的估值调整功能。使用此工具的相关案例如“小肥羊对赌案”“隆鑫动力对赌案”等。

货币补偿工具是最为直接的对赌工具，虽然与股权调整（补偿）工具一样都是最为常见、最为基本、应用广泛的对赌工具，但对其适用条件也是有一定要求的，该工具通常适用以下几种情况：

1. 需要对赌主体具有一定的支付能力，通常是目标公司原股东已经从公司中积累了一定的财富，因此适用于处于成长期中后期的股东。

如果原股东补偿能力较差，需要目标公司承担一定的补偿责任时，一定不要违反资本维持原则，而要与目标公司未分配利润挂钩，预设相关手续，尽量避免拖入诉讼战争。将目标公司葬送于诉讼内讧之中是投融资双方的悲剧。若投资方对原股东和目标公司有一定的信心，也可以考虑给予对方较宽限的时间分期付款补偿。

2. 在并购项目中，收购方虽然成为目标公司控股股东，但当经营管理仍由原高管行使的情况下，为了减少代理成本，也经常使用货币补偿工具。

3. 对于现金流充足的企业，管理层在对外并购扩张的过程中可能会出现利益输送，以谋取私人利益，损害公司及其他股东利益的行为。为了解决监管问题和降低代理成本，在交易中也常设置货币补偿的对赌方式。

4. 投资人认为目标公司还具有投资价值，暂不选择退出。

货币补偿工具很少单独使用，一般是与股权调整（补偿）工具配合使用。

二、股权调整（补偿）工具及其使用

股权调整工具也称股权补偿工具，是在约定的对赌条件未成就或成就时，在对赌当事人之间进行一定的股权比例调整，以体现对特定对赌当事人的补偿。股权调整（补偿）工具与货币补偿工具一样，都属于最常用的补偿性对赌工具，其根据股权的补偿义务主体不同又可以分为原股东股权补偿和目标公司股权补偿。

（一）原股东股权补偿

原股东股权补偿主要约定，当目标公司未能实现特定的对赌目标（如业绩未达标）时，目标公司原股东将以无偿或者象征性的价格将一部分股权转让给投资方，如“永乐对赌案”“蒙牛对赌案”。

这里特别说明一下，股权补偿中的一种特殊类型“控股权转移型”也有人将其单独列为一种类型。此类型的对赌特殊之处在于其条款的触发实施会使得控股权从原股东手中转移至股权投资方手中。例如“太子奶对赌案”实际控制人因对赌失败，失去控股权并退任“名誉董事长”一职。

（二）目标公司股权补偿

目标公司股权补偿也称目标公司股权稀释补偿，该类协议主要约定当目标公司未能实现特定的对赌目标（如未实现业绩目标）时，目标公司将以极低的价格向投资方增发一部分股权，实现稀释目标公司实际控制人的股权比例，增加投资方在目标公司内部的权益比例，以调整投融资双方的利益关系。相关案例如“太子奶对赌案”。

在介绍货币补偿工具时已经提到，股权补偿工具通常是与货币补偿工具结合使用的，很少单独使用。股权补偿工具与货币补偿工具结合使用时，可以约定首选工具，例如协议中约定当货币不足以补偿时再使用股权补偿工具。当然也可以给投资方留有选择权，当触发对赌条款时，投资方再根据目标公司的具体情况决定选择货币补偿还是股权补偿。

三、股权回购（退出）工具及其使用

“退出”是股权投资基金“募、投、管、退”流程中必不可少的最后一个环节。常见的股权退出方式有上市（IPO）减持退出、股权回购退出、并购退出、清算退出四类。上市（IPO）减持退出是非常理想和成功的退出方式，并非可单方选择的工具，在此本文不予讨论。下面就其他退出方式及其衍生工具进行介绍。

（一）股权回购退出工具

对赌协议中的回购主要约定，当目标公司未能实现特定的对赌目标（常见的是未实现经营业绩指标或未实现 IPO 的目标时），目标公司或其原股东将以投资方的投资款加固定回报的价格回购投资方的全部或部分股权。此类型回购很常见，如“隆鑫动力对赌案”“雨润食品对赌案”等。

对于此类退出，要特别注意的是目标公司回购股权的情况，不要违反资本维持原则、不要侵害公司债权人的利益。无论目标公司是采用未分配利润回购还是减资回购，都要预设好相关程序和文件，以免产生纠纷后融资方不配合。实践中目标公司回购股权退出的方式也是产生纠纷的重灾区，因为一旦触发对赌条款要求目标公司回购时，通常目标公司都欠缺相应的回购经济实力。

（二）并购退出之领售权工具

并购退出是指通过其他企业兼并或收购目标公司股权从而使投资方退出。虽然并购的收益不及 IPO，但是并购相对上市难度要小很多，并购的速度也会比较快。风险资金能够很快从所投资的目标公司中退出，进入下一轮投资。因此，并购也是风险资本退出的重要方式。股权转让是股东的权利，无须特别约定，但如果投资方就股权转让附加特别权利要求，对融资方构成影响，就会成为对赌工具，如股权领售权工具。

领售权是指，如果目标公司在约定的期限内未能实现上市或其他约定目标，投资人有权强制要求公司创始人股东和管理层股东与自己一起向第三方转让股权的权利。该工具的价值在于保障投资人出让股权时有更大的选择余地、更高的转让对价、更低的转让成本以及更小的谈判难度等。关于该工具使用的注意事项将在本书第三章第三节相关对赌条款中进行介绍。

（三）清算退出之优先清算权工具

优先清算权，是指目标公司进行清算时，投资人有权优先于其他股东分配剩余财产的权利。清算退出是投资失败的一种退出方式。关于该工具使用的注意事项，将在本书第三章第三节相关对赌条款中进行介绍，此处不再赘述。

四、优先权工具及其使用

优先权是一类权利，一般是指当目标公司未能实现特定的对赌目标（如未实现业绩目标）时，投资方将获得特定的权利。比如股权优先分红权、增资优先认购权、优先清算权等。使用此工具的案例如“乾照光电对赌案”。关于该工具的使用情况，将在本书第三章第三节相关对赌条款中进行介绍。

五、公司控制权调整工具及其使用

对赌中的公司控制权调整工具通常是指，当目标公司未能实现对赌协议中约定的预定目标时，投资方有权进一步介入公司的经营管理当中，扩大己方的相关权利。该工具一般适用于并购基金、具有战略投资性质的企业风险投资（Corporate Venture Capital，CVC），另外我国一些具有国资背景的私募投资机构，对控制权工具有偏好，主要是基于国资监管的需要，而独立风险投资（Independent Venture Capital，IVC）一般不太要求公司控制权。公司控制权调整工具主要有股东会控制权调整工具、董事会控制权调整工具、经营权限制工具三种。

（一）股东会控制权调整工具

股东会是公司的最高权力机构，因此要增加对公司的控制权，股东会的控制权是“兵家必争之地”。增加股东会的控制权一般有两种方式，一种是通过股权调整方式变更投融资当事人之间的股权比例，从而影响股东会表决权；另一种是通过股东会表决机制进行设定，如对特定事项投资方享有一票否决权，或股东会的表决权不按持股比例行使等。股东会控制权工具的使用要注意以下几点：

1. 有限公司股东如果不按照出资比例行使表决权，则必须遵守《公司法》第 42 条的规定，将表决机制写进公司章程。

2. 股份有限公司股东，根据《公司法》第 103 条规定，所持每一股份有一表决权，因此股份有限公司股东会的“一票否决权”具有法律障碍，但在特殊情况下并非“每一股份有一表决权”，如我国科创板双层股权结构的 A 股、B 股，不同股票可以设置不同数量的表决权。

3. 注意控制权调整工具对法律责任及对赌协议效力的影响。控制权调整的力度与对赌失败后承担的责任相匹配，如果公司掌控人不对对赌失败的后果承担责任，严重影响到对赌协议的公平性，就可能会影响到对赌协议的效力。

（二）董事会控制权调整工具

风投机构投资目标公司之后，基本都会对公司董事会进行调整，一般会指派一名董事任职，以便更好地保证己方的知情权。对于董事会控制权调整工具的使用，要注意以下几点：

1. 一般在设定董事会控制权调整工具时，都明确约定投资方在一定条件下有权决定增补董事席位，扩大董事会规模。其目的在于防止融资方届时不予配合召开股东会履行相关手续。

2. 对董事会的表决权作出特别规定，如在一定条件下对某些特定事项投资方具有一票否决权，或规定某些投资经营事项交由投资方控制的专门委员会负责。

3. 对于董事会的一票否决权，要注意不得违反公司法的规定：对于有限公司，《公司法》第 48 条规定，有限责任公司董事会的议事方式和表决程序，除本法有规定的外，由公司章程规定，可见有限公司的董事会设置“一票否决权”是有法律基础的；对于股份公司，《公司法》第 111 条规定，股份有限公司董事会决议的表决，实行一人一票，因此股份有限公司董事会设置“一票否决权”缺乏相应的法律基础。

（三）经营权控制工具

经营权控制工具一般有两种方式，一种是投资方采取督导监管的方式，一种是投资方安排特定岗位人员直接负责经营管理的方式。

对于公司控制权调整工具，一般是几个工具配合协调使用的。对控制权一般是采取积极正向的控制目的，提升目标公司的业绩、实现某些经营目标，但也有投资方使用控制权调整工具是为了实现消极目标，如恶意控制目标公司无法达到业绩目标要求，以实现免除支付后期交易费用的目的。对此风险，融资方要注意防范。

当然，绝大部分财务投资的风投机构，对目标公司的控制权没有兴趣，他们与融资方一样都希望目标公司能够发展壮大从而升值，实现投融资双方的共赢。

六、反稀释工具及其使用

反稀释又称股权反摊薄，是在目标公司进行后续股权融资或者定向增发过程中，避免投资人的股权贬值及份额被过分稀释的工具。广义的反稀释包括增资（或股权转让）的认购权，狭义的反稀释则是对投资时股权价值的保证，有的甚至还要求对投资人的持股比例给予静态保证。关于反稀释工具的使用与注意事项，请详见本书第三章第三节相关对赌条款的介绍。

七、对赌支付工具及其使用

对赌支付工具，就是在股权投融资对赌过程中使用的结算工具，可以是现金、股权（股票）、可转债、盈利支付机制等。结算时可以使用一种结算工具，也可以组合使用几种结算工具。关于货币和股权（股票）结算比较常见，此处不再介绍，此处介绍一下可转债和盈利支付机制。

（一）可转债

可转债兼具债权和股权的双重性质，投资人先以债权（借款）向目标公司投资，当目标公司符合约定条件时，投资人可以将债权投资转化为股权投资。（此处可转债指非标可转债，并非依据《可转换公司债券管理办法》发行的债券。）

对于此种方案，需要注意的是合同效力问题。对于自然人投资者和普通公司投资者偶尔操作，一般问题不大，但对于私募投资机构的操作就会涉及是否违反行业规定的问题，但行业规定又不是判断合同效力的依据。另外，即使借款合同条款被认定为无效，一般影响的是利息问题，在投资方不能成为股东的情况下，其出资可被认定为借款。

（二）盈利支付机制（Earn - out）

所谓盈利支付机制，即或有对价安排，指的是并购交易中对目标公司的价值评估存在差异的情况下，采取的一种约定在交割之后买方再根据目标公司的业绩指标等的实现情况，确定是否支付或免除后期对价付款的一种机制。此机制在私有资产、私有公司的交易中多以“Earn - out”条款的形式出现，在上市公司的并购交易中则多以“CVRs（Contingent Value Rights，期待价值权）”条款的形式出现。

盈利支付机制与一般的对赌安排有明显差别，国内常见的对赌安排，卖方需要先获得买方支付的股票或现金等对价，如果未来相关资产的盈利未能达到双方约定的承诺水平，则需根据对赌条款向买方退还相应对价；而盈利支付机制的操作方向刚好相反，卖方能否在未来获得买方的进一步支付，一开始就具有不确定性，因此在某种程度上能够更加有效地保护买方的利益。对此工具的适用做以下说明：

1. 作为一种新兴的支付安排，盈利支付机制有其独特的结构和适用场合，当收购药业公司或者未来发展形势非常不明朗的公司时可以考虑使用。

2. 此工具虽然有助于解决估值差异，但也容易在实施中产生争议，因此需要买卖双方提前在谈判中尽可能做出明确的约定。

八、其他对赌工具

除了以上对赌工具之外，还可以根据业务、商业模式的特点和个性化需要设计对赌工具，如将股权调整与股权激励相结合进行设置的对赌工具（蒙牛对赌案）、与公司现金消耗率相结合的对赌调整工具等。

第三章　估值、投资对赌条款设计与风险防范

对赌协议，又称估值调整系统，表现形式是协议条款，但其实质是用法律语言及对赌要素对股权投融资交易模式进行编程。该“编程”涉及对目标公司的估值、交易模式条款的设计、投资的进入与退出、退出路径的预设、常见陷阱及风险防范等。对赌条款的设计，对平衡投融资双方的利益、降低投资交易风险及对赌的成败至关重要。本章分三节对相关内容进行介绍。

第一节　公司估值

不估值无对赌，即不对目标公司进行估值，就无法确定股权投资的交易价格，就无法进行股权投融资对赌，而且不了解公司估值知识也很难深入理解对赌机制。因此，在深入了解对赌协议之前，有必要先了解一些公司估值的基本知识。

一、公司估值的含义

公司估值，又称公司价值评估，是指着眼于公司本身，对其内在价值进行评估。一般来讲，公司的资产及获利能力决定于其内在价值。需要注意的是，不要把“公司估值”当作“公司价值”更不要当作“市值”，尤其是对非上市公司的估值更是如此。

公司估值是股权投融资交易的前提，因为需要根据“估值”计算交易“价格”。一家投资机构将一笔资金注入公司，应该占有的权益首先取决于公

司的估值。而一个公司值多少钱？这是一个非常专业、复杂的问题。① 通常非上市公司与上市公司采用的估值方法有所不同。

二、非上市公司的估值方法

对非上市公司的估值不但要考量过去，还要预测未来，是一个复杂的事情。2017 年 3 月，财政部修订了《企业会计准则第 22 号——金融工具确认和计量》，修订后的准则将对非上市公司股权的评估产生重大影响。2018 年，中国证券投资基金业协会发布了《私募投资基金非上市股权投资估值指引（试行）》完善行业标准体系。通常，非上市公司估值方法可分为市场法、收益法之现金流折现法、资产法三类②，下面分别进行介绍。

（一）市场法

1. 市场法之可比公司法

首先要挑选与非上市公司同行业可比或可参照的上市公司，以同类公司的股价与财务数据为依据，计算出主要财务比率，然后用这些比率作为市场价格乘数来推断目标公司的价值，如市盈率（P/E，价格/利润）法、市销率（P/S，价格/销售额）法。

在国内的风险投资（VC）市场，一般比较偏好采用 P/E 法进行公司估值。而投资人投资一个公司，是投资它的未来，因此估值采用的利润是预测或承诺未来 12 个月的利润。他们用 P/E 法对公司的估值就是：公司价值 = 公司未来 12 个月利润 × 预测市盈率。

一般来说，预测市盈率是历史市盈率的一个折扣，比如说 NASDAQ（纳斯达克）某个行业的平均历史市盈率是 40，那预测市盈率是 30 左右，对于同行业、同等规模的非上市公司，参考的预测市盈率需要再打个折扣，为 15 ~ 20，对于同行业且规模较小的初创企业，参考的预测市盈率需要再打个折扣，

---

① 参见公司估值（金融概念），载百度百科，2020 年 3 月 12 日访问。

② Pinto, J. E., Henry E. Robinson, T. R. and Stowe, J. D. Equity Asset Valuation. New York: John Wiley & Sons, 2010.

就成了7～10了。这也就是国内主流的外资VC投资对企业估值的大致P/E倍数①。

【示例】

某目标公司预测（或承诺）融资后下一年度的利润是100万美元，参考的预测市盈率为15，那么这个公司预测估值：

=预测（或承诺）公司未来12个月利润×15

=100万美元×15

=1500万美元

如果投资人投资300万美元，公司出让的股权就是300万美元÷1500万美元=20%；也可以说，如果投资人计划持股20%，那么需要投资1500万美元×20%=300万美元。

结果投资一年后，12个月的实际净利润是50万美元，此时公司实际总市值：

=实际业绩×n倍市盈率

=50万美元×15

=750万美元

此时投资人20%的股权实际价值应该是750万美元×20%=150万美元。在投融资双方签订对赌协议的情况下，如果实际业绩=预估业绩，则预付投资金额=应付投资金额，公司估值和投融资双方的利益就不存在调整的必要；如果实际业绩小于预估业绩，则被投资方应返还投资方多付出的入股金额即投资补偿款=实际入股金额－应付入股金额。就本示例而言，投资补偿款：

=实际入股金额－应付入股金额

=300万美元－150万美元

=150万美元

对于有收入但是没有利润的公司，P/E就没有意义，比如很多初创公司很多年也不能实现正的预测利润，那么可以用P/S法来进行估值，大致方法跟P/E法一样。

---

① 参见公司估值（金融概念），载百度百科，2020年3月12日访问。

2. **市场法之可比交易法**

挑选与初创公司同行业、在估值前一段合适时期被投资、并购的公司，基于中小企业融资或并购交易的定价依据作为参考，从中获取有用的财务或非财务数据，求出一些相应的中小企业融资价格乘数，据此评估目标公司。

（二）收益法之现金流折现法

收益法之现金流折现法，是一种较为成熟的估值方法，通过预测公司未来自由现金流、资本成本，对公司未来自由现金流进行贴现，公司价值即为未来现金流的现值。这种方法比较适用于较为成熟、偏后期的私有公司或上市公司，比如凯雷收购徐工集团就是采用这种估值方法。

（三）资产法

资产法是假设一个谨慎的投资者不会支付超过与目标公司同样效用的资产的收购成本。这个方法给出了最现实的数据，通常以公司发展所支出的资金为基础。[①][②]

三、上市公司的估值方法

上市公司的估值方法通常分为相对估值方法、绝对估值方法两类。

（一）相对估值方法

相对估值方法简单易懂，也是投资者最为广泛使用的估值方法。在相对估值方法中，常用的指标有市盈率（P/E，每股价格/每股收益，有两种：历史市盈率、预测市盈率）、市净率（P/B，每股价格/每股净资产）、EV/EBITDA 倍数（企业价值/息税、折旧、摊销前利润）等。

---

① Aswath Damodaran，Investment Valuation：Tools and Techniques for Determining the Value of any Assets，New York：John Wiley & Sons，Inc，2002.

② 参见公司估值，载百度百科，2020 年 3 月 12 日访问。

（二）绝对估值方法

股利折现模型和自由现金流折现模型采用了收入的资本化定价方法，通过预测公司未来的股利或者未来的自由现金流，然后将其折现得到公司股票的内在价值。与相对估值法相比，绝对估值法的优点在于估值精确，但正确选择参数较为困难。

四、不同类型和行业公司的估值方法

对公司估值时，除了一般估值方法外，还要注意公司行业和类型之间的差异。因为每个行业最正确的估值方法都不一样，企业的商业模式决定了估值模式：

1. 重资产型企业（如传统制造业），以净资产估值方式为主，盈利估值方式为辅。

2. 轻资产型企业（如服务业），以盈利估值方式为主，净资产估值方式为辅。

3. 互联网企业，以用户数、点击数和市场份额为远景考量，以市销率为主。

4. 新兴行业和高科技企业，以市场份额为远景考量，以市销率为主。

五、公司估值的确定

不同估值模型得到的估值可能不尽相同，因为没有一个放之四海而皆准的估值工具。为了减少估值偏差，当对企业进行估值时，一般会采用主要估值模式与辅助估值模式进行综合评估，最终得出估值结论。不管采用何种估值方法，业绩都是估值的重要直接依据。对赌协议的目标公司若想要获得高估值，就必须以高业绩作为保障，特别是轻资产企业、互联网企业、新兴行业和高科技企业。

六、公司估值风险防范

在股权投融资对赌前，对公司估值要注意风险防范，对投融资双方作如下提示：

1. 投资人不要轻信融资方的承诺，要加强尽调，尽力减小估值偏差。

2. 融资方不要盲目追求高估值，否则有如下风险：

（1）高估值意味着高业绩要求，因此公司创始人团队往往会因此而感到压力很大。为了完成短期的业绩目标，可能会影响公司的长期安排。

（2）目标公司切勿过分抬高自己的企业估值，因为融资协议一般都设有反稀释条款。如果过分抬高企业估值容易使公司在后期出现融资僵局。

（3）公司容易战斗力透支。在公司存在期权激励的情况下，如果公司前期估值增长过快，会透支后期的增长空间。而后期估值增速一旦减缓或停滞，将会降低后期期权激励效果，造成公司后期战斗力不足。

（4）再引进新的战略合伙人困难。公司被不切实际的高估值，会造成公司后期的利益想象空间变小，很难再引进新的战略合伙人。

第二节　对赌基础典型条款设计

对赌协议又称估值调整协议，无估值不对赌，估值条款是对赌协议的基础条款，就像是一座大厦的地基。对赌标的与补偿、退出工具条款好似大厦的梁柱，同样不可或缺。实践中 PE/VC 与融资方对赌的两种最为典型的场景：一是因目标公司未达到约定的财务业绩目标，融资方要给予 PE/VC 现金补偿；二是目标公司 IPO 失败时，融资方按照约定回购 PE/VC 的出资份额，这也是《九民会议纪要》重点介绍的两种对赌条款类型。本节除了介绍估值条款外，将重点介绍财务业绩与现金补偿、上市目标与股权回购两种典型条款。

一、估值条款设计与风险防范

估值包括5个数据：投前估值、募集资金额、投后估值、股价、稀释比例。它们之间的关系公式为：投前估值+募集资金额=投后估值股价；稀释比例=募集资金额/投后估值。实务中最常用的估值是投后估值，投资后各股东的股权比例即是占投后估值的比例。

（一）条款简介

估值条款中通常会约定投资方式（实践中投资方一般是通过高溢价定向增资的方式向目标公司投资，成为目标公司股东）、公司投后估值、投资方投资金额、投资方投资占股比例、投前投后的股东名单、各股东的注册资本认缴及实缴数额、股权比例等，还会约定投资款的处理方式，通常小部分投资款进入注册资本，大部分进入资本公积金。

（二）条款设计示例

甲公司的估值条款约定如下：

1. 甲方（目标公司）现有注册资本人民币600万元，投后估值2.8亿元。

2. 丙方（投资方）以货币形式向甲方出资人民币5600万元，其中150万元作为甲方的实收资本即注册资本金，剩余5450万元作为溢价计入甲方的资本公积金。丙方投资款用于甲方流动资金、偿还贷款、新增项目所需的资本支出和正常公司经营用途；不得用于非经营性支出。

3. 本次增资后，甲方的注册资本变更为人民币750万元，股权结构变更如下：

股东1出资额450万元人民币，持股比例60%；

股东2出资额90万元人民币，持股比例12%；

股东3出资额60万元人民币，持股比例8%；

股东4（投资方丙）出资额150万元人民币，持股比例20%。

本次投资数额及投资前后股权比例情况详见下表：

<table>
<tr><td colspan="6">甲方（目标公司）投后估值为2.8亿元人民币。
丙方（投资方）向甲方投资5600万元人民币，取得增资后甲方20%的股权。其中150万元计入甲方注册资本，剩余5450万元计入公司的资本公积金。</td></tr>
<tr><td rowspan="2">序号</td><td rowspan="2">股东名称</td><td colspan="2">投（增）资前</td><td colspan="2">投（增）资后</td></tr>
<tr><td>出资额（元）</td><td>持股比例（元）</td><td>出资额（元）</td><td>持股比例</td></tr>
<tr><td>1</td><td>股东1</td><td>450万</td><td>75%</td><td>450万</td><td>60%</td></tr>
<tr><td>2</td><td>股东2</td><td>90万</td><td>15%</td><td>90万</td><td>12%</td></tr>
<tr><td>3</td><td>股东3</td><td>60万</td><td>10%</td><td>60万</td><td>8%</td></tr>
<tr><td>4</td><td>股东4（投资方）</td><td>0</td><td>0</td><td>150万</td><td>20%</td></tr>
<tr><td colspan="2">合计</td><td>600万</td><td>100%</td><td>750万</td><td>100%</td></tr>
</table>

实践中，估值条款往往和陈述保证条款、款项缴付条款、公司治理条款、违约条款、不可抗力条款、争议解决条款，以及其他条款形成一个单独的投（增）资协议，而对赌条款经常与相关保障条款以补充协议的形式另行签署。

（三）风险防范

1. 对投资人的提示

不要轻信融资方的承诺，要加强尽调，尽量减小估值偏差，做好回购、补偿、担保、执行防范，否则，你即使占到了合同中的便宜，也仅仅是书面上的便宜，最终很可能竹篮打水一场空。

2. 对融资方的提示

融资方要把握好融资节奏，注意融资稀释股权比例对公司控制权的影响。融资数额既要满足目标公司某个阶段的资金需求，也要注意不要过分超量超前融资，以免造成资金积压浪费，增加融资成本，还可能将高速增值的股权“贱卖”并过快稀释原股东的股权比例，压缩了下一轮融资的空间。

二、财务业绩与现金补偿条款设计及风险防范

（一）条款简介

财务业绩与现金补偿条款是将财务业绩作为对赌标的，主要约定的是当目标公司未能实现承诺的财务业绩目标时，融资方要按补偿款计算公式计算额度给予投资方一定的现金补偿；反之，当目标公司实现约定的业绩目标时，投资方给予融资方一定的现金补偿或激励。虽然对赌的财务业绩指标可以是净利润、利润增长率、销售（营业）额、销售（营业）增长率等，但是目前在我国的股权投融资市场，只要公司类型和公司盈利情况适合，PE 机构还是偏好选取“税后净利润”作为对赌标的。其原因在于 PE 机构希望短期化投资能够通过上市退出，而税后净利润是公司上市的重要指标，且此指标容易量化评估。

（二）条款设计示例

投资人甲要向目标公司乙投资 6000 万元人民币，大股东丙承诺目标公司融资后的第 1 年度净利润不低于 3000 万元人民币，且第 2 年度、第 3 年度净利润同比增长率不低于 30%；若目标公司未能实现约定的净利润业绩目标，则大股东要按以下公式计算出的补偿款金额给予投资方现金补偿。

T1 年度补偿款金额 = 投资方投资总额 ×（1 – 公司 T1 年度实际净利润/公司 T1 年度承诺净利润）。

T2 年度补偿款金额 =（投资方投资总额 – 投资方 T1 年度已实际获得的补偿款金额）×［1 – 公司 T2 年度实际净利润/公司 T1 年度实际净利润 ×（1 + 公司承诺 T2 年度同比增长率）］。

T3 年度补偿款金额 =（投资方投资总额 – 投资方 T1 年度和 T2 年度已实际获得的补偿款金额合计数）×［1 – 公司 T3 年度实际净利润/公司 T2 年度实际净利润 ×（1 + 公司承诺 T3 年度同比增长率）］。

实务案例

甘肃世恒公司等与苏州海富公司增资纠纷再审案①
（中国对赌第一案）

案情摘要：2007年11月1日，苏州海富公司作为投资方与甘肃众星公司（后更名为：甘肃世恒公司，以下简称世恒公司）、甘肃世恒公司当时唯一的股东香港迪亚公司、香港迪亚公司的法定代表人陆某（也是世恒公司的法定代表人），共同签订了《增资协议书》，协议中第2项业绩目标约定：

甘肃众星公司2008年实际净利润不低于3000万元人民币。如果甘肃众星公司2008年实际净利润完不成3000万元，苏州海富公司有权要求甘肃众星公司予以补偿，如果甘肃众星公司未能履行补偿义务，苏州海富公司有权要求香港迪亚公司履行补偿义务。补偿金额＝（1－2008年实际净利润/3000万元）×本次投资金额。

（三）风险防范

1. 对投资人的提示

（1）妥善选择对赌主体。在选择对赌主体时，需要考虑对赌主体的资产状况、资金实力和履约能力。在现金对赌条款中，尽量避免只与目标公司对赌，因为将来目标公司根据补偿条款承担货币补偿义务时，可分配利润不足的话，补偿条款的强制履行效力会受到影响。

（2）增加对赌主体和担保。在条件允许的情况下，应尽可能地增加融资方对赌主体或要求其关联主体就对赌义务的履行提供担保。

（3）明确对赌补偿方式。现金补偿的计算方式要明确、具体、唯一，且尽量不要太过复杂。

（4）限定业绩目标确认规则。对于业绩目标的确认权和确认程序要严格限定，特别是审计机构采取的会计准则、评估方法等都直接关系到对赌条件

① 参见最高人民法院（2012）民提字第11号民事判决书。

能否实现。

（5）注意对行权条件、期限、次数的限制。投资方符合行权条件时要注意及时行权，以免错过行权期限。分次行权的，要注意每一次的行权条件和时间，同时要注意分次行权是否可以多次合并一起行权，如果不可以的话，要注意不要错过每次的行权期限。

2. 对融资方的提示

（1）在财务业绩对赌时，需要注意设定合理的业绩增长幅度。当事人可通过设置重复博弈结构来降低对赌约定中的不确定性，也可设置分层博弈、分期对赌，避免各方更大的损失。

（2）一般而言，最好留有一定的弹性空间。否则迫于业绩压力，目标公司会做出一些短视行为，这对公司创始人和投资人都没有好处。

（3）融资方可以争取在对赌协议中加入一些相对柔性的非财务业绩指标条款，使对赌协议的可执行性更加平衡、可控。非财务业绩指标可以是用户人数、研发成果进展等。

（4）可争取采用双向对赌。双向对赌可以更好地平衡双方的合同权利义务关系，进一步体现合同的公平性，也更有利于激励目标公司及其管理层积极实现对赌约定的目标。例如，约定经营业绩超过某一既定水平时，以超过部分的一定比例对经营者或大股东进行奖励。

三、上市目标与股权回购条款设计及风险防范

（一）条款简介

上市目标与股权回购条款是将上市（一般是指 IPO）目标作为对赌标的，主要约定的是若目标公司未能在约定时间内在规定地点实现上市交易，则融资方（通常为大股东）要以事先约定的股权计价公式计算的价格回购投资方的股权，从而使投资方收回股权投资款并取得一定的投资收益。

关于约定的上市及回购年限，早期投资机构的回购触发年限一般设定为 5 年，晚期或者 Pre-IPO 的项目，则年限会更短。实践中除了约定未能实现上市

目标触发回购外，常常还同时约定重大事项或严重的违约行为触发回购，如：没有达到承诺的业绩；发生主要管理团队离职情形；发生公司或创始人严重违反投资协议的相关约定以及其作出的陈述和保证等情形。

关于股权回购价格计算公式，有复利方式计算的回购价格和单利方式计算的回购价格，而每种计算价格，又可分为是否扣除已经获得的现金及分红补偿两种方式：

1. 复利方式计算的回购价格

（1）不扣除已经获得的补偿

回购价格 = 投资方认购公司股份的总投资金额 × $(1+R)^N$（注：R 为年利率，一般约定在 8% ~15% 之间；N = 自投资完成日起至回购日止的日历天数 ÷365）。

（2）扣除已经获得的补偿

回购价格 =（投资方认购公司股份的总投资金额 - 投资方已获得的现金补偿）× $(1+R)^N$ - 投资方已实际取得的公司分红（注：R 为年利率，一般约定在 8% ~15% 之间；N = 自投资完成日起至回购日止的日历天数 ÷365）。

2. 单利方式计算的回购价格

（1）不扣除已经获得的补偿

回购价格 = 投资方认购公司股份的总投资金额 ×（1 + R × N）（注：R 为年利率，一般约定在 8% ~15% 之间；N = 自投资完成日起至回购日止的日历天数 ÷365）。

（2）扣除已经获得的补偿

回购价格 =（投资方认购公司股份的总投资金额 - 投资方已获得的现金补偿）×（1 + R × N）- 投资方已实际取得的公司分红（注：R 为年利率，一般约定在 8% ~15% 之间；N = 自投资完成日起至回购日止的日历天数 ÷365）。

（二）条款设计示例

1. 若 2018 年 12 月 31 日之前，目标公司未能实现在国内证券交易所首次公开发行 A 股并上市（以下简称上市），则甲方（大股东）承诺收购乙方（投资方）所持目标公司全部股权。收购价格按照本次增资价格人民币 8600

万元，并加收增资价格每年8%的收益回报确定，不足一年的按日计算，即股权收购价格=增资价格×（1+8%×增资到位日到收购日天数/365）。

2. 若发生甲方需履行第1条之股权收购承诺之情形，甲方应于2019年1月5日前，或者目标公司明确放弃国内A股上市计划之日起5日内，或证券监管部门未核准目标公司上市申请之日起5日内，将收购款项支付给乙方。股权收购款项支付时间以三者中最早到期者为准。

实务案例

甘肃世恒公司等与苏州海富公司增资纠纷再审案①

案情摘要：2007年11月1日，苏州海富公司作为投资方与甘肃众星公司（后更名为：甘肃世恒公司）、甘肃世恒公司当时唯一的股东香港迪亚公司、香港迪亚公司的法定代表人陆某（也是世恒公司的法定代表人），共同签订了《增资协议书》，协议中第4项股权回购约定：

至2010年10月20日，如果由于甘肃众星公司的原因造成其无法完成上市，则苏州海富公司有权在任一时刻要求香港迪亚公司回购届时苏州海富公司持有之甘肃众星公司的全部股权，香港迪亚公司应自收到苏州海富公司书面通知之日起180日内按以下约定回购金额向苏州海富公司一次性支付全部价款。若自2008年1月1日起，甘肃众星公司的净资产年化收益率超过10%，则香港迪亚公司回购金额为苏州海富公司所持甘肃众星公司股份对应的所有者权益账面价值；若自2008年1月1日起，甘肃众星公司的净资产年化收益率低于10%，则香港迪亚公司回购金额为（苏州海富公司的原始投资金额－补偿金额）×（1+10%×投资天数/360）。

① 参见最高人民法院（2012）民提字第11号民事判决书。

（三）风险防范

1. 对投资人的提示

（1）明确上市的时间、地点及含义。在不同语言环境、国内、国外的上市要求、含义是有区别的，因此在“赌上市”的条款中，一定要把相关内容约定清楚，以免产生歧义。

（2）明确约定的上市时间到来之前，如果现有指标已经可以完全确定目标公司不能如期上市，那么投资方是否可以提前行权要求融资方回购股权，即融资方是否享有期限利益。

（3）在签订回购条款时需注意对回购主体的选择。目标公司回购与目标公司股东、实际控制人回购的法律限制条件是不一样的，强制履行的效力也不同。投资人可以根据《九民会议纪要》的相关条款内容和专业人士的建议做出选择。

（4）约定效力调整条款。就我国目前情况而言，监管层通常会认为以上市作为标的的对赌条款会对公司股权的稳定和经营业绩等方面造成负面影响，通常需要解除。但是，解除对赌协议对投资方来说又不保险，目标公司初期只是报上市材料，万一不能通过证监会审核，对赌协议又被解除了，则会引发一系列问题。所以，很多投资方递交给证监会的是解除对赌协议后的清洁版文件，对赌当事人之间又会签订一份“有条件恢复”协议，即效力调整条款，比如说目标公司将来上市没有成功，那之前的对赌协议要继续完成（本章第三节有详细讲解）。

2. 对融资方的提示

（1）对上市时间的安排可以适当留有余地，以免因意外事件造成对赌失败。

（2）如有可能，尽量多列出一些非己方原因造成的上市失败的免责条款，如上市停摆、政策变化、不可抗力、情势变更，等等。

（3）要善于借助外部法律、财务专业力量。在股权投融资对赌问题的专业认识和技术操作方面，相对于投资方来说，通常融资方处于劣势，因此融资方要善于借助外部专业力量弥补自己的劣势。

（4）风险投资机构在计算回购价格的时候，一般均倾向于采用复利计算，在谈判过程中，若项目方相对强势的话，则可以考虑坚持要求采用单利计算，且年利率在合理范围内越低越好。

（5）要注意协议中能够触发回购的全部条件，特别是约定比较广泛的情况，例如："创始人和/或公司违反了任何陈述和保证等表述，则投资人可以要求创始人和/或公司回购股份。"此类条款，几乎意味着投资方在任何时候都有要求回购的权利，因为投资协议中的陈述和保证是非常全面和严格的，几乎不可能在形式上没有任何的违反。

（6）要注意选择投资基金。一般情况下，一线基金比较在乎机构的名声，如果届时公司未能上市，但其确实认真创业了，这些一线基金未必会让个人去承担回购责任。对于其他基金，对回购义务的履行要求通常会比较严格，因此在回购条款上就更应注意。

（7）对于回购主体，人民币基金和美元基金有所差别。人民币基金一般会要求创始人承担回购责任；美元基金若通过 VIE 架构对公司进行投资，承担回购责任的一般是海外成立的 SPV 公司。

关于对赌标的不仅是"税后净利润"和"上市"，关于对赌补偿和退出工具也不仅是"现金补偿"和"股权回购"，相关内容本书前面已经有相关介绍。本节介绍的条款，仅作为示例进行说明，在具体对赌条款设计中，要从实际情况和需求出发，可以灵活考量，设计出适合自己的富有针对性和个性化的对赌条款。

第三节　对赌辅助保障条款设计

对于股权投融资交易，只有上一节介绍的基础条款及典型对赌条款是完全不够的，还需要有公司治理条款及一系列辅助保障条款协调配合，才可能形成一个完整的股权投融资对赌交易机制。本节将进一步就常见的部分相关条款进行介绍。

一、股权转让限制条款设计与风险防范

（一）条款简介

股权转让限制条款，主要是对目标公司创始人股东特别是大股东的股权转让设置一定条件，仅能在约定的条件下才能转让其股权，否则不得转让。该条款的主要目的是将目标公司创始人股东特别是大股东的利益与投资者的利益更加紧密地绑定在一起，防止创始人股东特别是大股东在不看好目标公司时“金蝉脱壳”或转移某些利益。

（二）条款设计示例

在目标公司成功 IPO 之前，创始人股东不得违反本投资协议及公司章程中股权转让限制条款的规定直接或间接地（如通过持股平台等方式）转让、出售、赠送、以设定权利负担或以其他方式处分其所实际拥有利益的任何类型的公司股权。

（三）风险防范

一方面，完全禁止股权转让的条款可能会被法院认定无效；另一方面，仅仅有明确的股权转让限制条款，并不能完全阻止义务人的违约行为，为了降低相关风险，可以参考以下措施：

1. 将股权转让限制条款特别是与《公司法》及其司法解释规定不同的限制条件明确写在投资协议文件及公司章程中。

2. 在协议中对股权转让限制条款设置的合理原因以及创始人可选择的退出渠道予以明确，或者可以增加股权转让限制的合理时限，如限制期限在公司 IPO 完成之前。

3. 对投资人而言，为了防止义务股东擅自转让股权，可以将股权限制条款写入公司章程，使其具有对抗第三方的效力，还可以将义务股东的股权质押给投资人。

4. 股权质押也可以起到变相转让股权的作用，因此投资方在限制融资方股权转让的同时要注意对融资方股权质押的限制和把控，以免产生漏洞。

二、共同出售权条款设计与风险防范

（一）条款简介

共同出售权条款又称跟售权条款，约定的是当目标公司原股东向第三方出售其股权时，投资人有权在同等条件下，优先于原股东或者按其与原股东之间的持股比例，将其持有的相应数量的股权出售给该第三方。共同出售条款的设定目的是防止投资人股东因为持股比例不高而造成股权出让困难，甚至被锁死在目标公司中，该条款在约束目标公司原股东股权转让的同时也为投资者增加了一个退出的机会。

（二）条款设计示例

目标公司在成功 IPO 之前，创始股东出售其拥有的目标公司的股权时，投资人有权在同等条件下，按其与该创始股东之间的持股比例，将其持有的相应数量的股权出售给该第三方（受让方），否则创始股东不得转让。

如果投资人已恰当地行使共同出售权，受让方拒绝向投资人购买相关股权，则创始股东不得向受让方出售目标公司的任何股权，除非创始股东同时以相同的条款和条件向投资人购买原本以通过共同出售方式出让给受让方的全部股权。如果创始股东违反上述规定出售目标公司的股权，则投资人有权以相同的价格和条件，将其根据共同出售权本应出售给受让方的股权强制出售给创始股东，创始股东应当向投资人购买其根据本条强制出售给自己的目标公司股权。

创始股东就上述股权出售事宜应提前通知投资人，投资人应于收到出售通知之日起 10 日内回复是否行使共同出售权及同意出售的股权数量，如投资人未于约定期限内回复创始股东，则视为放弃行使本次跟售权。

（三）风险防范

1. 对投资人的提示

在共同出售权条款的设计上，可以约定创始股东出让股权时必须经投资人同意，否则不得出让股权，如果违约出售的话，则出售方有义务按约定回购投资人的股权。该约定是为了增加投资人的控制力，因为共同出售条款并不能约束受让股权的第三方。

2. 对融资方的提示

（1）创始人股东应重点关注因其他股东出让股权触发共同出售股权条款后，对公司股权比例和自己控制权的影响。

（2）创始人股东也可以对投资人的跟售权加以限制。实践中的方法有以下 3 种：

①投资交割完成后的 12 个月内创始人股东出售公司 10% 以内的股权，且出售股权后其持有的公司股权不低于 60%，不影响其管理公司的，则不触发跟售权条款；

②投资人在约定时间内没有通知其欲行使跟售权的，视为放弃跟售权；

③创始人股东因不可抗力、继承、司法执行等原因向第三人转让股权的，不触发跟售权条款。

三、强卖权条款设计与风险防范

（一）条款简介

强卖权条款又称领售权条款、拖售权条款，其内容规定的是，如果目标公司在约定的期限内未能实现上市或其他约定目标，投资人有权强制要求公司创始人股东和管理层股东与自己一起向第三方转让股权。强卖权条款是投资人规避风险的一大利器，其设定目的在于保障投资人出让股权时有更大的选择余地、更高的转让对价、更低的转让成本以及更小的谈判难度等。

（二）条款设计示例

在约定的期限内，如果目标公司未能实现上市、挂牌、被并购或者其他约定条件，投资人有权强制要求目标公司创始人股东和管理层股东按照投资人与第三方达成的转让价格和条件，和投资人共同向第三方转让目标公司股权。

（三）风险防范

强卖权条款保护的是投资人的回报需要，使得作为少数股东的投资人享有决定公司转让的权利，此种权利有时会严重侵害创始人股东的利益，还很有可能导致公司大股东丢失控制权。所以这个条款对企业创始人来说是需要特别注意的，如果能拒绝此条款，那当然最好，如果不能拒绝，则在什么样的条件下可以启动投资者的领售权是谈判的关键。可以考虑对强卖权条款进行必要的限制，增加该条款的行使门槛。以下方法可供参考：

1. 设置触发条件限制，融资方对投资人的领售权作出制约，避免投资人单独或联合少数股东决定领售：

（1）避免出现的表述：在公司上市之前，持有超过半数以上表决权股东（其中必须包括投资者）表决同意出售公司，公司的其他股东应同意该交易，并以同样的价格和条件出售他们的股权。

（2）可以接受的表述在此列举两种：①提高比例，在公司上市之前，股东会代表全体股东所持表决权的2/3（或80%或更多）以上通过出售公司的决议，公司的其他股东应同意该交易，并以同样的价格和条件出售他们的股权。此种表述可以确保公司的主要创始人在表决时拥有一票否决权。②分层表决，须经全体投资人所持表决权50%以上表决通过，且还需要投资人之外的全体股东所持表决权50%以上表决通过，方可启动领售权。

2. 设置禁止行权期限：投资人股东投资若干年（比如3年）后才可以行使强卖权。

3. 给予创始人优先购买权：在投资人行使领售权将标的公司对外出售时，在同等条件下，创始人股东有优先购买权，从而防止投资人贱卖企业。

4. 设置买方排除清单：企业创始人可要求投资人在行使强卖权时，买主不能是该投资人的任何关联企业、个人以及目标公司的竞争对手等，从而防止投资人的道德风险。

5. 创始人参与估值：创始人可以要求出售目标公司的估值由创始人团队与投资者共同确定或必须高于某一事先设定的数额。

6. 限制交易支付方式：目标公司的交易对价只能支付现金或其他特定的方式。

四、反稀释条款设计与风险防范

（一）条款简介

反稀释条款又称股权反摊薄协议，是指在目标公司进行后续股权融资或者定向增发过程中，投资人为避免自己的股权贬值或份额被过分稀释（投资条款清单中一般不具有“份额被稀释”的含义），而约定公司或创始人对投资者提供一定补偿的机制条款。该条款一方面能够激励目标公司创始人及管理团队对商业计划负责，确保目标公司的股权保值增值，如果后续融资的话，其股权价格应该更高或至少不低于原价格；另一方面可避免投资人的股权因目标公司进行后续融资而被严重稀释，从而降低股权比例。

实践中，反稀释条款有棘轮条款形式和加权平均条款形式，两种条款最大的区别在于对目标公司估值调整的方式不同，其中加权平均条款形式又分为狭义基础加权平均和广泛基础加权平均。

（二）条款设计示例

1. 棘轮条款，即完全按照新投资人进入价格重新调整投资人估值及持有股权。

条款示例：目标公司将来若接受新的投资者增资，则新认购的每股价格不能低于投资方本次认购时的价格，否则投资方的认购价格将自动调整为新投资者认购的价格，溢价部分折成目标公司相应股份。同时，各方同意，本次投资完成后，如目标公司给予任何股东（包括引进的新投资者）的权利优于本协议投资方享有的权利的，则本协议投资方将自动享有该等权利。

具体公式：反稀释后投资人持有股权比例 = 投资人投资金额/新一轮融资后估值金额；反稀释后投资人持有的股权数量 = 投资额/新一轮融资每股价格。

按照以上条款约定，如果甲投资人以每股 10 元的价格投资 1000 万元购买了目标公司 100 万股股份，后来目标公司又向一家战略伙伴乙以每股 5 元的价格发行 50 万股换取 250 万元的资金，那么按照引进新投资者限制条款的算法（1000 万元 ÷5 元/股 =200 万股），投资方的股份应该从 100 万股调整到 200 万股。

2. 加权平均条款，该种条款不仅考虑了低价发行的新股价格，还同时照顾到了新股的权重。即如果目标公司后续发行的股份的新价格低于原价格，那么投资者新的转换价格就会降低为前一轮转换价格和后续融资发行价格的加权平均值。在加权平均法以下，根据纳入计算范围的不同还分为狭义基础加权平均和广泛基础加权平均两种形式。

狭义基础加权平均（Broad Based Weighted Average），在计算权重的时候，仅以投资者持有的股份为计算范围。

具体公式：反稀释后投资人持有股份每股的价格 =（投资人的投资额 + 新一轮的融资额）/（投资人反稀释前的股份数量 + 新一轮融资增加的股份数量）。

同样还是上例，甲投资人以每股 10 元的价格投资 1000 万元购买了目标公司 100 万股股份，后来目标公司又向一家战略伙伴乙以每股 5 元的价格发行 50 万股换取 250 万元的资金，那么甲投资人的投资价格应调整为每股 8. 33 元即（1000 万元 +250 万元）÷（100 万股 +50 万股），投资方的股份调整为 120 万股即 1000 万元 ÷8. 33 元/股。

广泛基础加权平均（Broad Based Weighted Average），在计算权重的时候，包含后续融资前公司发行的所有股份。

具体公式：反稀释后投资人持有股份每股的价格 =（投资人投资前的股份数 × 投资人投资时每股的价格 + 投资人的投资额 + 新一轮的融资额）/（投

资人反稀释前目标公司的股份数量+新一轮融资增加的股份数量）。

还是上例，目标公司管理人团队拥有150万股股份，甲投资人以每股10元的价格投资1000万元购买了目标公司100万股股份，投资后占目标公司40%的股份，后来目标公司又向一家战略伙伴乙以每股5元的价格发行50万股换取250万元的资金，那么甲投资人的投资价格应调整为每股9.17元即（10元/股×150万股+1000万元+250万元）÷（150万股+100万股+50万股），投资方的股份调整为109万股即1000万元÷9.17元/股。

从上述例子可以看出，如果仅从投资者可以获得股份补偿的这个角度来评判，以上三种计算方式的优先级为：棘轮>狭义基础加权平均>广泛基础加权平均。

（三）风险防范

反稀释条款容易给融资方带来严重的估值壁垒风险，使得目标公司在后续融资过程中因很难突破前一轮融资的估值，而出现融资的僵局，甚至导致创始人被迫出局。因此对目标公司来说，估值并不是越高越好。为了降低反稀释条款给目标公司带来的估值壁垒风险，可以参考如下方案：

1. 对投资人的参考措施

（1）投资尽调不能马虎，尽量减小对目标公司的过高估值产生的偏差。

（2）反稀释条款的设计需要结合企业发展的现实情况做出妥当安排，让该条款回到平衡投资人和融资人之间权利义务的本质作用上。毕竟投融资双方的利益在很大程度上具有一致性，反稀释条款带来的严重估值壁垒风险如果致使目标公司遭遇融资僵局停止发展甚至破产，对投资方来说意味着唇亡齿寒。如果融资方失去赔偿能力，对投资人补偿的保护条款也很可能成为一纸空文。

2. 对融资方的参考措施

（1）目标公司的融资要根据自身需求和客观情况合理有序进行，不要盲目追求公司的高估值。

（2）融资方要学会和投资人不卑不亢地谈条件。只要项目好，投资人也会接受合理要求或适度妥协，毕竟投资人找个好项目也不容易。

（3）尽量说服投资者，将棘轮条款变更为加权平均条款，最好是广泛基础加权平均条款。一般来说，管理美元基金的投资机构对广泛基础加权平均的接受度是相对较高的；很多仅管理人民币基金的国内投资机构则一般会要求完全棘轮。

（4）在选择棘轮条款的情况下，将棘轮条款的触发条件设置为一个兜底的公司估值金额，即只有目标公司后续融资的价格低于该兜底估值时，才可能触发棘轮条款的适用。

（5）在选择棘轮条款的情况下，设置 Pay to Play 条款，即将棘轮条款的触发条件设置为“跟投”条款，原投资人必须参与后续融资才有资格触发棘轮条款的适用。但在通常的融资中，该条款并不多见，一般需要公司方掌握谈判的主动权才有加入的可能。

（6）限制棘轮条款的适用时间阶段。比如只能在本轮融资后的 12 个月内再次融资时才可以使用棘轮条款。

（7）设置反稀释的豁免条款。约定排除适用反稀释条款的常见情况有两种，一种是目标公司针对员工进行股权激励所做的公司估值；另一种是基于目标公司合并、兼并、收购或其他类似的业务事件而增发的用于代替现金支付的股权、股份。

一般情况下，在反稀释条款中应当约定下列情况不应启动反稀释机制：

①经过董事会同意的发给员工、董事以及顾问的期权，或者直接作为薪酬计划的一部分向员工、董事及顾问发行的股份。

②股份分拆以及以发行股份的方式分配股利的。

③因转换债务、认股权、期权及其他可转换债券所发行的股份。

④优先股转换为普通股或者作为鼓励以及分配发行给优先股持有人的股份。

⑤若公司为了能够获得条件更为优越的借款、租赁等条件，需要向提供借款的金融机构以及提供融资租赁的租赁方发行相应股份的。

（8）设置“终结条款”终结棘轮条款的效力。例如可以约定在目标公司达到一定的业绩目标时，终结棘轮条款的效力。

五、优先分红权条款设计与风险防范

（一）条款简介

优先分红权条款，是指约定投资人按投资金额一定比例，优先于其他股东分配目标公司每年的净利润条款。实践中该条款主要是防止原股东不合理的套现行为，从而降低投资人的投资风险。

（二）条款设计示例

1. 本次增资完成之后，目标公司应按照法律以及公司章程的有关规定和程序向投资人足额支付股息红利。若公司当年拟向股东分配利润，投资人有权优先于公司其他股东分取当年的利润。在向投资人足额支付红利之前，公司不得向公司的任何其他股东以任何方式支付任何红利，包括但不限于现金、财产、股权等形式。

2. 投资人优先分取当年可供分配总利润后，剩余可分配利润（包括但不限于本次增资完成前公司实现的所有净利润以及以前年度的滚存未分配利润）由投资人和公司其他股东按持股比例共同享有。

（三）风险防范

1. 优先分红权条款的效力问题

要注意优先分红权条款的效力。目标公司是有限责任公司的，根据《公司法》第 34 条的规定，优先分红权条款需要全体股东同意，该条款最好也写在公司章程里（如果投资协议要求将该条款写在公司章程里或根据公司章程分红的则有必要写到公司章程里）；目标公司是股份有限公司的，根据《公司法》第 166 条第 4 款的规定，优先分红权条款有必要写到公司章程里。

2. 对投资人的提示

（1）投资人要注意预先制定分红需要的相关文件、手续材料等，以免就分红事项公司不召开股东（大）会，或股东（大）会不通过决议，使得优先分红权落空。

（2）投资人可以考虑设置大股东对优先分红权的补偿责任，即当投资人的优先分红权因任何原因无法实际履行时，投资人有权要求目标公司大股东以现金补偿差额。

3. 对融资方的提示

目标公司要谨慎考虑，是否同意累计性或者参与性的优先分红权设计。

六、增资优先认购权条款设计与风险防范

（一）条款简介

增资优先认购权条款，是指约定目标公司增加注册资本、发行新股时，投资人有权优先于其他股东进行认购的条款。设立优先认购权条款的目的是在目标公司融资扩大总股本时，保障投资人的持股比例和权益不被摊薄。

（二）条款设计示例

目标公司以任何形式进行新的股权融资时，投资方有权按所持股权比例享有优先认购权。目标公司、创始人股东应当自新的融资计划初步确定之日起 7 日内向投资方发出《拟增资通知书》，该通知书内容包括但不限于融资方案、融资价格和条件、新投资者的名称等。投资方自收到通知书之日起 30 日内，以书面形式通知目标公司是否行使优先认购权。

（三）陷阱防范

1. 要注意优先认购权条款的效力。目标公司是有限责任公司的，根据《公司法》第 34 条的规定，优先认购权条款需要全体股东同意；目标公司是股份有限公司的，根据《公司法》第 133 条的规定，优先认购权条款需要股东大会通过。

2. 优先认购权条款最好写在公司章程里（如果投资协议要求将该条款写在公司章程里或根据公司章程规定认缴增资的则更有必要将该条款写到公司章程里）。

七、优先清算权条款设计与风险防范

（一）条款简介

优先清算权对于投资者来说是非常重要的条款，该条款是指约定目标公司进行清算时，投资人有权优先于其他股东分配剩余财产的条款。常见的优先清算权类型有：无参与权型优先清算权、完全参与型优先清算权、附上限参与分配型优先清算权等。在投资协议中规定的公司清算事件，通常比我国《公司法》中规定的清算事件要更广泛，一般可以分为三类：第一类是公司破产、公司因业务终止而解散等；第二类是公司出售、转让全部核心资产；第三类是股权转让导致公司50%以上的股权属于创始人和投资人以外的第三人。

发生清算事件时，通常越是后面的投资人其优先级越高，即在公司经过多轮融资的情况下，其优先顺序将会是：D轮投资人>C轮投资人>B轮投资人>A轮投资人>创始股东。

（二）条款设计示例

1. 无参与权型优先清算权条款（有利于创业者）

当目标公司发生清算事件时，投资方优先从可分配资产中获得投资额n倍（一般为1~2倍）的份额，其他股东再根据股权比例分配剩余清算资产。

2. 完全参与型优先清算权条款（有利于投资人）

当目标公司发生清算事件时，投资方优先从可分配资产中获得投资额n倍（一般为1~2倍）的份额，所有股东（包括投资方）再根据股权比例分配剩余清算资产。

3. 附上限参与分配型优先清算权条款（相对中立）

当目标公司发生清算事件时，投资方优先从可分配资产中获得投资额n倍（一般为1~2倍）的份额，所有股东（包括投资方）再根据股权比例分配剩余清算资产，但投资方获得的总回报（包括优先清算额）不得超过其原始投资额的n倍（一般为2~3倍）。

（三）风险防范

1. 优先清算权的效力问题

我国《公司法》并没有优先清算权的规定。而《民法典》中则规定，法人清算后的剩余财产，根据法人章程的规定或者法人权力机构的决议处理，据此优先清算权具有一定的合法性空间。但是一定要注意，优先清算权条款要符合公司章程的规定或经公司权力机构的决策通过。

2. 对投资人的提示

（1）优先清算权条款一定要明确优先清算权的类型、倍数、有无参与权等权益。

（2）约定大股东的差额补偿责任。若投资人的优先清算权因任何原因导致无法优先全额受偿的，有权要求目标公司大股东以现金补偿差额。

（3）注意合理妥协，争取“最佳价格”的同时兼顾对管理层和员工“最大的激励”。

3. 对融资方的提示

（1）大部分的投资人会要求优先清算权，且选择“完全参与型优先清算权条款”或“附上限参与分配型优先清算权条款”分配机制。融资方在这里关注和谈判的重点是优先分配金额的计算，即倍数或年化利率要在合理的范围内，尽量降低。

（2）签订投资协议时，注意明确优先清算权的触发条件。

（3）争取有利于己方的优先清算权类型，尽量降低优先清算的数额倍数。

（4）如果选择了附上限参与分配型优先清算权条款，对“上限”的约定，必须明确具体地写在投资协议中。

八、董事席位及一票否决权条款设计与风险防范

除了上节讲的“现金补偿条款”“股权回购条款”及前面提到的“优先清算权条款”“领售、跟售权条款”“反稀释条款”等保护性条款外，投资人也会参与公司治理活动，来保障自己的投资款安全。下面介绍的就是董事席

位及一票否决权条款。

（一）条款简介

董事席位条款，一般是根据投资情况和治理权利诉求确定公司董事会席位的构成情况。不追求公司控制权的财务投资者指定一名董事席位的目的通常是保证对目标公司的知情权。

一票否决权条款的内容一般是，投资方要求在目标公司股东会或董事会对特定决议事项（一般是与自身利益相关的事项）表决时享有一票否决权。一票否决权条款的设置是为了增强小股东投资者的话语权，保护投资者的利益，防止大股东及其管理团队滥用表决权。

（二）条款设计示例

本次投（增）资完成，甲方（目标公司）董事会由 3 人组成，包括乙方（原股东）提名委派 2 名董事，丙方（投资方）提名委派 1 名董事。

甲方董事会应当确定对外投资、收购出售资产、资产抵押、对外担保事项、委托理财、关联交易的权限，建立严格的审查和决策程序。在目标公司成功 IPO 之前，以下事项应当按照公司章程规定由公司董事会或者股东会审议通过，对于董事会决议事项，必须经至少 1 名投资方董事的投票确认方可形成决议；对于股东会决议事项，必须经投资方的股东代表同意，方可形成决议：

（1）制订公司的年度财务预算方案、决算方案；

（2）制订公司增加或者减少注册资本以及发行公司债券的方案；

（3）制订公司合并、分立、变更公司形式、解散的方案；

（4）公司主营业务发生变更；

（5）聘任或者解聘公司总经理；

（6）聘请或更换为公司审计的会计师事务所；

（7）决定公司累计余额达到或者超过 500 万元的贷款或借款；

（8）公司任何对外股权投资行为；

（9）公司在连续的 12 个月内累计金额达到或超过公司最近一期净资产

20%的收购出售资产行为；

（10）公司与关联方之间发生的关联交易行为；

（11）制订公司章程修改方案。

（三）风险防范

1. 有限责任公司一票否决权的效力问题

《公司法》第42条规定，有限责任公司股东会会议由股东按照出资比例行使表决权，但是，公司章程另有规定的除外。《公司法》第48条规定，有限责任公司董事会的议事方式和表决程序，除本法有规定的外，由公司章程规定。因此，有限责任公司通过公司章程对股东会和董事会的表决方式作出特殊约定后，董事和股东可以行使一票否决权。关于董事会一票否决权的案例，如：奇虎公司与上海老友公司、蒋某文等请求变更公司登记纠纷案①、北京金冠公司与东联公司董事会决议撤销纠纷案②。

2. 股份有限公司一票否决权的效力问题

《公司法》第103条规定，股份有限公司股东出席股东大会会议，所持每一股份有一表决权。但是，公司持有的本公司股份没有表决权。《公司法》第111条规定，董事会决议的表决，实行一人一票。

可见，《公司法》并未允许股份有限公司通过公司章程授予股东和董事一票否决权，因此，在股份有限公司设置"一票否决权"缺乏相应的法律基础。

3. 对拟上市公司的提示

拟上市公司在上市前需保持控制权不发生重大变化，否则会影响上市进度。公司在国内主板、中小板上市控制权最近3年不能发生变化，在创业板上市公司控制权最近2年不能发生变化。因此一旦认定一票否决权导致公司形成共同控制，那就说明实际控制权发生了变化，所有的上市周期就要重新计算一遍。

4. 对融资方的提示

注意防范投资方滥用"一票否决权"，避免其不正当地促使对赌条件的成

---

① 上海市第二中级人民法院（2014）沪二中民四（商）终字第330号民事判决书。

② 北京市高级人民法院（2009）高民终字第1147号民事判决书。

就或不成就的行为。在谈判阶段，融资方需要慎重考虑投资人的“一票否决权”，如果不可避免“一票否决权”的话，可考虑在投融资文件中加入相应规制条款，比如明确列举或详细描述出投资方滥用一票否决权的形式和范围。否则，诉讼或仲裁中很难认定投资方滥用“一票否决权”。实践中诉讼或仲裁委员会就此问题常常有如下类似观点：

（1）即使投资人行使过“一票否决权”，也不能排除该反对意见系其基于正常的商业利益和商业风险的考虑而作出的。

（2）因各方当事人在投融资交易文件中未对投资人“一票否决权”不正当地影响公司经营的情形进行约定，故认定目标公司股东向投资人提出的损害赔偿请求权没有合同依据。

（3）目标公司成功上市给投资人带来的利润远高于投资人主张股权回购权所能获取的利润，因此投资人不具有滥用“一票否决权”故意促使目标公司无法上市的动机。

（4）投资人委派董事参与目标公司的经营管理，按照投资协议约定或公司章程行使“一票否决权”属于正常行为；导致目标公司经营状况恶化的现实原因多种多样，目标公司股东不能提出证据证明目标公司经营状况恶化系投资人滥用“一票否决权”的行为所致。

融资方对此问题要引起重视，注意防范。

九、信息披露和检查权条款设计与风险防范

（一）条款简介

信息披露和检查权属于股东知情权的范畴。股东知情权是股东固有的基础性权利，是股东正确行使股东决策权的基础。但公司法对股东知情权是有一定限制的，有的诉求要履行一定的程序，有的诉求公司可以拒绝。投资方为了减少行使知情权的障碍，在投资对赌协议中一般都会有信息披露和检查权条款或类似条款。

（二）条款设计示例

信息披露条款：目标公司应按时向投资人提交经投资人或其指定董事批准的会计师事务所审计的年度合并财务报表、未经审计的季度/月度合并财务报表和财务预算等。

检查权条款：投资人要求查看公司账簿、场地，向公司高管、顾问等了解公司情况时，公司及相关人员应当给予配合。

（三）风险防范

1. 为了便于权利行使，也为了减少歧义，投资方应尽量把信息披露和检查权的内容予以明确化、具体化。

2. 投资方与目标公司之间就权利行使的程序性问题，也应当尽量作出可操作性的规定。

十、关联交易条款设计与风险防范

（一）条款简介

关联交易就是企业关联方之间的交易，关联交易条款一般约定的是禁止目标公司在约定期间进行违反章程规定的关联交易，否则目标公司、大股东或相关对赌当事人须按关联交易额的一定比例向投资方赔偿损失。关联交易限制条款的设计目的主要是防止利益输送。

（二）条款设计示例

若目标公司发生不符合公司章程规定的关联交易，大股东乙须按关联交易额的 10% 向投资人丙赔偿损失。

（三）风险防范

为了更加有效防范某些关联交易可能进行利益输送，有必要将对赌协议中特别限制的某些关联交易类型明确具体地写到章程中，以便具有可操作性。

十一、竞业限制条款设计与风险防范

（一）条款简介

竞业限制条款一般规定的是，目标公司上市或被并购前，创始股东不得通过其他公司或通过其关联方，或以其他任何方式从事与公司相竞争的业务。

（二）条款设计示例

创始股东承诺，会将其全部工作时间及精力专注于目标公司的经营，并尽全力促进目标公司的发展，勤勉忠实地为目标公司谋利，绝不从事其他兼职或投资经营活动，直至目标公司成功 IPO 后至少 12 个月或经投资方另行同意的代替方案实现。

核心团队人员承诺，在持有目标公司的股权期间及不再持有股权后 24 个月内（竞业期间）、担任目标公司职务期间及不再任职后 24 个月内，核心团队人员及其各自的关联人员不得直接、间接、通过他人或指使他人投资、拥有、管理、控制与目标公司正在进行或有具体计划进行的业务相同、相类似或具有竞争关系的业务（以下简称竞争业务）；以上人员也不得用以上任何方式在竞争业务中任职、兼职，也不得提供顾问、咨询、居间及其他任何形式的直接或间接服务帮助。

（三）风险防范

1. 竞业限制的范围

限制的对象范围通常为：目标公司创始股东、董事、高级管理人员及其他掌握核心技术、秘密、渠道的核心团队人员。如果限制范围过小，则对目标公司商业利益保护不力；如果限制范围过大，则会增加财务成本。

2. 对投资人的提示

（1）把目标公司核心团队人员定义为公司高级管理人员并写在公司章程中。

（2）投前尽调考察确保目标公司创始人团队不存在原就职单位未到期的竞业限制条款，同时确保目标公司的核心无形资产如知识产权等没有权利瑕疵和侵权风险。

（3）将违反竞业限制条款作为触发对赌回购条款的条件之一。

（4）违约条款中，明确创始股东及核心团队的巨额违约成本及计算方式。

3. 对融资方的提示

（1）锁定竞业限制的范围，即明确禁止的业务范围、竞争关系的定义、竞争对手清单，以免因竞业限制范围过于模糊宽泛而造成后期履约纠纷。

（2）团队核心成员要单独签署竞业限制、保密及承诺文件，以免由于核心团队其他成员的行为造成创始股东承担违约责任。

十二、违约责任条款设计与风险防范

（一）条款简介

违约条款一般约定的大致内容是，若任何一方签约当事人违反本约定，违约方要向守约方支付占实际投资额一定比例的违约金，并赔偿因其违约而造成的损失。

（二）条款设计示例

任何一方签约当事人违反本约定，违约方应向守约方支付实际投资额10%的违约金，违约行为给守约方造成损失的，应一并赔偿损失。

（三）风险防范

需要注意的是，徒约不足以自行，还需良策加持。因此违约条款不但要把可能出现违约的情况与相应违约责任明确具体地约定清楚，还要把出现违约情况时守约方可以采取的有效方法措施、路径预设到合同里，使违约条款具有可操作性，如使用一些担保措施、后期可能涉及的文件必要时可以前置处理。

十三、效力调整条款（抽屉协议）设计与风险防范

（一）条款简介

对赌协议效力调整条款俗称抽屉协议，其基本意思是指，对赌条款及相关保障条款自目标公司向中国证监会递交首次公开发行股票申请材料之日起中止效力或终止效力（对赌协议已经履行完毕或解除），若上市成功，则中止效力的各条款自动终止；若上市失败，则自动中止效力的各条款自本次上市失败之日起立即自动恢复效力，并且视同该条款所约定的权利或安排从未失效或被放弃。

效力调整条款的设置目的主要是对赌及相关条款可能因违反《首次公开发行股票并上市管理办法》第13条“发行人的股权清晰，控股股东和受控股股东、实际控制人支配的股东持有的发行人股份不存在重大权属纠纷”的规定，而造成上市失败。另外，即使是新三板挂牌也有相关规定：《全国中小企业股份转让系统有限责任公司关于发布〈挂牌公司股票发行审查要点〉等文件的通知》中的《挂牌公司公开发行审查要点》规定，“2.20 审查内容：估值调整条款；审查中的关注要点：1. 挂牌公司不能参与对赌；2. 如果涉及对赌，对赌条款应当披露清楚；3. 对赌条款不能违反相关法律法规的规定”。所以对赌及相关条款在上市前或者新三板挂牌前约定中止或终止。实践中一般提交的IPO或新三板挂牌申请文件中仅是清洁版协议，以补充协议方式签订的对赌及相关条款不向证监会或新三板挂牌审查部门披露。若上市或新三板挂牌不成功，中止的对赌及相关条款再恢复其效力。

（二）条款设计示例

为使目标公司顺利实现首次公开发行股票之目的，本协议涉及的回购或补偿对赌条款、投资方退出、优先购买权、同等优惠权、跟售权等规定，自目标公司向中国证监会递交首次公开发行股票申请材料之日起中止效力，自目标公司公开发行股票并在境内证券交易所上市之日起终止效力。若发生下

列情形之一，前述自动中止、终止效力的各条款立即自动恢复效力，并且视同该条款所约定的权利或安排从未中止、终止或被放弃：

（1）中国证监会驳回目标公司上市申请或目标公司主动撤回公开发行股票申请；

（2）目标公司未能通过中国证监会发行审核委员会审核；

（3）目标公司在其股票公开发行申请获得中国证监会发行核准之日起6个月内，无投资方认可的原因，未完成在交易所的上市交易。

（三）风险防范

对于投资方而言，在拟定效力调整条款时，注意将对赌及相关条款效力恢复的情况和条件列举周延。注意约定如果上诉未成功，对赌条款的效力溯及到中止时。

（四）对赌协议不需清理的情况

需要注意的是，并不是所有的对赌协议在上市前都需要清理。2019年3月25日中国证监会发行监管部发布的《首发业务若干问题解答》，对相关问题作出指引。其意见为：投资机构在投资发行人时约定对赌协议等类似安排的，原则上要求发行人在申报前清理，但同时满足以下要求的可以不清理：一是发行人不作为对赌协议当事人；二是对赌协议不存在可能导致公司控制权变化的约定；三是对赌协议不与市值挂钩；四是对赌协议不存在严重影响发行人持续经营能力或者其他严重影响投资者权益的情形。保荐人及发行人律师应当就对赌协议是否符合上述要求发表明确核查意见。发行人应当在招股说明书中披露对赌协议的具体内容、对发行人可能存在的影响等，并进行风险提示。2020年的相关案例有：四会富仕电子公司作为首个携对赌协议闯关IPO的企业，创业板IPO首发过会；成都秦川公司携对赌协议在科创板也成功上市。这两个IPO案例说明，监管层对于“对赌条件”的态度有了很大的变化，对赌协议符合《首发业务若干问题解答》4个条件的，可以避免IPO时再签很多补充协议、抽屉协议，这也是我国资本市场走向注册制的体现。

十四、其他条款

在股权投融资协议中，除了本章第一节介绍的对赌基础条款以及本节介绍的条款外，通常还涉及“鉴于条款”“陈述与保证条款”“投（增）资缴付条款”“保密条款”“担保条款”“不可抗力、情势变更条款、重大不利影响条款”“土豆条款”“争议解决条款”“管辖条款”，等等。其中部分内容将在本书后面章节进行介绍。

第四章　对赌协议的效力与履行

对赌协议的效力，决定着股权投融资交易的基础是否牢靠，是否会崩塌。因此无论在对赌设计中还是在对赌纠纷诉讼中，对赌协议的效力都是需要重点考虑的问题。股权投融资中对赌协议的履行，也是一个重要且复杂的问题，涉及的利益也不仅仅是签约当事人能够完全决定的。尤其是对赌条款触发后，投资方即使完全按照对赌约定行使权利，也要注意不能违反资本维持原则、不能抽逃出资损害公司债权人的利益，否则即使对赌协议有效也不能履行。因此关于对赌协议的履行问题，就要在协议设计时做出预判，对履约路径和文件做好预设。关于对赌协议的效力与履行问题，本章将分三节进行介绍。

第一节　与原股东或实际控制人对赌的合同效力及履行

投资方与目标公司原股东或实际控制人及公司管理层等对赌一般不会涉及目标公司违反资本维持原则侵害债权人利益的情况（在目标公司不参与担保或约定承担连带责任的情况下），合同效力及强制履行效力的性质相对简单，而且也基本一致，因此本节予以集中讨论。至于目标公司参与担保或约定承担连带责任的情况，将在本书第七章第一节进行讨论。

实务案例

甘肃世恒公司等与苏州海富公司增资纠纷再审案[①]

案情摘要：2007 年 11 月 1 日，苏州海富公司作为投资方与甘肃众星公司、甘肃世恒公司、甘肃世恒公司当时唯一的股东香港迪亚公司、香港迪亚公司的法定代表人陆某（也是世恒公司的法定代表人），共同签订了《增资协议书》，协议中关于业绩对赌部分的内容为：

1. 苏州海富公司出资2000 万元人民币取得甘肃世恒公司 3.85% 的股权，其中 114.7717 万元列为注册资本，1885.2283 万元计入资本公积金。香港迪亚公司持股 96.15%。

2. 《增资协议书》第 7 条第 2 项约定：甘肃世恒公司 2008 年净利润不低于3000 万元人民币；如果甘肃世恒公司 2008 年实际净利润完不成 3000 万元，海富公司有权要求甘肃世恒公司予以补偿，如果甘肃世恒公司未能履行补偿义务，苏州海富公司有权要求香港迪亚公司履行补偿义务；补偿金额的计算公式为“（1－2008 年实际净利润/3000 万元）×本次投资金额”。

3. 2010 年 10 月 20 日前上市及相关股权回购约定，以甘肃世恒公司的净资产年化收益率是否达到 10% 确定回购价格。

触发纠纷：因甘肃世恒公司 2008 年度实际净利润仅为 26858.13 万元，未达到《增资协议书》约定的该年度承诺净利润额。2009 年 12 月 30 日，苏州海富公司向法院提起诉讼，请求判令甘肃世恒公司、香港迪亚公司、陆某向其支付补偿款 1998.2095 万元。

最高人民法院认为：在《增资协议书》中，香港迪亚公司对于苏州海富公司的补偿承诺并不损害公司及公司债权人的利益，不违反法律法规的禁止性规定，是当事人的真实意思表示，是有效的。香港迪亚公司对苏州海富公司承诺了甘肃众星公司 2008 年的净利润目标并约定了补偿金额的计算方法。在甘肃众星公司 2008 年的净利润未达到约定目标的情况下，香港迪亚公司应

---

① 参见最高人民法院（2012）民提字第 11 号民事判决书。

当依约应苏州海富公司的请求对其进行补偿。香港迪亚公司对苏州海富公司请求的补偿金额及计算方法没有提出异议，本院予以确认。

投资方与目标公司股东或实际控制人的对赌协议原则上是有效的，除非有其他无效事由。无论是从“中国对赌第一案”，还是从后续法院的相关判决、仲裁机构的相关裁决来看，对此类对赌协议的效力性质及强制履行的性质已经达成共识，理论上也基本没有争议。2019 年 11 月最高人民法院公布的《九民会议纪要》相关条款进一步明确规定，对于投资方与目标公司的股东或者实际控制人订立的“对赌协议”，如无其他无效事由，认定有效并支持实际履行，实践中并无争议。

作为法律专业人士，不能仅仅停留在没有争议的表面认识上。我们不但要熟悉一般情况，更应该掌握特殊情况。因此，我们要对此类对赌影响合同效力的特殊情况有明确的认识方法和方向。现对《九民会议纪要》的相关规定进行分析。

一、对赌原则有效，但并非绝对有效

可以肯定的是，目标公司股东或实际控制人作为对赌主体与投资方对赌，一般不会构成对赌协议的无效事由，即只要其他方面的关系不影响对赌协议的效力，原则上这个对赌协议就应该是有效的。但协议的效力不是绝对的，即有可能存在“其他无效事由”。而这个“其他无效事由”正是我们职业法律人应该特别注意的地方，不能一看到是投资方与目标公司股东或实际控制人对赌就认为合同有效，直接放弃了对合同效力的质疑和判断。

实务案例

上海瑞沨与朱某起等股权转让纠纷案①

案情摘要：目标公司江苏乐园公司原股东是朱某起、连云港鼎发公司。

① 参见上海市第一中级人民法院（2014）沪一中民四（商）终字第 730 号民事判决书。

2011年3月6日投资方上海瑞沨、上海嘉石公司等8家投资公司与目标公司江苏乐园公司及其原股东朱某起、连云港鼎发公司等共11方签订《乐园新材增资协议》（以下简称主合同），约定江苏乐园公司拟新增注册资本人民币20700000.09元，本次增资全部由朱某起、连云港鼎发公司以外的其他投资者以货币形式缴纳；协议签署后，经各方协商一致，可以对本协议进行补充或修改，本协议的任何变更或补充须书面作出并经各方签署，否则无效。

当日，上述11方签署《乐园新材增资协议之补充协议》（以下简称《补充协议一》），4方主体即上海瑞沨、朱某起、连云港鼎发公司及江苏乐园公司又签订《乐园新材增资协议的补充协议》（以下简称《补充协议二》）。

触发纠纷：后因江苏乐园公司未能在2012年12月31日前取得证监会核准上市等原因触发对赌纠纷，上海瑞沨要求朱某起、连云港鼎发公司严格按照《补充协议二》之相关约定，按时足额支付股权回购价款，并提供了付款账户。

法院认为：《补充协议二》之回购条款，仅是上海瑞沨与连云港鼎发公司、朱某起、江苏乐园公司4方单独订立（与原协议当事人不完全相同），一是违背了主合同第8.1条之规定，二是亦损害了其他投资方基于本协议项下的权益，故应属无效。

通过这个案例，我们看到，判断对赌协议效力不能仅仅根据对赌主体，不能说投资方与目标公司原股东或实际控制人对赌的协议就一定有效。判断合同效力还要注意看对赌的具体内容是否涉及其他主体的利益，对赌主体是否能完全自主决定等。

二、致使对赌协议无效的事由

（一）无效事由

对于《九民会议纪要》"其他无效特殊事由"的理解，除了要考虑到：①合同无效的情况之外，还应该进一步扩展考虑到；②合同未成立的情况；③合同未生效或效力待定的情况；④合同存在可变更可撤销的情况；⑤合同部分有效、部分无效的情况；⑥合同对部分主体有效、部分主体无效（未生效）的情况等。对于合同无效事由，根据《民法典》第 146 条、第 153 条、第 154 条的规定：有下列情形之一的，合同无效：（一）一方以欺诈、胁迫的手段订立合同，损害国家利益；（二）恶意串通，损害国家、集体或者第三人利益；（三）以合法形式掩盖非法目的；（四）损害社会公共利益；（五）违反法律、行政法规的强制性规定。

对于以上第（五）项的"强制性规定"的范围，《民法典》第 153 条第 1 款也规定，违反法律、行政法规的强制性规定的民事法律行为无效，但是该强制性规定不导致该民事法律行为无效的除外。

（二）合同效力性强制性规定的识别

对于效力性强制性规定与管理性强制性规定的识别，要依据《民法典》第 153 条第 1 款的规定慎重判断"强制性规定"的性质，特别是要在考量强制性规定所保护的法益类型、违法行为的法律后果以及交易安全保护等因素的基础上认定其性质，并在裁判文书中充分说明理由。下列强制性规定，应当认定为"效力性强制性规定"：强制性规定涉及金融安全、市场秩序、国家宏观政策等公序良俗的；交易标的禁止买卖的；违反特许经营规定的，如场外配资合同；交易方式严重违法的，如违反招投标等竞争性缔约方式订立的合同；交易场所违法的，如在批准的交易场所之外进行期货交易。关于经营范围、交易时间、交易数量等行政管理性质的强制性规定，一般应当认定为"管理性强制性规定"。[①] 在此需要特别注意的是，不能认为：凡是行政管理性质的强制性规定都属于"管理性强制性规定"，不影响合同效力。

三、违反法律、行政法规及规章的管理性规定的对赌协议的效力

违反法律、行政法规及规章的管理性规定一般情况下不影响合同效力，但该规章的内容涉及金融安全、市场秩序、国家宏观政策等公序良俗的，应

---

① 参见最高人民法院《全国法院民商事审判工作会议纪要》（法〔2019〕254 号）第 30 条。

当认定合同无效。[①] 在判断合同效力的时候要注意《民法典》第 153 条第 1 款的关联性。当对赌协议违反法律、行政法规及规章的管理性规定一般情况下不影响合同效力，但因此而违反《民法典》第 153 条第 2 款（违背公序良俗的情况）、第 154 条（行为人与相对人恶意串通，损害他人合法权益的情况）规定时，该协议无效。

四、支持实际履行与强制履行效力

《九民会议纪要》规定，对于投资方与目标公司的股东或者实际控制人订立的“对赌协议”，如无其他无效事由，认定有效并支持实际履行。可以从以下几方面理解：

（一）支持实际履行

当股权回购和/或现金补偿义务人是目标公司股东或实际控制人时，只要对赌协议有效，法院一般是支持实际履行的，即具有强制履行的效力。

（二）效力的同步

当股权回购和/或现金补偿义务人是目标公司股东或实际控制人时，合同的效力与强制履行的效力是同步的，只要对赌协议有效，一般就具有强制履行的效力，即一般不会出现对赌协议有效，但法院不支持实际履行的情况。由于此时的合同义务是股权回购和/或现金补偿义务（此种义务本质上都属于金钱义务），且不涉及违反资本维持原则，因此不存在《民法典》第 580 条“履行不能”的情况。但是，当股权回购和/或现金补偿义务人是目标公司时，即使对赌协议有效，也不一定被法院支持实际履行，即不一定具有强制履行的效力，因为此时要考虑到合同的履行不能违反“资本维持原则”，对此情况我们将在下一节“与目标公司对赌的合同效力及履行”进行分析讨论。

---

① 参见最高人民法院《全国法院民商事审判工作会议纪要》（法〔2019〕254 号）第 31 条。

五、合同效力与合同强制履行效力分开判断的意义

（一）合同效力与合同强制履行效力

合同效力与合同强制履行效力是两个概念。合同效力是法律赋予依法成立的合同所产生的约束力。合同效力问题首先根据民法典来判断。合同强制履行效力指的是合同规定义务的强制执行效力。即合同约定的义务能否被裁判支持强制履行的效力。在合同有效的情况下，对其强制履行效力的判断依据不是效力规定，而是要看是否具备法律上的履行条件。例如，有限公司股东对外签订的股权转让合同有效的情况下，因内部股东行使优先购买权而阻却了对外的股权转让合同的履行，此时有限公司股东对外签订的股权转让合同虽然有效，但因不符合公司法规定的履行条件，不能对外进行股权变动，即使外部受让人起诉到法院要求其履行股权转让手续，其请求也不会得到支持，即此时的合同就不具备强制履行效力。因此，合同有效只是使得合同具有强制履行效力的可能和前提，但最终不一定具有强制履行效力。当然，合同无效，一定不会具有强制履行效力。《九民会议纪要》将“认定有效”与“支持实际履行”放在并列地位分开进行判断，当两者效力不一致时，对其区别可能更容易理解，因此对两者的区别将在本章第二节“与目标公司对赌的合同效力及履行”中进一步详细讨论。

（二）注意特殊情况

上述问题也存在特殊情况，投资方与目标公司的股东或者实际控制人订立的对赌协议有效，但法院有可能不支持实际履行，即合同有效但不具备强制履行效力。例如，某自然人投资方，与目标公司大股东（或实际控制人）签订对赌协议后，增资成为目标公司的股东，同时担任目标公司的监事或董事。后触发对赌条款，自然人投资方依据对赌协议约定要求目标公司大股东（或实际控制人）回购股权。而此时，目标公司进入破产重整程序。根据《破产法》第 77 条第 2 款规定，在重整期间，债务人的董事、监事、高级管理人

员不得向第三人转让其持有的债务人的股权。但是，经人民法院同意的除外。因此，此时的股权回购请求有可能不被法院支持。对于此风险的防范，自然人投资者投资前可以要求有指定董事、监事、高级管理人员及相应席位任职人员的权利，而不一定是自己亲自担任。若自然人投资者亲自担任董监高职务，要转让股权时，恰遇目标公司进入破产重整阶段，自然人投资者可以考虑及时辞去以上职务。

六、业绩补偿和股权回购可否同时得到支持

当目标公司既未实现业绩承诺，也未完成上市目标，同时触发了业绩补偿条款与股权回购条款的情况下，对于投资方要求目标公司股东进行业绩补偿（现金补偿）并回购股权的请求能否同时得到支持，实践中存在很大争议，无论是仲裁机构，还是法院系统，都存在两种截然相反的裁判观点，一种观点认为不可同时得到支持，另一种观点认为可以同时得到支持。下面将列举相关案例进行说明。

（一）业绩补偿和股权回购不可同时得到支持

实务案例

深圳前海盛世企业（有限合伙）与徐某栋等股权转让纠纷案①

法院认为，投资人同时主张业绩补偿和股权回购存在冲突，仅同意支付股权回购款及利息。首先，从协议内容来看，涉案协议实质为对赌协议，本案对赌协议虽然同时约定了2015年业绩承诺和2016年挂牌承诺，但是从合同目的及对赌标的角度来看，主要是投融资双方因对赌而产生的股权回购；其次，深圳前海盛世企业作为投资人要求目标公司各股东进行业绩补偿，深圳前海盛世企业依然保持星河互联公司股东身份不变，但是深圳前海盛世企业要求回购股权，实质是退出星河互联公司，不再拥有股东身份，两者存在

① 参见北京市第一中级人民法院（2017）京01民初814号民事判决书。

一定矛盾；最后，如星河互联公司在2016年12月31日之前未完成挂牌，则之前的业绩很可能未达到相应要求，从协议约定的业绩补偿方式来看，补偿方式之一为“要求原股东中任意一方或多方受让投资方持有的目标公司的部分股权”，该方式与股权回购义务有重合之处，说明星河互联公司未如期挂牌的法律后果中已经处理了业绩补偿，深圳前海盛世企业单独索要的2015年业绩补偿，存在重复计算。综上，本院依据协议，仅支持深圳前海盛世企业关于股权回购本金、利息及违约金的主张，对于业绩补偿折价款及业绩补偿违约金的主张不予支持。

（二）业绩补偿和股权回购可以同时得到支持

实务案例

佛山市优势集成企业、潘某来合同纠纷案①

法院认为，根据涉案《终止协议之补充协议》的约定，在股权回购条件成就时，潘某来不但应向佛山市优势集成企业支付1000万元股权回购款，还应按年利率12%的标准向佛山市优势集成企业计付利息作为投资款的固定回报。因此，在股权回购的条件已成就的情况下，佛山市优势集成企业要求潘某来按上述标准支付利息确有相应的合同依据。但是应当指出的是，虽然在本案中仅凭潘某来提出的IPO暂停主张不足以免除其支付股权回购款的义务，但IPO暂停的确在客观上对浩蓝环保公司原定的IPO计划造成重大影响，再结合佛山市优势集成企业同意浩蓝环保公司选择先在新三板挂牌的事实分析，该事实表明佛山市优势集成企业在推进IPO较为困难的情况下同意浩蓝环保公司先采取在新三板上市的灵活应变策略。在此情况下，完全不考虑IPO暂停以及佛山市优势集成企业曾同意浩蓝环保公司在新三板上市的因素，认定潘某来仍需按年利率12%的标准向佛山市优势集成企业支付利息，有违公平。因此，一审法院在全面分析本案案情的基础上，酌情认定潘某来在浩蓝环保公司终止新三板挂牌之前即2018年7月9日前按年利率6%的标准向佛山市

① 参见广东省佛山市中级人民法院（2019）粤06民终187号民事判决书。

优势集成企业支付利息，2018 年 7 月 10 日后的利息再按年利率 12% 的标准计算，处理结果并无不当，本院均予以维持。

实践中，关于业绩补偿和股权回购可以同时得到支持的理由主要有如下 3 种：

1. 业绩补偿和股权回购属于两个不同的法律关系，应根据合同约定分别判断履约条件是否成就，在履约条件均成就的情况下，两个诉求可以同时得到支持，而不应相互折抵，如前述案例。此外，在王某民、王某丽股权转让纠纷案①中，江西省高级人民法院也持类似观点。

2. 应充分尊重当事人的契约自由，在不违反法律的效力性强制性规定，没有无效事由的情况下，应当尊重商事主体对风险、利益的分配约定。

3. 业绩补偿条件成就时，投资方尚未丧失股东身份的，不影响业绩补偿的主张②。

（三）笔者观点

对于业绩补偿和股权回购可否同时得到支持的问题，笔者认为首先应当看合同中是否有明确的约定，如果对赌协议中明确约定了业绩补偿和股权回购是选择适用，那么就应当尊重当事人的约定，不可同时支持业绩补偿和股权回购。如果对赌协议中并未明确约定两个问题的适用关系，在两者条件均成就时，要从对赌协议的内在逻辑和案件事实出发分析确定。

第二节　与目标公司对赌的合同效力及履行

投资方与目标公司对赌的协议效力问题，主要涉及对资本维持原则（股东不得抽逃出资）和对债权人有效保护的讨论，在理论界和实务界一直争议

① 参见江西省高级人民法院（2017）赣民终 159 号民事判决书。

② 参见北京市第三中级人民法院（2019）京 03 民初 333 号民事裁定书。

很大。特别是自“对赌第一案”① 之后至2019年11月《九民会议纪要》公布之前，对此类协议效力问题的争论更是激烈。《九民会议纪要》使更多的人意识到，对赌协议纠纷的裁判核心不在于交易类型的合法性判断，而是合同履行之可能性，后者需要基于公司财务状况来具体分析。② 当财务状况具备履行条件时，对赌协议才可能具有强制履行效力被法院判决支持实际履行，否则即使合同有效，也不会被法院判决支持实际履行，即不具备强制履行效力。对以上问题，本章将结合《九民会议纪要》的相关规定进行详细讨论。

一、投资方与目标公司对赌的合同效力

（一）关于合同效力的三种观点

最高人民法院在被誉为“对赌第一案”的“海富公司案”判决中认为，该案投资方与目标公司对赌补偿的约定无效；投资方与目标公司股东对赌补偿的约定有效。③ 此案后，实务界产生了误读，普遍认为以区分对赌主体来认定对赌协议的效力，投资方只能与股东对赌，不能与目标公司对赌，否则对赌协议无效，甚至很长时间内各级法院的判决也基本一致认定“投资方与目

---

① 甘肃省兰州市中级人民法院一审认为，《增资协议》第7条第2项不符合《中外合资经营企业法》第8条关于企业净利润根据合营各方注册资本的比例进行分配的规定，同时，该条规定损害公司利益及公司债权人的利益，不符合《公司法》第20条第1款的规定，因此不支持苏州海富公司的诉讼请求。

甘肃省高级人民法院二审认为，《增资协议》第7条第2款的约定违反了投资领域风险共担的原则，使得苏州海富公司作为投资者不论甘肃世恒公司经营业绩如何，均能取得约定收益而不承担任何风险。参照最高人民法院《关于审理联营合同纠纷案件若干问题的解答》（以下简称《解答》）第4条第2项的规定，苏州海富公司除已计入甘肃世恒公司注册资本的114.7717万元外，其余1885.2283万元资金性质应属名为投资，实为借贷。《增资协议》这部分约定无效。

最高人民法院再审认为，《增资协议书》中约定，如果甘肃世恒公司（目标公司）实际净利润低于3000万元，则苏州海富公司（投资方）有权从甘肃世恒公司处获得补偿。这一约定使得苏州海富公司投资可以取得相对固定的收益，该收益脱离了甘肃世恒公司的经营业绩，损害了公司利益和公司债权人利益，因而无效（即本案投资方与目标公司对赌补偿的约定无效）；在《增资协议书》中，香港迪亚公司对于苏州海富公司的补偿承诺并不损害公司及公司债权人的利益，不违反法律法规的禁止性规定，是当事人的真实意思表示，是有效的（即本案投资方与目标公司股东对赌补偿的约定有效）。详细案情及判决细节可参见：最高人民法院（2012）民提字第11号民事判决书。

② 参见刘燕：《对赌协议与公司法资本管制：美国实践及其启示》，载《环球法律评论》（京）2016年第20163期。

③ 参见最高人民法院（2012）民提字第11号民事判决书。

标公司对赌，协议无效”。以区分对赌主体来认定对赌协议的效力的方式，俨然成了法定资本制下认定对赌协议效力的标准。虽然全国各级法院对此类对赌协议的效力问题有阶段性的倾向性意见和观点，但法律界对此问题也从未停止过争论，其主要观点有三种：

第一种观点：无效。此观点认为，投资者与目标公司本身之间的补偿条款如果使投资者可以取得相对固定的收益，则该收益会脱离目标公司的经营业绩，直接或间接地损害公司或债权人利益。①

第二种观点：有效。此观点认为，对赌协议的全部签约当事人、利益关联方都是平等的合同主体，签约方自愿签约处分自己的权利，没有侵害国家、集体或公共利益，不涉及需要特别保护的其他主体的利益，没有侵害目标公司及债权人利益。因此，投资方与目标公司签订的对赌协议应当得到尊重，应当认定有效。

第三种观点：原则上有效。该观点不以对赌的主体作为认定协议效力的依据，只要不违反资本维持原则，且对债权人保护并无不利影响，则此对赌协议即为有效。

（二）《九民会议纪要》中关于对赌协议效力的观点

到目前为止，各级人民法院裁判的对赌案件已经很多，民法学界和商法学界对此的研究也越来越深入，仲裁裁决几乎都认为“对赌协议”有效。在此情况下，笔者认为在投资方与目标公司“对赌”协议的效力问题上，现在应该改变“海富公司案”判决的观点了，即应该认定有效。“海富公司案”关于投资方与目标公司对赌协议无效的主要理由是，“投资者与目标公司本身之间的补偿条款如果使投资者可以取得相对固定的收益，则该收益会脱离目标公司的经营业绩，直接或间接地损害公司利益和公司债权人利益，故应认定无效”。我们认为，就投资方与目标公司签订的“对赌协议”本身来看，如果达到了双方约定的目标，那么还能认为协议无效吗？显然不能。不能因为达到了预期目标，合同就有效，反之则无效。这样的逻辑明显存在问题，此

① 罗东川、杨兴业：《“对赌协议”纠纷的法律规制及裁判规则》，载《人民司法·案例》2014年第10期。

其一。其二，约定投资方获得固定收益，如果满足了保护公司债权人利益这一要求，为什么不可以呢？其三，如果认定合同无效，那法律依据是什么呢？对于合同的效力，如果不损害国家利益、集体利益、他人利益，不违反法律、行政法规的效力性强制性规定，就应当认定有效。① 正是基于以上理由，2019 年 11 月最高人民法院公布的《九民会议纪要》对该类对赌问题进行了评价。该文件认为，虽然投资方与目标公司订立的“对赌协议”是否有效存在争议，但是对此类对赌协议效力的判断应当把握如下处理规则：投资方与目标公司订立的“对赌协议”在不存在法定无效事由的情况下，目标公司仅以存在股权回购或者金钱补偿约定为由，主张“对赌协议”无效的，人民法院不予支持……对以上规定，作如下理解分析：

投资方与目标公司对赌并不是对赌协议无效的理由，无论是存在股权回购条款，还是约定了金钱补偿条款。只要没有违反资本维持原则，并且对债权人的保护无不利影响，不存在其他法定无效事由，就应当充分尊重合同当事人之间意思自治的权利、对合同的自由权利和对公司自治权利的处分，认定对赌协议有效。

从《九民会议纪要》的规定可以认识到，对赌协议案件的裁判核心不在于交易类型的合法性判断，而是合同履行之可能性，后者需要基于公司财务状况来具体分析。即使投资方与目标公司进行现金补偿对赌，也可能因未损及公司资本与清偿能力而具有正当性。因此，无论是“对赌第一案”的解读还是学理批评，都存在纠偏之必要，一个充满活力的 PE/VC 投资市场也完全可以尊重公司法以及资本维持原则的底线。②

二、投资方与目标公司对赌，并不必然违反法定资本制损害债权人利益

投资方与目标公司对赌，涉及法定资本制下目标公司的清偿能力。清偿

---

① 最高人民法院民事审判第二庭编著：《〈全国法院民商事审判工作会议纪要〉理解与适用》，人民法院出版社 2019 年版，第 116 ~ 117 页。

② 参见刘燕：《对赌协议与公司法资本管制：美国实践及其启示》，载《环球法律评论》（京）2016 年第 20163 期。

能力指向的是债权人保护，这也是法定资本规则最核心的立法宗旨。就此目的而论，优先股股东与普通股股东的法律地位并未有任何不同，都受制于不得损害债权人利益的限制。ThoughtWorks 案①法官在判决中重申了这一基本立场：“公司立法禁止公司在削弱资本的情形下回购股份，其意图是保护债权人。法律实现上述意图的方式，是禁止那些可能会导致向股东返还或再分配

① 2010 年 11 月，特拉华州法院就 SV Investment Partners，LLC v. ThoughtWorks，Inc. 案（以下简称 ThoughtWorks 案）作出判决。这是美国 PE/VC 投资合同的赎回权条款首次遭遇司法检验，也是美国法院自 20 世纪 40 年代以来再次审视法定资本制与优先股之间的关系。在经历了 20 世纪 80 年代美国法定资本制革命后，置身于 PE/VC 投资与科技创新这一新的商业环境下，特拉华州法院宣示的立场引起了广泛关注。

ThoughtWorks 案中的 PE 投资与海富案颇有类似之处，二者都不属于早期的天使轮投资或典型的风险投资，而是在公司已经营运一段时间后，PE 投资者基于 IPO 的愿景而加入被投资公司。该案案情如下：原告 SV 投资合伙（以下简称 SV）是一家风险投资企业，1999 年认购了被告 ThoughtWorks 公司 94% 的 A 系列优先股。ThoughtWorks 是一家从事商业软件应用方案设计及咨询服务的高科技公司，1993 年成立，1999 年开始谋划 IPO，预期 2 年内上市。然而，2000 年下半年美国科技股泡沫开始破灭，NASDAQ 股价一路暴跌，ThoughtWorks 的 IPO 计划最终也未能实现。

PE 投资合同的赎回权条款规定：如果 SV 在注资后 5 年内无法通过 IPO 或其他方式退出，ThoughtWorks 有义务回购 SV 持有的优先股，回购价格等于优先股的购买价加上所有累计未付的股利和清算收益。相关合同及公司章程基本上采用了《示范合同》中关于“合法可用之资金”的条款，并增加了“营运资金例外”，即董事会有权从“合法可用之资金”中留下公司营运所必需的资金。如果在赎回日公司拥有的合法可用之资金不足以赎回全部优先股，则公司应按比例赎回优先股；并且，只要此种未足额赎回的情形存在，赎回日后公司新增的合法可用之资金将自动用于赎回优先股，无须优先股持有人再采取任何行动。

2005 年 7 月，SV 向 ThoughtWorks 正式提出赎回全部优先股，以初始投资成本加累计股利等计算总价达 4500 万美元。ThoughtWorks 董事会以赎回条款中的“营运资金例外”拒绝了 SV 的请求，认为公司现有的资金尚不足以覆盖营运需求。ThoughtWorks 公司虽然属于商业软件服务领域的翘楚，但现金流极不稳定，其经营模式内在的缺陷也放大了经济周期性以及季节性的波动的影响，因此公司通常都会保留比较多的现金以平稳度过业务萧条期或者季节性底点。双方就“营运资金例外”条款争议诉至法院，法院裁决该例外仅适用于赎回当年（即 2005 财年），此后公司就必须在“合法可用之资金”范围内赎回优先股。在 2006 ~ 2010 年期间，ThoughtWorks 总共进行了 8 批次、410 万美元的赎回，此时优先股的赎回总价已经攀升到 6691 万美元。

SV 反对 ThoughtWorks 的拖延政策，于 2007 年再次入禀法院，请求强制公司赎回股份。SV 认为，“合法可用之资金”就是指溢余，而 ThoughtWorks 有充裕的溢余（金额在 6800 万至 1.37 亿美元之间），足以回购全部优先股，请求法院判决 ThoughtWorks 支付优先股的全部价值 6691 万美元。2010 年 11 月，特拉华州大法官法院判决驳回 SV 的请求。判决书指出：“合法可用之资金”并不等同于溢余。“溢余”只是构成公司法下资本维持的底线，还存在其他制定法（如银行管制法、税法等）的限制以及普通法（判例法）对公司清偿能力的要求。一个公司即使有溢余也可能会因缺乏资金而无法清偿到期债务，从而不具备回购的条件。ThoughtWorks 董事会基于律师、财务顾问的建议，并根据自己的商业判断，认为赎回可能导致公司难以持续经营而拒绝赎回。对此，SV 并未能证明 ThoughtWorks 董事会的决议过程存在恶意，依赖不可靠的信息或者明显偏离市场尺度而构成欺诈，故不支持 SV 强制执行回购条款的诉求。参见刘燕：《对赌协议与公司法资本管制：美国实践及其启示》，载《环球法律评论》（京）2016 年第 20163 期。

公司特定资产的交易，这些特定资产构成了19世纪以及20世纪早期的法学家所言的向公司提供信用的债权人赖以依靠的永久性融资基础。”判决书回顾了自19世纪后期以来美国各州限制公司在可能导致丧失清偿能力的情形下进行回购的大量判例，同时援引了过去100多年间一些权威的公司法教科书对此问题的讨论，它们都确认，“优先股股东的回赎权不能削弱债权人的权利，因此，当行使赎回权丧失或有可能导致公司丧失清偿能力时，就不得行使”。即使特定公司的章程中关于优先股回赎的条款遗漏了“合法可用之资金”作为前提，类似的法律限制也会默认适用于公司的回购行为。[①] 在20世纪末的全球性资本制度改革浪潮后，各国法定资本规则对商业实践的简单粗暴干预已经大大消解，但并未抛弃“保护债权人利益、减少股东有限责任的负外部性”这一基本理念，只是更多地转向清偿能力规则、揭开公司面纱规则甚至商业判断规则等来综合体现对法律债权人利益的关照。[②]

此类对赌，投资方请求目标公司向其承担金钱补偿义务的，因投资方同时还是目标公司的股东，其和目标公司的关系一方面要受合同法的相关规定调整，另一方面也要受公司法的相关规定规范，其要从公司获得金钱补偿，只能从公司可以分配的利润中获得支付，否则就会构成抽逃出资，或者叫抽回出资。因此，只有在目标公司有可分配利润的情况下，投资方的诉讼请求才能得到全部或者部分支持。这里的利润，不仅包括公司当年的利润，而且也包括公司之前的剩余未分配利润。当然，起诉时目标公司不具有可分配的利润，或者可分配的利润不足以完全清偿的，今后具备时，投资方还可以依据新的事实另行提起诉讼。[③] 在约定股权回购的情况下，目标公司可以用定向减资的方法使投资方退出目标公司，用减资退出的资本支付股权回购款，当退出的资本不足以支付股权回购款时，不足的部分就需要用目标公司的可分配利润支付，如同现金补偿的情况。按照以上方式操作，现金补偿投资方或回购投资方的股权并不会使目标公司的财产不当减少违反资本维持原则，对

---

① ThoughtWorks, Inc. v, SV Inv. P'rs, LLC, 902 A. 2d 745 (Del. Ch. 2006).

② 刘燕：《对赌协议与公司法资本管制：美国实践及其启示》，载《环球法律评论》（京）2016年第20163期。

③ 最高人民法院民事审判第二庭编著：《〈全国法院民商事审判工作会议纪要〉理解与适用》，人民法院出版社2019年版，第118页。

保护目标公司债权人的利益并无不利影响。此后号称逆转"对赌第一案"的某对赌协议仲裁案就是一个很好的案例。①

三、投资方与目标公司对赌，即使构成保底条款也不必然无效

以"对赌第一案"中的补偿条款为例，确实具有投资返还保底作用，可以看作股权投资保底条款。但保底条款并不一定是无效条款，可以从两个方面来理解：其一，股权投资保底条款是全体股东对自身权益、风险承担的自主安排处分，并不违反股权平等原则而损害其他股东利益；其二，股权投资保底条款并不必然损害目标公司债权人利益。当目标公司履行金钱补偿义务时，按照本文上面提到的方法，即用目标公司可分配利润或定向减资的方法补偿，并不会违反资本维持原则构成"抽逃出资"，也不会损害债权人利益，因此不影响合同的效力。（关于保底条款的详细分析，请参见本章第三节"四、对赌协议与保底条款"的内容。）

四、投资方与目标公司对赌，是当事人在商事活动中意思自治的正当需求

投资方与目标公司对赌，请求目标公司回购其股权，只要目标公司按照法定程序对公司股权进行收购便不违反《公司法》的强制性规定。即在合同签订之时，对于目标公司而言，股权回购并不属于履行不能的情况，也不必

① 在该案中，因被投资企业未达到对赌协议约定的业绩水平（目标利润3亿元，实际实现利润1.5亿元），仲裁庭裁决公司向PE投资者支付按对赌条款计算的补偿款0.99亿元。PE方律师声称是"支持金融创新"的理念让仲裁庭颠覆了"海富案"裁决，但是适用资本维持原则的结果完全可以支持这一裁决。由于公司当年实现利润1.5亿元，大于对赌协议规定应支付给PE投资者的补偿款，因此，公司向PE投资者支付补偿款完全可以视为公司对PE投资者进行定向利润分配。依照《公司法》第34条关于有限责任公司分红的规定，这种定向分配对债权人以及公司本身的利益都不构成损害，且为公司全体股东所认可，实体上与程序上都无可厚非。因此，只要基于该案的特定事实并依据资本维持原则来进行具体分析，就会得出与"海富案"不同的结论。从这个意义上说，"逆转"海富案的并非"支持金融创新"等理由，而是诉争公司的财务状况之事实细节；当然，它们也再清晰不过地揭示了"海富案"主流解读之谬误所在。参见熊美琦：《突破对赌协议第一案》，载微信公众号"方圆律政"2014年9月23日，2020年5月2日最后访问。

然导致股东抽逃资本行为的发生。对赌协议只是对投融资的权利义务和风险承担作出了规定，认定若目标公司无法达到业绩目标，则目标公司需要履行以合法程序收购股权的义务，并承担无法以合法程序收购股权的法律风险，并非强行要求目标公司为履行义务而违背《公司法》之资本维持原则。而至于目标公司采取何种方式偿还“对赌”失败之资金，属于目标公司的内部事务，与对赌协议的合法性本身无涉。因此，在不违反资本维持原则、不损害债权人利益的情况下，投资方与目标公司对赌是当事人在商事活动中意思自治的正当需求。

实务案例

江苏华工公司与扬州锻压公司等请求公司收购股份纠纷案[①]

案情摘要：2011 年 7 月 6 日，投资方江苏华工公司与目标公司扬州锻压公司（以下简称扬锻公司或目标公司）及其 11 个股东共同签订了《增资扩股协议》，约定投资方以现金 2200 万元人民币对公司出资，其中 200 万元作为注册资本，2000 万元列为公司资本公积金。

同日，以上主体就增资的有关事宜达成《补充协议》约定：若系目标公司在 2014 年 12 月 31 日前未能在境内资本市场上市等情况，投资方有权要求目标公司以现金形式回购投资方所持有的全部目标公司的股份；目标公司 11 名原股东履行相关义务，且与目标公司承担连带责任。

触发纠纷：投资方依约履行了出资义务。后因目标公司未能在约定的时间 2014 年 12 月 31 日前在境内资本市场上市，投资方要求目标公司以现金形式回购其持有的全部公司股份。

扬州邗江区人民法院一审认为，案涉股权回购约定因违反《公司法》禁止性规定且违背公司资本维持和法人独立财产原则，损害了公司、公司其他股东和公司债权人的权益，故该股权回购约定当属无效。（遵循了最高人民法院在“对赌第一案”“海富公司案”中确立的“投资者与目标公司股东对赌

① 参见江苏省高级人民法院（2019）苏民再 62 号民事判决书。

有效，与目标公司对赌无效”的裁判规则。)

扬州市中级人民法院二审认可一审裁判观点，维持一审判决。

江苏省高级人民法院再审，并没有采纳最高人民法院“对赌第一案”以及本案一审、二审的裁判观点，其认为，本案中投资方与目标公司及其原11名股东签订的对赌协议有效。主要理由如下：

第一，案涉的对赌协议并不违反公司的资本维持原则，且不违反合同法第52条关于合同无效的规定。投资方、目标公司及其全体股东关于投资公司上述投资收益的约定，不违反国家法律、行政法规的禁止性规定，不存在《合同法》第52条规定的合同无效的情形，亦不属于合同法所规定的格式合同或者格式条款，不存在显失公平的问题。

第二，涉案的对赌协议具有法律和事实上的可履行性。公司对外承担债务的责任财产为其全部财产，也即上述资产均应作为对外承担债务的范围。对赌协议投资方在对赌协议中是目标公司的债权人，在对赌协议约定的股权回购情形出现时，当然有权要求公司及原股东承担相应的合同责任。在投资方投入资金后，成为目标公司的股东，但并不能因此否认其仍是公司债权人的地位。投资方基于公司股东的身份，应当遵守公司法的强制性规定，非依法定程序履行减资手续后退出，不能违法抽逃出资。而其基于公司债权人的身份，当然有权依据对赌协议的约定主张权利。公司法亦未禁止公司回购股东对资本公积享有的份额。案涉对赌协议无论是针对列入注册资本的注资部分还是列入资本公积金的注资部分的回购约定，均具备法律上的履行可能。

目标公司在投资方注资后，其资产得以增长，而且在事实上持续对股东分红，其债务承担能力相较于投资方注资之前得到明显提高。目标公司在持续正常经营，参考华工公司在目标公司所占股权比例及目标公司历年分红情况，案涉对赌协议约定的股份回购款项的支付不会导致目标公司资产的减损，亦不会损害目标公司对其他债务人的清偿能力，不会因该义务的履行构成对其他债权人债权实现的障碍。

第三，维持涉案对赌协议的效力是保护商事主体意思自治和诚实信用原则的体现。

最终法院判决目标公司向投资者履行回购义务，原股东对该回购义务承担连带清偿责任。

该案被业内简称为“华工案”，刚下达判决书时，被很多人认为再审观点是对“对赌第一案”的颠覆，一时成为法律界、PE/VC界讨论的热点。下面介绍一下该案值得注意的地方。

（一）“华工案”目标公司直接回购股权的思路、方法、意见被《九民会议纪要》修正

“华工案”关于投资方与目标公司对赌有效的观点被后来最高人民法院的《九民会议纪要》所确认，但其判决目标公司直接回购投资方股权的方法、思路、意见被《九民会议纪要》所修正，即只有目标公司先履行减资手续，使目标公司债权人利益得到优先保护后，才能履行回购义务。当然，目标公司的股东会是否能决议通过减资决议、目标公司债权人是否同意并配合减资都是不确定因素，因此目标公司最终能否回购股权是非常不确定的。在《九民会议纪要》公布后的审判实践中，投资方很难如愿获取回购款。如在2020年6月判决的北京银海通投资、新疆西龙公司股权转让纠纷案①中，最高人民法院虽然认可了与目标公司对赌回购条款的效力，但仍依据目标公司未完成回购前的减资程序，驳回投资方的诉讼请求。

（二）股东成为目标公司债权人后，其股东责任是否被债权覆盖免除

在“华工案”再审判决中认为：“在投资方投入资金后，成为目标公司的股东，但并不能因此否认其仍是公司债权人的地位。投资方基于公司股东的身份，应当遵守公司法的强制性规定，非依法定程序履行减资手续后退出，不能违法抽逃出资。而其基于公司债权人的身份，当然有权依据对赌协议的约定主张权利。”该观点似乎认为投资人虽然是股东，但具备公司债权人身份后，就优先适用债权人身份，覆盖了股东应当遵守的“公司法的强制性规定，非依法定程序履行减资手续后退出，不能违法抽逃出资”的规定。“资本维持

① 参见最高人民法院（2020）最高法民申2957号民事裁定书。

原则”与“债权人利益保护”是公司法的刚性制度，一旦动摇，会造成公司法制度的崩塌。因此即使股东同时具有债权人身份，也必须要遵守公司法的刚性制度，需要走减资程序的，要履行相应的程序。而且遵守公司法律制度也并未否定股东具有的债权利益。

五、对赌协议有效，未必具有强制履行效力

2019年11月公布的《九民会议纪要》规定，投资方与目标公司订立的“对赌协议”在不存在法定无效事由的情况下，目标公司仅以存在股权回购或者金钱补偿约定为由，主张“对赌协议”无效的，人民法院不予支持。但投资方主张实际履行的，人民法院应当审查是否符合公司法关于“股东不得抽逃出资”及股份回购的强制性规定，来判决是否支持其诉讼请求。

最高人民法院公布的《九民会议纪要》的以上规定，已经体现出对赌协议的效力与能否被法院支持实际履行即是否具有强制履行效力是两个问题，要分别判断，用不同标准进行评价。对赌协议即使有效，也不一定被法院支持实际履行，还要看其是否具备法定的履行条件。可以说，《九民会议纪要》的公布，对“对赌第一案”体现的裁判思路具有革命性的改变及推进作用，对对赌协议纠纷的影响将会具有里程碑的意义。自《九民会议纪要》公布之后，对赌协议案件的第一大问题将从对赌协议的法律效力问题向协议的可履行性问题上倾斜。下面将从两方面对《九民会议纪要》的以上规定进行分析。

（一）把合同效力问题与合同强制履行问题分开判断的意义

《九民会议纪要》体现出的思路是把对赌协议的效力与强制履行效力分开判断，这具有非常重要的意义。

1. 合同效力与合同强制履行效力的区别

（1）合同效力，指依法成立受法律保护的合同，对合同当事人产生必须履行其合同的义务，不得擅自变更或解除合同的法律拘束力，即法律效力。也就是说，合同效力是法律赋予依法成立的合同所产生的约束力。合同的效力可分为四大类，即有效合同，无效合同，效力待定合同，可变更、可撤销

合同。

合同的效力，有狭义概念与广义概念之分。狭义的合同的效力，是指有效成立的合同，依法产生了当事人预期的法律效果。一般而言，合同的效力通常指的是狭义的效力概念。广义的合同的效力，则是泛指合同所产生的所有私法效果。在合同法上，不仅有效成立的合同能产生一定的法律效果，无效的合同、效力待定的合同、可撤销的合同，也会产生一定的法律效果，附条件或附期限的合同在条件或期限成就前也具有一定的法律效力。广义的合同的效力，还可以包括有效的合同被违反时所产生的法律效果。依法成立的合同对当事人具有法律拘束力，当事人应当履行其义务，如果当事人不履行其义务，应依法承担民事责任。此责任的产生虽然不是当事人所预期的效果，但也是基于合同所产生的，应属于广义的合同的效力的范畴。

对于合同效力问题首先根据民法典来判断。当涉及法律的引致条款，如《民法典》第153条第1款“违反法律、行政法规的强制性规定”时，就需要同时适用其他法律法规来判断。如判断对赌协议的效力时，特别是当投资方与目标公司对赌时，不仅应当适用《民法典》的相关规定，还应当适用公司法的相关规定。

（2）合同强制履行效力，指的是合同规定义务的强制执行效力。即合同约定的义务能否被裁判支持强制履行的效力。当有效合同约定的义务能被法院判决支持履行时，此时的合同就具有强制履行效力，否则不具有强制履行效力。《民法典》第580条规定：当事人一方不履行非金钱债务或者履行非金钱债务不符合约定的，对方可以要求履行，但有下列情形之一的除外：（一）法律上或者事实上不能履行；（二）债务的标的不适于强制履行或者履行费用过高；（三）债权人在合理期限内未要求履行。

显然，《民法典》第580条的履行不能只适用于非金钱债务，而且区分法律上与事实上的履行不能。“对赌协议”因受资本维持原则的限制而无法履行，表面上看属于金钱债务，能否适用履行不能，不乏争议。[①] 有学者就将“对赌协议”的履行不能解释为“履行迟延”，而非合同法第110条（现为

---

① 参见刘燕：《“对赌协议”的裁判路径及政策选择》，载《法学研究》2020年第2期。

《民法典》第580条）下的履行不能。[①]

可见，合同能否具备强制履行效力，不但要看其效力，还要看法院判决时是否具备履行条件，当合同有效，但不具备法律或事实上的履行条件，法院依然驳回诉讼请求（对赌协议纠纷中主要发生在目标公司承担股权回购和/或现金补偿义务时的情况）。需要特别注意的是，即使有效合同约定的合同义务在起诉时不具备履行条件，即不具有强制履行效力，但并不代表永远不具有强制履行效力，当条件成熟具备法律上的履行条件时就可以再行起诉，继续要求履行合同义务。比如：投资方与目标公司对赌，依合同约定目标公司需要向投资方进行现金补偿时，如果目标公司没有可分配利润用于补偿，那么即使对赌协议有效，投资方起诉到法院要求目标公司履行补偿义务，也不会得到法院的支持（因为目标公司没有可分配利润，如果此时支持诉讼请求将会违反“资本维持原则”“股东不得抽逃出资”的强制性规定），即补偿条款不具有强制履行效力，但当目标公司具有可分配利润时，投资方可以再提起诉讼要求目标公司履行补偿义务，法院将根据目标公司可分配利润的多少支持全部或部分补偿请求。

2. 合同效力与合同强制履行效力分开判断的意义

合同无效当然不支持实际履行，不具有强制履行效力。在对赌协议有效，但又不具备法律上的履行条件时，也同样不具有强制履行的效力。这两种情况都是合同约定的义务不能履行、不具有强制履行效力，那这两种情况有什么区别呢？把合同效力与合同强制履行效力分开判断有什么意义呢？其区别和分开判断的意义就在于不同情况下的法律后果和法律责任形式是不同的。

首先，法律责任形式是不同的。在合同无效的情况下，当事人承担责任的形式除了返还财产外就是赔偿损失，而赔偿损失是根据过错责任原则承担责任的，仅具有补偿性不具有惩罚性，无损失则无赔偿，且相对来说，原告的举证责任要求比较高。在合同有效，但又不具备法律上的履行条件、不具有强制履行效力时，相关当事人承担的是违约责任，违约责任具有一定的惩

---

① 参见潘林：《重新认识“合同”与“公司”：基于“对赌协议”类案的中美比较研究》，载《中外法学》2017年第1期。

罚性，即使没有损失也可以要求违约方根据合同约定支付一定的违约金，相对于过错赔偿责任来说，违约责任对原告的举证责任要求要低一些。当然，在有损失的情况下，守约原告也可以选择依法向违约被告主张赔偿责任。

其次，改变法律后果的可能性是不同的。无效合同始终不具有强制履行效力，但有效合同，因不具备法律上的履行条件而不具有强制履行的效力的情况，可以在以后具备法律上的履行条件时主张履行合同，从而具有强制履行效力。

最后，保护力度是不同的。显然有效合同对守约方的保护力度比无效合同对无过错方的保护力度要大，对有效合同的违约方比对无效合同的过错方惩罚力度要强。

（二）对赌协议有效，但不一定支持实际履行

从上文我们已经知道，当投资方与目标公司对赌，要求目标公司履行股权回购或者金钱补偿义务时，即使协议有效，也不一定会被法院支持实际履行，即不一定具有强制履行效力，到底能否履行还要区分具体情况。《九民会议纪要》规定，投资方主张实际履行的，人民法院应当审查是否符合公司法关于“股东不得抽逃出资”及股份回购的强制性规定，来判决是否支持其诉讼请求。

大多数对赌纠纷中，核心争议往往并非相关交易之合法性或者相关合同条款的法律效力，而是当事人之间原来达成的合意是否能够履行以及应如何履行，从而不至于给当事人或者其他案外人带来损害或新的不公平。对赌协议问题上，不论是初始估值调整时由公司对 PE/VC 给予现金补偿，还是 PE/VC 退出时由公司赎回股份，都受制于以法定资本制为核心的公司法管制，但这并不导致上述两种交易或合同条款直接无效，而是说它们需要经受资本维持原则的检验。检验的过程更多的是一个事实发现与可行性评价的过程，靠细节定乾坤。[①] 要根据目标公司是否有可分配利润以及可分配利润的多少来确

---

① 刘燕：《对赌协议与公司法资本管制：美国实践及其启示》，载《环球法律评论》（京）2016年第20163期。

定能否支持履行金钱补偿义务和支持补偿多少；要根据公司是否依法履行了减资程序的情况来确定是否支持给付股权回购款。

实务案例

中国国际经济贸易仲裁委员会2014年某仲裁案

案情摘要：（由于案件真实信息不能公开，本案例中的数字、名称等相关信息作了修改）2011年3月，投资公司A与目标公司B及其唯一的股东C签订了《增资协议》，A向目标公司B投资。《增资协议》约定：

1. A向目标公司B投资1000万元（20万元计入注册资本，其余计入资本公积），增资完成后，A持有目标公司10%的股权，C持有目标公司90%的股权。

2. 业绩承诺条款的主要内容：目标公司B在2011年度的税后净利润不低于1000万元人民币，若净利润低于上述标准，则B、C对A进行现金补偿。

3. 股权回购条款的主要内容：当目标公司B任何一年净利润低于业绩承诺标准，C要受让A持有的目标公司股权，B对受让义务承担无限连带责任。

触发纠纷：进入2012年后，经审计，B在2011年的净利润为800万元，没有完成约定目标。A向贸仲提起仲裁，要求B和C根据《增资协议》的约定进行业绩补偿和股权回购。

仲裁结果：仲裁庭最终作出了比“对赌第一案”中的司法观点更进一步的裁决：1. 认定投资人A与目标公司B、大股东C之间的业绩补偿条款和股权回购条款合法有效；2. 目标公司B未完成承诺的业绩，B、C应支付现金补偿；3. C应回购股权。

这里需要特别说明和强调的是：认定投资人A与目标公司B、大股东C之间的股权回购条款合法有效，按照合同约定和仲裁请求应当是目标公司B和大股东C对股权回购款承担连带责任，但却裁决C应回购股权，并没有让目标公司B对股权回购款承担连带责任。从该仲裁结果可以看出，对赌协议的合同效力与强制履行效力是分开判断的，对赌协议有效，也不一定支持实际履行，要根据具体案情是否符合法定履行条件来最终裁决是否支持诉讼或仲裁请求。

六、目标公司对赌失败，减资完成前，担保人的回购担保义务未成就

目标公司与投资方对赌失败后，投资方依约要求目标公司回购其所持股份，并要求担保人对该回购义务承担担保责任的，如果目标公司未完成减资程序（主债务未成就），则担保人的担保义务（从义务）也未成就，此时投资人向担保方主张权利不应被支持。

实务案例

北京银海通投资中心、新疆西龙公司股权转让纠纷再审审查与审判监督案①

法院认为：在处理“对赌协议”纠纷案件时，不仅应适用《合同法》的相关规定，还应适用《公司法》的相关规定，依法平衡投资方、公司股东、公司债权人、公司之间的利益。

新疆西龙公司与北京银海通投资中心签订《增资扩股协议》，通过增资的方式向北京银海通投资中心融资900万元，并与奎屯西龙公司三方共同签订具有股权回购、担保内容的《补充协议》，均系各方当事人的真实意思表示，不违反法律、行政法规的强制性规定，不存在《合同法》第52条所规定的合同无效的情形，应属合法有效，原判决对此认定准确。

根据《公司法》第35条、第142条的规定，投资方北京银海通投资中心与目标公司新疆西龙公司“对赌”失败，请求新疆西龙公司回购股份，不得违反“股东抽逃出资”的强制性规定。新疆西龙公司为股份有限公司，其回购股份属减少公司注册资本的情形，须经股东大会决议，并依据《公司法》第177条的规定完成减资程序。现新疆西龙公司未完成前述程序，故原判决驳回银海通投资中心的诉讼请求并无不当，北京银海通投资中心的该再审申

① 参见中华人民共和国最高人民法院（2020）最高法民申2957号民事裁定书。

请理由不成立，本院不予支持。

北京银海通投资中心针对奎屯西龙公司的诉讼请求为“在新疆西龙公司不能履行回购义务时向北京银海通投资中心支付股权回购价款13275000元”，其诉求的该义务属于担保合同义务，而担保合同义务具有从属性，即履行担保合同义务的前提条件是主合同义务履行条件已成就。现新疆西龙公司的减资程序尚未完成，股份回购的主合同义务尚未成就，故奎屯西龙公司的担保义务未成就，北京银海通投资中心要求判令奎屯西龙公司承担责任的再审申请理由不成立。

七、投资方请求目标公司承担金钱补偿义务的困境与处理方法

（一）请求目标公司承担金钱补偿义务的困境

虽然《九民会议纪要》确认了“目标公司与投资方签署的对赌协议原则上有效”的裁判规则，但是投资方请求目标公司承担金钱补偿义务的难度依然很大。该义务的履行必须遵守资本维持原则、遵守《公司法》第35条关于“股东不得抽逃出资”的规定和《公司法》第166条关于利润分配的强制性规定。如果目标公司没有利润，则其诉讼请求会被法院驳回；如果目标公司仅有部分利润可以分配但不足以补偿投资人的，法院会驳回其部分诉讼请求。今后目标公司有利润可分配时，投资方还可以依据该事实再行提起诉讼。对于目标公司是否有可以分配利润的举证责任的问题，最高人民法院民事审判第二庭认为投资方应当承担举证责任，证明目标公司有可以分配的利润[①]，否则人民法院将驳回投资方要求目标公司履行现金补偿的诉讼请求。

（二）困境处理方法

为化解以上履约困境，笔者提示以下3点：

---

① 最高人民法院民事审判第二庭编著：《〈全国法院民商事审判工作会议纪要〉理解与适用》，人民法院出版社2019年版，第119～120页。

1. 投资方要求目标公司承担金钱补偿义务，需从公司利润中拿，相当于分利润，需要股东会决议通过。这就涉及同为股东的投资方的利益优先于其他股东的权益问题，如果股东会不作决议如何处理呢？投资方能否向法院起诉？答案是否定的，这属于公司内部治理范围，不属于《最高人民法院关于适用〈中华人民共和国公司法〉若干问题的规定（四）》第 15 条规定的情况，司法不宜介入。如何防范目标公司及相关股东不配合呢？这就需要程序预设，即投资方对目标公司投资时，事先在协议中把有关问题约定好，提前准备好能够预设的手续。

2. 签订投资协议时，明确投资方对目标公司经营情况、财务状况的知情权，便于投资方及时提出主张并举证。

3. 选择对赌主体时，尽量不要只选择目标公司一个主体承担货币补偿义务，可以同时多选几个主体承担连带责任。

八、投资方请求目标公司回购股权的困境与处理方法

（一）请求目标公司回购股权的困境

根据《九民会议纪要》确认的规则，投资方与目标公司对赌请求目标公司回购股权的，应当遵循《公司法》第 35 条关于“股东不得抽逃出资”及第 142 条关于股份回购的强制性规定，不得损害公司债权人的利益。如果目标公司未完成减资程序，股权回购的请求不能得到支持。因此，实践中投资方要求目标公司回购股权的履行难度非常大。在《九民会议纪要》发布实施后，已有法院按照前述精神进行裁判的案例。除了上文提到的北京银海通投资中心、新疆西龙公司股权转让纠纷案①。另外，在李某与熊某平等合同纠纷二审民事判决书②中，法院同样认为，投资方与目标公司签订的对赌协议合法有效，但目标公司未完成减资程序，投资方请求目标公司回购其所持有的股权，

① 最高人民法院（2020）最高法民申 2957 号民事裁定书。
② 北京市第三中级人民法院（2019）京 03 民终 14391 号民事判决书。

不符合法律规定的公司收购本公司股权的例外情形，故驳回其要求目标公司回购股权的请求。另外，李某传与江苏润杰公司、朱某华请求公司收购股份纠纷案一审判决书也持类似的观点。①

（二）困境处理方法

从《九民会议纪要》确定的裁判规则来看，完成减资程序成为投资方退出目标公司的前提，但实践中一旦触发对赌纠纷后再完成减资程序几乎不可能。因此，在选择对赌模式以及具体操作时，至少应注意以下3个问题：

1. 谨慎选择股权回购义务人

投资方尽量避免只选择目标公司承担股权回购义务，最好选择目标公司原股东、实际控制人等承担股权回购义务，之后可以考虑约定让目标公司对支付股权回购款义务承担连带责任。需要注意的是，该连带责任并非当然有效，详细分析将在本书第七章第一节“对赌担保与应对策略”中讨论。

2. 预设股权回购的程序和手续

如果只能与目标公司对赌，就要提前约定好回购股权时的减资程序、相关主体的配合义务及违约责任等。

3. 注意拒绝减资、违法减资问题

在目标公司拒绝履行减资程序的情况下，投资方能否起诉要求目标公司履行减资手续呢？答案是不可以。因为这属于公司内部治理范围，司法不宜介入，但可以提前约定相关违约责任。所谓违法减资，是指未经债权人同意而擅自在市场监管部门办理了减资手续。通说认为，违法减资有效，因为涉及减资后与公司交易的其他市场主体，但减资决议对公司债权人不发生效力，视为公司没有减资。

---

① 江苏省镇江市丹徒区人民法院（2019）苏1112民初2797号一审民事判决书认为，案涉《增资扩股协议书》系各方当事人的真实意思表示，并不违反国家法律、行政法规的强制性规定，应属有效；但根据公司法规定的“公司成立后，股东不得抽逃出资”，除例外情形“公司不得收购本公司股份”，案涉协议的股权回购条款虽有效，因被告江苏润杰股份公司尚未完成注册资本减资程序，履行上述回购义务的条件尚未成就，故原告要求其回购股权的诉讼请求不能得到支持。

第三节　对赌协议的效力与公平原则、风险共担原则

在对赌纠纷中，常有融资方认为，对赌协议违反公平及风险共担原则，还有融资方认为对赌协议是名为投资实为借贷，是保底条款等，他们的此类抗辩理由是否成立呢？与对赌协议的关系如何呢？本节笔者将分析这些问题。

一、对赌协议是否违反公平原则

在对赌案件诉讼实践中，经常有当事人以对赌协议违反公平原则为由主张对赌协议无效。对赌协议究竟是否违反公平原则呢？笔者从以下 4 个方面来分析：

1. 从商事交易主体与契约特性来看

对赌协议是商事契约，属于纯粹的商业博弈范畴，其当事人与民事契约的当事人不同，他们属于专业商事主体，有较强的风险判断和承担能力及意识，不宜将其中任何一方认定为经济上的弱者，应当充分尊重当事人的缔约自治。无论司法机关还是监管机关，在无正当理由的情况下都不宜介入干预。而且商事契约本身具有风险分担和治理机制的特性。

2. 从商事活动所蕴含的司法公正理念来看

商事活动所蕴含的司法公正理念保障的是机会公正而非结果公正，商事司法提倡效率优先，兼顾公平之理念，这不同于民事纠纷更注重实体结果公正的要求。对于对赌协议来说，虽然因目标公司的业绩不同，对赌结果可能会差距很大，但是对于商事主体应当承担的商业风险，司法不应干涉，对于公平投资获得的价值及其分配方式也应受到法律的尊重和保护。

3. 从对赌条款估值调整的原理来看

对赌协议，是为平衡投融资方溢价增资与风险控制间的公平投资价值而设计。投资方基于融资方对目标公司未来业绩的承诺，以远高于融资时目标公司实际价值的价格进行投资，如果到期未达到业绩要求触发对赌条款，说

明投资方的投资价格高出了目标公司的实际价值，此种情况下融资方返还价值差额，正是公平原则的体现，如若不返还才是真正的不公平。

4. 从付出与补偿来看

从投资方的付出来看，投资方不仅投入了巨额资金，而且还有非金钱付出，如参与完善公司治理结构、清理产权关系、上市资本运作等大量隐形投入。总体而言，对赌协议基本能体现投融资双方的利益平衡。

从投资方获得的补偿金条款设计而言，在多数对赌条款中投融资当事人通常会约定补偿款计算公式：补偿款金额 = 投资总金额 ×（1 – 实际净利润/承诺净利润）。通过该公式可以看出，投资方获得补偿款的有无及多少直接与目标公司的未来利润业绩挂钩，与经营风险相关。且利润目标是当事人自由协商的结果，其实现离不开投融资当事人的合作与共同努力。总之，补偿款计算公式体现的是当事人意思自治，根据该公式进行补偿具有合理性。

二、投资方既对赌又参与公司经营管理是否违反公平原则

实践中，有的对赌投资方以股东、董事或高管身份参与公司经营管理，甚至在股东会、董事会中享有一票否决权。当目标公司未达到业绩目标，触发对赌条款后，融资方常常认为未实现业绩目标有投资方参与经营管理的责任，因此应当免除或减轻融资方的补偿义务，否则会违反公平原则。对此问题如何理解呢？

这要看对赌补偿的依据和条件是什么。如果合同中约定的补偿条件仅仅是目标公司未达到业绩目标，且未约定与投资方行使股东、董事权利及履行高管职责行为挂钩，那么，当投资方没有不正当地阻止业绩实现的情况下，触发对赌补偿条款后融资方应该履行补偿义务。若投资方以股东、董事或高管身份参与公司经营管理影响了业绩目标的实现，就要看投资方是否有违反公司法、公司章程、劳动合同（或聘用合同）、岗位职责及其他相关文件的行为，若有不当行为，可以依据相应的规定追究其股东、董事责任或管理者责任，若都是正当履职行为，则投资方不必承担责任。当然，如果协议中约定了投资方以股东、董事或高管身份参与公司经营管理的行为与融资方的补偿责任挂钩，则根据约定履行。

实务案例

陆某芸等与北京四方继保公司合同纠纷案[①]

关于北京四方继保公司介入泓申公司研发、经营等造成重大不利影响，是否可以减轻或免除方某及陆某芸业绩补偿责任的问题。

本案中，方某、陆某芸主张北京四方继保公司深度参与泓申公司的研发、生产经营等环节，导致泓申公司的销售业绩和市场推广受到重大不利影响。因此，北京四方继保公司无权提出所谓业绩补偿的主张，反而应向泓申公司赔偿损失。对此，一审法院认为，首先，方某、陆某芸并未提供其上述主张的合同依据，即《增资协议》中并未约定如北京四方继保公司介入泓申公司研发、管理、经营造成重大不利影响，则其无权向方某提出业绩补偿要求。其次，本案需要解决的是方某、陆某芸是否需要依照约定承担业绩补偿义务的问题，而方某、陆某芸主张的北京四方继保公司对泓申公司造成重大不利影响，系属于基于四方继保公司的股东身份而损害公司利益纠纷，或基于其他合同产生的纠纷，与本案分属不同的法律关系。至于四方继保公司是否需要对泓申公司承担责任以及承担何种责任，不属于本案审理的范畴，各方均可另行解决。

北京市高级人民法院二审维持一审判决。

需要提醒注意的是，如果投资方不是仅仅参与目标公司的经营管理，而是完全取得了目标公司经营管理控制权的情况下未实现业绩承诺或上市目标，从公平角度讲，很难认定投资方不承担对赌失败的责任。

三、对赌协议是否违反风险共担原则

在对赌案件中，也有人以对赌协议违反投资领域风险共担原则为理由，抗辩投资方的诉讼请求，其理由是否成立呢？分析如下：

---

① 参见北京市高级人民法院（2019）京民终252号民事判决书。

首先，"投资领域风险共担原则"，既不是一个普遍的原则，也不是一个刚性的原则，其本身缺乏法律依据和法理支持。在投资领域，风险承担方式应该属于其自由处分的范畴，任何平等商事主体之间通过协商所安排的风险承担方式，既可以是风险共担，也可以是一方承担较大甚至全部的商业风险，并不违反法律强制性规定。例如，一般而言，在普通合伙企业中，合伙人对外适用共担风险原则，承担无限连带责任；而在有限合伙和特殊普通合伙的情况下，并不属于共担风险。

其次，对赌协议中投资方并非不承担风险，其在投资时已经预支了高额投资款，提前承担了资金风险。虽然投资方可以通过对赌协议将一定的经营风险转嫁给融资方，但当目标公司未实现业绩目标触发对赌条款后，融资方若没有足够财产对投资方进行补偿，投资方仍然要承担经营风险。另外，即使进行了补偿，与实现业绩目标相比，投资方也要承担相应的投资回报损失。

再次，我们不但要看到触发对赌条款后投资方获得补偿的情况，还要看到融资方通过高溢价股权融资获得的巨大利益，全面看待对赌协议，才可能得出客观评价。

最后，最高人民法院在《九民会议纪要》中认为，对赌协议有助于"解决交易双方对目标公司未来发展的不确定性、信息不对称以及代理成本"等问题，有助于降低公司的融资难度，达成投融资交易，具有充分的商业合理性，因此一般不宜认为对赌协议违反投资风险共担原则和公平交易原则。

实务案例

强某延与曹某波等股权转让纠纷再审案①

曹某波、瀚霖公司共同答辩称：《增资协议书》《补充协议书》及《股权转让协议》约定的公司担保事项，具有"对赌条款"性质，违反了公司法股东投资风险共担原则，协议内容实际是无风险的固定收益保底条款，严重损害公司其他股东权益和债权人利益，故担保无效。

---

① 参见最高人民法院（2016）最高法民再128号民事判决书。

最高人民法院认为，“合同无效的判定严格遵循法定主义”，否定条款效力的裁判理由必须是“不符合合同法关于合同无效的各类法定情形”。最终法院没有支持融资方的抗辩理由。

与以上类似的案例还可参见（2014）粤高法民四终字第 12 号、（2015）高民（商）终字第 1017 号、（2017）湘民终 502 号案件。这些案件中，10% 到 30% 的年复合收益率合同约定一般也得到了法院的认可。

需要注意的是，关于以复利计算回购价款溢价的合同安排，法院也曾有不一致的认定。在中静公司与上海铭源公司股权转让纠纷[①]二审民事判决书中，最高人民法院认为仅有金融机构有权收取复利，因此对投资协议约定回购价款的溢价部分“按照年利率 15%（复利，每年计算一次，不足一年的按天数年化计算）”的复利安排不予支持。虽然此认定的合理性有待商榷，但相关风险还是值得投资方注意。

四、对赌协议与保底条款

（一）保底条款的渊源

保底条款一词最早见于最高人民法院于 1990 年出台的《关于审理联营合同纠纷案件若干问题的解答》（现已失效）第四部分第 1 款，该解释规定：“联营合同中的保底条款，通常是指联营一方虽向联营体投资，并参与共同经营，分享联营的盈利，但不承担联营的亏损责任，在联营体亏损时，仍要收回其出资和收取固定利润的条款。保底条款违背了联营活动中应当遵循的共负盈亏、共担风险的原则，损害了其他联营方和联营体的债权人的合法权益，因此，应当确认无效……”

（二）保底条款的法律效力

对于保底条款的效力问题，不能一概否定或肯定，应当区分具体类型确定。

---

① 最高人民法院（2015）民二终字第 204 号民事判决书。

1. **禁止保底条款的情况**

在特定情形下法律基于公共利益的需要明文规定某些保底条款无效，如证券法、证券投资基金法规定了受托人与证券公司、基金管理人的委托理财合同中禁止设定保底条款。专业金融机构禁止以保底承诺诱导投资人非理性地投入资金，以免扩大市场波动风险，破坏证券市场稳定性。

2. **除法律明确禁止外，应当基于意思自治原则肯定保底条款的效力**

保底条款本质上是当事人之间一种风险和利益的分配条款，是当事人约定对一方或部分投资人的投资利益采取保底措施。保底条款是市场交易中的常见现象，有存在的法理依据。除了法律明确禁止的情况外，应当基于民法意思自治原则，肯定保底条款的效力。

（三）对赌协议与保底条款的区别①

对赌协议中安排以现金补偿或股权回购的方式来保障投资方投资的基本安全，投资方收回投资，不涉及目标公司资产的减少，不得违反资本维持原则，不得抽逃公司资本，不得损害公司债权人的利益。联营合同中的保底条款约定直接以联营体的财产返还投资人，损害其他投资人的利益，侵犯联营体债权人的利益。

（四）对赌协议与保底条款相关规定的适用范围

最高人民法院于1990年出台《关于审理联营合同纠纷案件若干问题的解答》有其时代背景，当时我国《公司法》还未颁布，还没有公司这种商事主体组织形式，该司法解释应当仅适用于“联营”这种组织形式。在该司法解释废止前，其中关于联营合同中的保底条款无效的规定，一般也应当仅限适用于联营合同，而不应将该司法解释扩大适用到对赌协议的效力判定上。目前，随着《民法典》的颁布，以及2021年1月1日《关于审理联营合同纠纷案件若干问题的解答》的废止，“联营合同”将会越来越少，当然也不排除在

---

① 参见王东敏：《风险投资的司法保护与“对赌协议”的效力认定》，载最高人民法院民事审判第二庭编：《最高人民法院商事裁判观点》（总第1辑），法律出版社2015年版，第138～139页、第141～143页。

以后的诉讼中涉及对之前“联营合同”的审查。

五、对赌协议与名为投资，实为借贷

（一）“名为投资，实为借贷”的渊源与背景

“名为投资，实为借贷”同样也是源自最高人民法院于 1990 年出台的《关于审理联营合同纠纷案件若干问题的解答》（现已失效），该司法解释第 4 部分第 2 款规定：“企业法人、事业法人作为联营一方向联营体投资，但不参加共同经营，也不承担联营的风险责任，不论盈亏均按期收回本息，或者按期收取固定利润的，是明为联营，实为借贷，违反了有关金融法规，应当确认合同无效。除本金可以返还外，对出资方已经取得或者约定取得的利息应予收缴，对另一方则应处以相当于银行利息的罚款。”

该司法解释中的此项规定源自计划经济时期禁止企业相互借贷的相关规定，体现了在计划经济体制下“一切资源配置通过计划进行”的特点。该规定重点在于规范那些在名义上是联营而实际上是借贷的行为，且一定是在该行为违反了有关金融法规的前提下，才能被判定为无效。但是，现在企业之间偶尔的资金拆借行为并不被法律、行政法规所禁止。

（二）对赌协议中的投资行为是否构成“明为投资，实为借贷”

其实，这个问题换一种说法就是“投资与借贷的区别”。诚然，两者有着本质的不同，借贷属于债权，对赌协议属于股权投资的一种方式。两者的具体区别，可详见本书第一章第二节的说明，在此就不再赘述。

实践中也需要注意名为对赌实为借贷的情况。例如，广西高级人民法院在 2020 年 7 月 27 日发布的《关于审理公司纠纷案件若干问题的裁判指引》中认为，若对赌目标在客观上不可能或几乎不可能达成，则实质上消除了所附条件的“不确定性”，其约定的违约责任就成为必然发生的结果，该部分收益即为投资方获得的固定收益，该内容已不再符合“对赌”的性质，对此人民法院可以根据个案情况认定为借贷关系。

六、对赌协议与显失公平

《民法典》第151条规定，一方利用对方处于危困状态、缺乏判断能力等情形，致使民事法律行为成立时显失公平的，受损害方有权请求人民法院或者仲裁机构予以撤销。归纳来说，就是要从主观要素与客观要素两方面来对民事法律行为是否构成"显失公平"进行综合认定。虽然采用"主客观二要件"认定合同显失公平的法院案例十分常见，但近年来我们发现部分法院判决采用了单一要件即只考察客观要件来判断合同是否构成显失公平，而不再考察合同的一方是否故意利用其优势或者利用对方轻率、没有经验。

实务案例

九江九鼎中心（有限合伙）与谢某与公司有关的纠纷案①

关于谢某主张的欺诈、重大误解、显失公平的理解，本案中谢某提出，如果《协议书》约定的股份回购条件为A股上市，则吉芬公司在期限届满前必然无法完成。对此法院认为，《协议书》的签订时间虽为2014年5月4日，且在约定期限届满前，吉芬公司囿于客观条件的限制几近难以成功申报A股上市或者无法完成A股上市，但首先，相关限制性因素并不等同于法律规定的可致合同目的根本无从实现或影响合同效力、影响合同真实意思表示的事由；其次，从《协议书》履行看，九江九鼎中心未在《协议书》约定的回购条件触发时间到达时即行主张回购权；最后，《协议书》签订后，谢某亦未就所约定股份回购条件的含义提出异议并向九江九鼎中心作出补充约定、协商变更或者解除的意思表示。因此，《协议书》关于回购条件触发时间约定过短并不能直接推翻当事人的订约意思，结合本院对相关案件事实的综合认定，谢某以上述理由否认"完成挂牌上市"应理解为A股上市的主张，认为相关条款显失公平、存在重大误解，缺乏充分依据，本院不予采纳。一审法院关

① 参见北京市第三中级人民法院（2019）京03民终9876号民事判决书。

于《协议书》条款认定与公平原则的相关评析亦有失妥当，本院依法予以调整。

实践中，当无相反证据证明该等投资回报率远超投资回报的正常区间时，一般会对合同约定的回购价款计算方式予以支持。但是，当回购价款的溢价显著过高（如超过投资款的6倍）时，其被法院或仲裁庭调低的风险确实很大。实践中，也有被调低的案例。

关于对赌中回购价款溢价是否过高的判断，不宜通过一个统一的标准进行认定，个案判断还需具体问题具体分析，综合考量目标公司自身商业属性及其所在领域中有关经营规律的因素。投资方可以从商业的合理性层面说明回购价款不违反“公平原则”的主张，如投资方可以将目标公司上市成功或被收购情形下获得的收益，与诉讼请求主张的投资回报进行比较，也可以将目标公司所属行业领域与之相仿的公司上市前后的投资回报率作为参照，向法院或仲裁庭说明回购价格的合理性。

第五章　对赌条款的触发、行权期限及风险防控

对赌条款的触发及行权期限问题，是对赌纠纷中经常涉及的焦点问题，也是投资方根据对赌条款行权的前置问题。如果对赌条款没有被触发，投资方就没有行权的前提。但即使对赌条款被触发，如果已经过了行权期限，融资方仍然可以拒绝投资方的行权请求。对赌条款的触发及行权期限问题在实践中表现得纷繁复杂，法院系统也很难给出统一的裁判依据，这也成了对赌交易中一个不确定的风险因素。对此类问题，本章分两节进行归纳、分析、总结，对风险防控提出了一些建议，望能降低当事人的交易风险。

第一节　对赌条款的触发认定、责任承担

在对赌协议纠纷案件中，除了合同效力问题之外，另一个必须要判断的问题就是对赌条款是否被触发。其中涉及对赌条款的触发原因、责任承担、触发条件理解的分歧、期限、抗辩等诸多问题。这些问题关乎投融资双方能否实现对赌权益，而且也是常见的争议焦点。

一、对赌条款的触发原因与责任承担

实务中，关于对赌条款的触发，融资方常提到的原因主要有以下 4 种：

（1）行业不景气：如自 2013 年起，受国家政策影响，餐饮业尤其是高端餐饮业遭受重大打击，盈利大幅下滑，企业上市失败，触发对赌条款。

（2）国家政策调整：如国家产业政策调整。

（3）IPO 暂停：如 2004 年 8 月至 2006 年 6 月 IPO 两次停摆；2012 年 11

月至2013年12月IPO再次暂停。

（4）突发性异常事件：如2003年的“非典”疫情、2020年的新冠肺炎疫情。

以上触发原因，是否可以作为融资方的抗辩理由，要求减免给付投资方价款的义务呢？一般情况，除了不可抗力、情势变更或投资方存在主观恶意并实际采取了不正当行为导致对赌条件触发之外，并不必然导致减免价款的诉讼请求得到法院的支持。从对赌协议的估值调整原理来看，对赌条款触发，就意味着投资方投资的目标公司股权价值被高估，股权价格就应该调整，融资方就应该根据协议约定返还价款，一般不宜过多考量对赌条款触发的原因。即便投资方存在某些违约行为，通常也不是融资方抗辩估值调整的理由，对于该违约行为，融资方可另行追究投资方的违约责任。当然，如果是投资方控制着目标公司的经营管理权，或其恶意不正当行为促成对赌条件触发，则可以减免融资方的相应义务。

实务案例

蓝某桥、宜都天峡公司、湖北天峡公司与苏州周原九鼎投资中心（有限合伙）其他合同纠纷案①

最高人民法院认为：关于投资方在本案中是否存在违约行为，以及是否影响本案民事责任承担的问题。本案中，融资方未提供充分证据证实投资方存在为自身利益不正当地促成回购股份条件成就的情形，其提出投资方不正当阻止公司上市的抗辩理由不能成立，本院不予支持。

其一，关于高管人员离职的问题。投资方派出的部分高管人员离职后融资方仍在生产经营，而公司财务造假属人为因素造成，高管人员离职的事实不应成为融资方财务报表出现虚假的理由，更不是目标公司无法上市的直接原因。

其二，关于目标公司部分银行贷款没有到位的问题。从《投资协议书》

① 参见最高人民法院（2014）民二终字第111号民事判决书。

第8.4条投资方承诺并保证的内容看，投资方的合同义务是“协助目标公司获取1亿元贷款融资额度”，该义务仅为协助义务，且该协助义务并无相应的细化约定，故认定投资方违约缺乏事实依据。

因此，融资方有关因投资方存在违约行为应免除其回购股份民事责任的上诉理由缺乏事实与法律依据，本院不予支持。

二、对赌条款的触发认定

对赌条款是否被触发，常常成为对赌纠纷中的争议焦点。究其原因，一方面是对赌条款的触发是投资方主张货币补偿、股权回购等相关权益的前提，另一方面是投融资双方在对赌条款的触发认定标准上产生了分歧。下面结合案例就对赌条款的触发认定进行介绍。

实务案例

冯某等与天津平禄公司合同纠纷案①

案情摘要：2016年9月，投资人天津平禄公司与目标公司暴风体育公司及其股东签署的《暴风体育公司增资协议》约定：由天津平禄公司向目标公司投入资金人民币2000万元。同月，投资人天津平禄公司与目标公司实际控制人冯某签订《回购协议》约定，在2020年8月31日前，暴风体育公司要成功IPO等，否则投资方有权要求暴风体育公司回购投资方的全部或部分股份。同时，在乙方冯某未质押的暴风集团股权市场价值低于10亿元等情况下，投资方有要求乙方冯某回购投资者全部或部分股份。2018年5月31日，《暴风集团关于控股股东部分质押股份延期购回的公告》显示，冯某未质押的暴风集团股权市场价值已低于10亿元。投资人要求冯某履行回购义务。

争议焦点：投资人认为：冯某未质押的暴风集团股权市场价值已低于10亿元触发了对赌回购条款。但冯某认为只有暴风体育公司在2020年8月31日

---

① 参见北京市第三中级人民法院（2019）京03民终8116号民事判决书。

前未能完成合格IPO且出现冯某未质押的暴风集团的股权市场价值低于10亿元的情况下，投资人才可以按照《回购协议》约定的条件及方式要求冯某进行回购。本案回购条款并未触发。

北京市第三中级人民法院认为：有关天津平禄公司有权要求冯某回购诉争股权的条件已触发。本院认为，在双方对合同内容产生歧义的情况下，对合同文本的解释，应从合同文义、合同目的、整体解释等方面综合进行判断。

1. 从合同文义上理解，“同时”一词可理解为在两种不同的情况下，均可以要求对方回购，协议此处的“同时”不是“同时具备”之意，而应为“或者”“还有”之意。

2. 从合同目的来看，《回购协议》系为保证投资人的投资利益，使其在不能达到投资目标时可以顺利退出，有担保之意。

3. 从整体解释上理解，“同时”一词前后约定的回购主体不同，回购条件不同，分属于两种不同情况，是两种投资退出机制。

从以上案例我们得到启示：当投融资双方在对赌条款的触发认定标准上产生分歧时，可以根据具体案情从合同文义、合同目的、整体解释等方面综合进行判断。另外，关于对赌条款是否触发的判断问题，江西省高级人民法院在（2016）赣民初46号民事判决书中认为：从整个合作合同约定及相关条款内容看双方签约当时的真实意思表示，确认回购条款是否触发。

三、约定不明对赌条款的触发认定

《民法典》第142条第1款规定：“有相对人的意思表示的解释，应当按照所使用的词句，结合相关条款、行为的性质和目的、习惯以及诚信原则，确定意思表示的含义。”第466条规定：“当事人对合同条款的理解有争议的，应当依据本法第一百四十二条第一款的规定，确定争议条款的含义。合同文本采用两种以上文字订立并约定具有同等效力的，对各文本使用的词句推定具有相同含义。各文本使用的词句不一致的，应当根据合同的相关条款、性质、目的以及诚信原则等予以解释。”根据上述规定，当对赌协议的约定有矛盾或约定不明时，应当尽可能通过合同解释的方式对合同条款予以统一和协调。

实务案例

九江九鼎投资中心（有限合伙）与谢某与公司有关的纠纷案[①]

案情摘要：2011年7月1日，投资方九江九鼎中心、江苏九鼎中心与目标公司吉芬公司及其股东谢某、孔某洁签订《增资扩股协议》约定：投资方以现金形式向目标公司增资7000万元。各方应当促使目标公司尽力在2014年6月30日之前完成A股市场上市申报并获受理。

同日，上述主体另签订《增资扩股协议的补充合同》约定：如果目标公司2014年6月30日前未提交发行上市申报材料并获受理；或者目标公司2014年12月31日前没有完成挂牌上市。投资方有权选择在上述任一情况出现后要求目标公司购买投资方持有的全部目标公司股权。

2014年4月25日，目标公司吉芬公司临时股东大会全体股东审议通过《关于吉芬股份公司申请公司股票在全国中小企业股份转让系统挂牌并公开转让的议案》。2014年5月4日，谢某、投资方、目标公司签署《关于〈增资扩股协议〉及〈补充合同〉项下若干条款的协议》，约定：为协助吉芬公司实现本次挂牌，各方希望解除《增资扩股协议》及《补充合同》中对吉芬公司具有不利影响的条款。各方一致同意废止：《增资扩股协议》第7条公司上市；《补充合同》第2条退出等条款。投资方均同意放弃根据被废止条款向谢某、孔某洁以及吉芬公司提出任何主张，即索赔或请求的权利。

同日，九江九鼎、江苏九鼎（甲方）与谢某（乙方）签订《协议书》，约定：乙方承担对甲方持有的吉芬公司股份的回购义务，如果：（1）吉芬公司2014年6月30日前未提交发行上市申报材料并获受理；或者（2）吉芬公司2014年12月31日前没有完成挂牌上市。甲方有权选择在上述任一情况出现后要求乙方及/或乙方指定的第三方购买甲方持有的全部吉芬公司的股份。本协议并非对废止协议的修改、变更、终止或撤销，废止协议不应对本协议的订立、履行、解释产生任何影响。本协议签署前协议各方作出的包括但不

① 参见北京市第三中级人民法院（2019）京03民终9876号民事判决书。

限于协议、承诺书、决议等文件与本协议约定不一致的，以本协议约定为准。本协议作为补充申报材料报送全国中小企业股份转让系统有限责任公司一份。

2014年7月11日，全国中小企业股份转让系统向吉芬公司发送《同意挂牌函》。

九江九鼎中心以吉芬公司未能于2014年12月31日前完成A股上市触发回购义务为由，根据《协议书》的约定，要求谢某履行回购义务。

争议焦点：回购条件是否被触发。投资方九江九鼎中心认为：根据《协议书》的约定，吉芬公司未能于2014年12月31日前成功A股上市，已触发对赌条件，原股东谢某应履行股份回购义务。原股东谢某认为：该上市包括新三板挂牌，吉芬公司已于2014年12月31日前成功新三板挂牌，故回购条件没有成就，谢某不应履行回购义务。

北京市朝阳法院一审认为：就双方争议的"挂牌上市"应如何理解这一问题，本院认为，应当参考《合同法》第125条的规定，当事人对合同条款的理解有争议的，应当按照合同所使用的词句、合同的有关条款、合同的目的、交易习惯以及诚实信用原则，确定该条款的真实意思。九江九鼎、谢某均认可挂牌是指新三板挂牌，上市是指A股上市。九江九鼎中心亦认可吉芬公司如在新三板挂牌则无法实现A股上市。九江公司主张《协议书》中"挂牌上市"是指"A股上市"，谢某主张是指"新三板挂牌"。对此，本院支持谢某的主张，应理解为"新三板挂牌"。

北京市第三中级人民法院二审认为：根据《公司法》、《证券法》、《首次公开发行股票并上市管理办法》、《首次公开发行股票并在创业板上市管理办法》、《国务院关于全国中小企业股份转让系统有关问题的决定》（国发〔2013〕49号）、《全国中小企业股份转让系统有限责任公司管理暂行办法》、《全国中小企业股份转让系统业务规则（试行）》等相关规定，公司股票交易方式的表述因股票交易场所不同而有所区别：（1）申请公司股票在上海证券交易所或者深圳证券交易所交易，可以表述为上市或者挂牌上市；（2）申请公司股票在新三板市场交易，则表述为挂牌，通常不表述为上市或者挂牌上市。

吉芬公司如在新三板挂牌则不能作为股份回购义务人参与对赌。因此，九江九鼎中心关于签订《协议书》实际是为变更回购义务承担主体的意见具备事实及法律依据。

本院认定，就合同签订而言，涉案四份协议具有一定延续性，《废止协议》主要旨在确保吉芬公司新三板挂牌，而《协议书》则更着重于保障九江九鼎中心回购权的实现。同时，就涉案四份协议的约定内容而言，未有指向九江九鼎中心同意吉芬公司新三板挂牌即表示其放弃对该公司A股上市不能时的回购权的约定。

本院认为，《协议书》约定的“提交发行上市申报材料并获受理”以及“完成挂牌上市”均指向吉芬公司A股上市。谢某关于《协议书》约定的股份回购条件包括新三板挂牌的答辩意见，缺乏法律依据且与协议约定的真实意思有所不符，违背当事人在本案所涉投融资事项中的整体合同目的及相关案件事实，本院不予采纳。一审法院关于《协议书》约定的股份回购条件应理解为新三板挂牌的判定，未能结合资本市场投资领域的法律关系特性，以及全案案情综合予以认定和考量，本院依法予以纠正。最终法院判决谢某向九江九鼎投资中心支付股份转让款。

四、对赌条款的“提前”触发

对赌实务中，有时在约定的对赌条件成就时，但约定成就条件的最终期限还未到来，此时对赌条款是否可以“提前”触发，对赌当事人是否可以“提前”行权呢？

实务案例

蓝某桥、宜都天峡公司、湖北天峡公司与苏州周原九鼎投资中心（有限合伙）其他合同纠纷案①

案情摘要：2010年10月19日，苏州周原九鼎投资中心作为甲方、蓝某桥作为乙方、宜都天峡公司作为丙方、湖北天峡公司作为丁方，共同签署了

① 参见最高人民法院（2014）民二终字第111号民事判决书。

《苏州周原九鼎投资中心（有限合伙）对宜都天峡特种渔业有限公司之投资协议书》（以下简称《投资协议》），约定：甲方向丙方投资7000万元取得丙方本次增资后股份总数34.3%的股份。

同日，《投资协议书》四方主体签订《补充协议》约定：若2014年12月31日前宜都天峡公司未完成公开发行股票和上市，蓝某桥和湖北天峡公司承诺受让苏州周原九鼎投资中心持有的宜都天峡公司全部股份。

2012年10月25日，宜都天峡公司《利润表（合并）》记载本年度净利润为－485.175892万元。根据《首次公开发行股票并上市管理办法》第33条"最近3个会计年度净利润均为正数且累计超过人民币3000万元"的规定，2014年12月31日前宜都天峡公司已无上市可能。

2013年10月28日苏州周原九鼎投资中心诉被告蓝某桥、宜都天峡公司要求支付股份回购款。

争议焦点：蓝某桥、湖北天峡公司认为苏州周原九鼎投资中心以宜都天峡公司2014年12月31日不可能完成上市为由，要求退股不能成立。2014年12月31日完成上市是附期限条件的约定，现在期限尚未到。

湖北省高级人民法院认为：虽然《补充协议》第1条约定如宜都天峡公司自投资完成之日起至2014年12月31日的期间内未完成公开发行股票和上市，则苏州周原九鼎投资中心可于2014年12月31日后主张股份回购。但是宜都天峡公司出现亏损，2014年12月31日前完成公开发行股票及上市的合同根本目的无法实现，依法应当承担相应责任。依据《合同法》第108条关于当事人一方明确表示或者以自己的行为表明不履行合同义务的，对方可以在履行期限届满之前要求其承担违约责任的规定，苏州周原九鼎投资中心可以依照合同约定要求蓝某桥、湖北天峡公司承担回购责任，并不受《补充协议》约定的权利起始日条件约束。法院判决蓝某桥、湖北天峡鲟业有限公司向苏州周原九鼎投资中心回购目标公司股份。

最高人民法院认为：宜都天峡公司在2012年出现亏损，湖北天峡公司在《投资协议书》中的相关业绩承诺并未实现，根据《公司法》《证券法》等法律法规有关企业公开发行股票并上市的条件规定，宜都天峡公司在2014年12月31日前无法上市已成事实状态，《补充协议》所约定的股份回购条件业已成就。蓝某桥与湖北天峡公司的违约行为导致苏州周原九鼎投资中心签订案涉协议的合同目的已无法实现，故苏州周原九鼎投资中心提起诉讼具有合同与法律依据，蓝某桥与湖北天峡公司应当依约履行自己的合同义务，向苏州周原九鼎投资中心承担回购股份的民事责任。最终驳回上诉，维持原判。

将以上案例中触发股份回购的核心因素理解成触发"条件"而不是触发"期限"时，就不难理解了，即该案中股份回购的核心依据是成功IPO的"条件"而不是"期限"，当触发了回购"条件"，且"期限"失去意义的时候（比如该期限内不可能再次申请IPO并成功）即可主张回购股权，而不必考虑最终期限的到来。因此，所谓的对赌条款"提前"触发，并不是真正的提前。

在上述案件中，提前判断目标公司在未来无法上市还是不难的，但是，在许多实务案例中，提前预判目标公司是否能够实现业绩目标，是否能够触发对赌条款还是比较复杂的，往往涉及很多指标因素的综合判断。在没有充分证据支持的情况下，法院或仲裁庭一般不敢轻易认定对赌条款"提前"触发。因此，投资人若想"提前"行权，一定要充分地收集相关证据。

五、触发回购条款的"条件""期限"与"期限利益"抗辩理由

实务中，关于触发对赌条款的因素是"条件"还是"期限"经常有不同认识，进而对对赌条款是否被触发，对赌当事人是否可以行权产生分歧。另外，有关设定条件的最终"期限"到来之前，可否以存在"期限利益"为由拒绝对方当事人行权呢？

实务案例

北京碧海舟公司等与天津雷石投资（有限合伙）股权转让纠纷案①

案情摘要：2013年5月23日，投资方天津雷石投资与目标公司北京碧海舟公司及其原股东邸某军、李某璇签订《协议书》约定：如果目标公司未能

① 参见北京市第二中级人民法院（2015）二中民（商）终字第12699号民事判决书。

在本协议签署之日起 24 个月内成功完成 IPO，或在上市后一年内出现违法、违规问题，则投资方有权要求邸某军、李某璇全部或部分回购投资方在目标公司中持有的股份。

协议签署后，目标公司向证监会提交了 IPO 申请，但 2014 年 7 月 1 日被终止审查，公司未实现上市。2014 年 7 月 15 日投资方提起诉讼要求邸某军、李某璇回购其股份。

争议焦点：融资方认为，协议约定的回购条件为目标公司未能在指定期限内完成合格 IPO，该约定条款是附期限的，因 2015 年 5 月 23 日期限未届至，所以投资方无权提起本案诉讼。

法院认为：《协议书》中约定回购的前提是北京碧海舟公司未能在指定期限内完成其首次公开发行股票并上市，本案根据查明的事实，中国证券监督管理委员会已于 2014 年 7 月 1 日对北京碧海舟公司的首次公开发行股票申请终止审查。北京碧海舟公司虽主张其业绩满足首次公开发行股票并上市的条件，其向中国证券监督管理委员会重新提出申请，可以于《协议书》约定期限届满前完成首次公开发行股票并上市，但未提供任何证据证明其业绩条件满足首次公开发行股票并上市的条件。故融资方关于天津雷石投资无权提起本案诉讼的主张，缺乏法律依据和事实依据。最终法院判决融资方支付回购款履行回购义务。

在上述对赌条款中，明明约定了回购条件为目标公司未能在指定期限内完成合格 IPO，但当融资方主张该约定条款是附期限的，即 2015 年 5 月 23 日期限未届至，所以投资方无权起诉的观点未被法院支持呢？触发对赌条款的“条件”与“期限”有什么区别呢？

（一）触发对赌条款的“条件”与“期限”的区别

司法实践中，一般认为决定某一民事法律行为生效或失效的事实如果必然发生，则为期限；如果不确定，则为条件。[①] 以上面的对赌条款为例：“如

① 参见（2016）京 03 民初 27 号民事判决书、（2015）民申字第 1034 号民事判决书、（2015）川民终字第 630 号民事判决书、（2013）鲁商终字第 267 号民事判决书、（2012）吉中民再字第 27 号民事判决书等。

果目标公司未能在本协议签署之日起 24 个月内成功完成 IPO……则投资方有权要求邸某军、李某璇全部或部分回购投资方在目标公司中持有的股份。”该约定中的 24 个月是必然要到来的，显然是“期限”；成功 IPO 是否发生是不确定的，因此是“条件”。该案中，根据目标公司的现状及上市规则和相关程序的时间规定，24 个月内目标公司不可能在 2014 年 7 月 1 日被证监会终止审查，IPO 失败后，再一次申请 IPO 并成功，“期限”不允许，其他条件暂不提。因此该对赌条款的触发因素是一定“期限”内的“条件”，条款目的是“条件”即成功 IPO，离开了“条件”，其“期限”就没有意义。如果该对赌条款改为：“自投资方履行完毕全部投资义务之日起 24 个月后 5 日内，目标公司原股东必须无条件回购投资方持有的目标公司的全部股权，回购价格 = 投资款数额 ×124%，无论目标公司 IPO 是否成功。”此时的对赌条款触发因素就是必然到来的“期限”。

当然，每个案件可能都是不同的，需要具体问题具体分析。当对赌条款中包含时间信息时，应当根据条款的目的、具体内容、适用场景等，判断该条款是要表达“期限”还是“条件”抑或一定“期限”内的“条件”。

（二）回购义务人的抗辩理由与“期限利益”及证明

在对赌纠纷中，拒绝回购股权的一方经常抗辩：“虽然目前 IPO 没有成功，但是，约定的 IPO 最终期限未到，融资方享有‘期限利益’，在约定期限内还可以再次提出 IPO 申请并可能最终成功。”该“期限利益”抗辩理由能否被支持呢？还有其他拒绝回购的抗辩理由吗？如何证明呢？以下 2 点可供参考：

1. **举证证明目标公司确实有可能在约定期限内再次提出 IPO 申请并成功上市**

如果提供了充足的证据，此抗辩理由是可能被法院或仲裁委员会支持的。此抗辩理由要注意从两方面提供证据：一方面，从程序上讲，再次提出 IPO 申请并成功上市，时间上具有可行性，最好能进一步举证证明已经筹备或启动再次 IPO 申请，并做了相应的工作；另一方面，举证证明，造成目标公司 IPO 失败的因素已经解决，现在目标公司已经符合 IPO 的相关指标条件的要求或者至少没有不能上市的“硬伤”。举证证明标准只要达到高度盖然性即可，并非排除一切可能性。

2. **投资方不诚信非善意主张回购**

投资方在对赌条款设定的最终时间点到来之前，通过诉讼或仲裁主张回购，难免会对目标公司的经营和回购义务人的履约能力造成一定的不利影响。回购义务人如果有证据证明投资方主张回购并非善意或带有不诚信的动机，如故意设置障碍或不配合履行相关协助义务，造成目标公司在约定时间期限内无法上市，从而不正当地促成回购条件成就的，回购义务人可以根据《民法典》第159条的规定：“附条件的民事法律行为，当事人为自己的利益不正当地阻止条件成就的，视为条件已经成就；不正当地促成条件成就的，视为条件不成就”，主张回购条件视为不成就。回购义务人也可以根据诚实信用原则，主张回购条件不成就。

六、对赌协议回购条件的触发是否必然以对方违约为前提

在对赌协议中，股权回购条款一般是签约当事人约定的投资方退出的一个机制。在股权回购条款未明确必须是以某一方的违约或责任而触发回购条件的前提下，这个股权回购条款属于到期无条件退出的约定。因为在对赌实际操作过程中，造成当事人投资目的不能实现的原因有多种，可能并不必然归属于某一方的违约或责任，因此，只要在约定的期限内没有实现约定的条件，则对方当事人就可以行使回购请求权。

实务案例

招银叁号与杨某红合同纠纷案①

案情摘要：招银叁号（有限合伙）作为买壳项目的资金方，计划与优质

① 参见江西省高级人民法院（2016）赣民初46号民事判决书、最高人民法院（2018）最高法民终73号之一民事裁定书、最高人民法院（2018）最高法民申3275号民事裁定书。

资产方联合买壳上市。2015年2月16日招银叁号的股东千和资本与杨某红、翰林公司签署了《投资框架协议》，约定双方共同收购目标公司上市股权（即合金股份的股权），积极筹备上市。

2015年4月2日，招银叁号与杨某红达成合作意向，计划以翰林公司2015年业绩对赌实现的净利润的10倍作为公司估值收购乾坤翰林20%的股权（先行受让30%，待2015年审计报告出具后，根据对赌协议调整比例）。杨某红将该笔股权转让款专用于购买合金股份5260万股，以锁定该优质资产借壳上市，而招银叁号在其中获取一定的投资收益。双方经过反复协商，最终形成了在本轮中由招银叁号作为资金方提供全部买壳资金，在下一轮并购资产时由资产方注入其优质资产以通过借壳上市获利的合作架构。

2015年4月22日，招银叁号与杨某红、翰林公司签订了一份《备忘录》，备忘录在第5条与第6条约定：5. 业绩对赌：5.1 招银叁号与杨某红一致同意以翰林公司2015年度经审计的净利润为基准进行对赌。5.2 业绩对赌期间翰林公司未进行增资事宜的前提下，待翰林公司2015年审计报告出具后：5.2.1 若2015年净利润大于或等于3.5亿元，招银叁号将实际持有翰林公司的股权比例调整为20%，即招银叁号以1000万元为对价向杨某红转让10%的翰林公司股权。5.2.2 若2015年净利润小于3.5亿元，根据翰林公司业绩实际完成情况调整招银叁号实际持有翰林公司的股权比例。6. 翰林公司股权回购安排：6.1 各方同意，若翰林公司于2016年9月30日仍未取得政府部门等有权机关、机构（包括但不限于证监会）同意将其资产注入合金股份的批复，2016年10月8日起，杨某红以其持有的合金股份5260万股股票作为对价回购招银叁号持有的翰林公司全部股权，各方须无条件配合上述回购安排。否则，不配合上述回购安排的一方为违约方，违约方应每迟延一日按照7亿元的0.05%向守约方支付逾期履行违约金直至回购安排完成。

杨某红一直未提供2015年审计报告，致使招银叁号及其关联方无法核实翰林公司的真实资产状况，由此导致《备忘录》约定的业绩对赌条款不能继续履行，更无法实现借壳上市以获取投资收益的缔约目的。

2016年8月3日，招银叁号对杨某红、翰林公司提起诉讼，向法院提出了要求杨某红立即向招银叁号转让其持有的合金股份5260万股股票，用以回购招银叁号持有的翰林公司30%的股权等诉讼请求。被告认为：杨某红按约定履行了合同义务，没有违约行为，原告无权要求回购。

争议焦点：对赌协议回购条件的触发是否必然以对方违约为前提。

法院认为：本案股权回购约定本身并未明确必须是以某一方的违约或责任而触发这个前提，属于到期无条件退出的约定，因为在借壳上市的实际操作过程中，还存在诸多不能归责于某一方原因导致借壳上市不能成功，如优质资产与壳资源不匹配、并购方案未被股东大会通过以及不确定的政策性因素等。在双方合作不畅，被告方不提交翰林公司财务真实状况、不启动业绩对赌的相关程序的情况下，原告已经难以通过实现《备忘录》中业绩对赌的约定来调整其持有的被告翰林公司的股权比例，更无法按期实现《备忘录》所述整个交易中关于将被告翰林公司的资产注入合金股份，以期被告翰林公司成功上市获得投资收益的最终目的。故原告根据本案协议约定，要求行使股权回购，有事实及法律依据，应予支持。

七、对赌条款触发的风险防控

就实务中对赌条款触发的风险问题，前述内容已有涉及，下面就宏观方面的综合风险防控问题作出如下提示：

1. 在设定对赌条款的触发条件时，应当尽可能做到概念准确清晰、前后同一，触发条件表述细致严谨，明确具体，不存歧义；协议内容前后协调不矛盾，达到最终锁定对赌触发条件的目的。

2. 对赌条款的触发因素尽量考虑周全，尤其是不可归责于任何一方的责任、违约的情况，突发性异常事件的情况等触发对赌条款的解决方式尽量提前约定清楚。

3. 当投融资双方在对赌条款的触发认定标准上产生分歧时，各方宜根据磋商订约背景、当时的真实意思表示、合同文义、合同目的、整体解释等综合判断对赌条款是否触发。

4. 当事人否认对赌条款触发时，可以从程序要件、实体要件、原告的主观恶意等方面进行抗辩，并注意收集提供相关证据。

第二节　对赌行权的除斥期间、合理期限、诉讼时效

在对赌协议纠纷案件中，行权期限是回购义务人的一个抗辩理由，进而成为案件争议焦点之一。以股权回购权为例，其根源在于人们对股权回购权法律性质认识的不同，法律及合同对股权回购权的除斥期间、合理期限、诉讼时效、起算点等问题规定的缺失或规定得不明确具体。本节内容在厘清股权回购权法律性质的基础上，通过对实践中的案例裁判观点进行整理分析，归纳出法律风险防范措施，望能为对赌当事人及相关从业者提供更多的实务借鉴和参考。

一、对赌中股权回购权的法律性质与行权期限的关系

对赌条款触发后，投资方的股权回购权并非可以随时主张，那么其行权期限受到怎样的限制呢？要回答这个问题，首先要弄清楚股权回购权的性质，即是请求权还是形成权？请求权的行使期限受诉讼时效的限制，形成权的行使期限受除斥期间的约束。实践中对股权回购权的法律性质并未形成统一的认识，具体观点可以分为以下 3 类：

1. 股权回购权属于形成权，适用除斥期间制度

该观点认为，对赌协议中的股权回购权依照投资人单方意思表示即可以使法律关系发生变化，因此是形成权。如下文的安徽省蚌埠市淮上区人民法院（2016）皖 0311 民初 2382 号民事判决书。

2. 股权回购权属于请求权，受诉讼时效的限制

主流观点认为，投资人在对赌协议中的股权回购权的行使依赖于回购义务人的配合行为，因此是请求权。如下文的湖南省高级人民法院（2019）湘民申 3778 号民事裁定书。

3. 股权回购权属于形成权与请求权相结合，同时受除斥期间和诉讼时效的约束

以上第一个观点存在的问题是，若股权回购义务人不配合行权，投资人的回购权并不能按照投资人的单方意思完成。以上第二个观点存在的问题是，回购条件成就时并不意味着股权转让法律关系的必然产生，此时需要依赖于一个前提条件，即投资人选择行权，明确要求回购义务人支付回购款履行回购义务，否则股权转让法律关系不能产生。换言之，处于“休眠”状态的回购权需要投资人选择按下“激活”键，才能进一步行权，在投资人选择不行权的情况下，股权转让法律关系就不会产生。因此，有观点认为，可以把投资人行使股权回购权的行为，看成是两个法律行为，且具有先后顺序：

首先，投资人行使“选择权”，必须选择“激活”股权转让法律关系，才能进一步行权。此时投资人单方即可决定行权，这一行为符合形成权的法律特征。

其次，投资人行使“请求权”，请求回购义务人支付股权回购款。此时投资人在行使债权请求权的同时，也负有向回购人转让股权的义务。这时的行为符合请求权的法律特征。持此观点的案例如下文的北京市第三中级人民法院（2019）京03民终9876号民事判决书。

实践中，投资人一般是用回购通知或直接起诉的形式同时体现两个法律行为，这很容易使人产生单一视角只注意到某一方面的法律行为，而忽略另一个法律行为，从而导致对股权回购权的法律性质产生不同认识。

二、对赌中股权回购权的除斥期间

少数相关案例观点认为，股权回购权属于形成权，适用除斥期间的规定，不受诉讼时效的约束。形成权，是指依照权利人单方意思表示就可以使已经成立的民事法律关系发生变化的权利，如：优先购买权的行使、选择之债的选择权等。对于回购权除斥期间的问题，可以在以下案例的基础上进行分析。

实务案例

安徽绿雨公司与北京正达投资股权转让纠纷案[①]

法院认为：根据《补充协议》第8条约定，被告行使回购权的条件是“如乙方（第三人）在2014年6月30日前没有向中国证券监督管理委员会申报发行申请材料并被受理……”通过该条款约定，只要乙方（第三人）在2014年6月30日前没有向中国证券监督管理委员会申报发行申请材料并被受理，被告即可提出股权回购的申请，本案原告及第三人就应在被告提出申请的180天内回购被告所持有的第三人的股份，该特征构成了形成权最核心的特征，即权利人仅凭单方的意思表示就可以使法律关系产生、变更、消灭，而不需要对方的协助。因而，被告与原告及第三人约定的回购请求权是一种形成权。

根据《补充协议》第8条、第9条的约定，被告应在2014年8月31日前向原告及第三人提出股权回购申请。除斥期间依其性质不发生中止或中断，本案被告并未在2014年8月31日前提出股权回购，其根据《补充协议》第8条所享有的回购权消灭。……由于被告未向法庭提供证据证明其在合理的期限内向原告及第三人主张过股权回购的申请，根据除斥期间无任何事由中止、中断的特征，为了维护公司稳定，避免双方处于长期不确定的状态，除斥期间届满，被告的回购权即为消灭。故对原告申请确认被告要求其回购第三人的股权消灭的诉请成立。

对于被告所辩称的本案已超过两年的诉讼时效的问题，因诉讼时效适用于民事实体法上的请求权，本案是形成权消灭的确认之诉，形成权不同于请求权，不受两年诉讼时效限制，故对被告的该项辩解，本院不予采信。据此，依据《合同法》第8条、第95条，《最高人民法院关于民事诉讼证据的若干规定》第2条之规定，本案经本院审判委员会讨论决定，判决：被告北京正达投资（有限合伙）基于《关于〈增资协议书〉和〈股份转让协议〉的补充协议》主张原告回购被告所持第三人股份的权利已消灭。

---

① 参见安徽省蚌埠市淮上区人民法院（2016）皖0311民初2382号民事判决书。

此外，仲裁领域也有案例持相同观点，如（2014）沪仲案字第某号仲裁案，裁决书认为申请人的股权回购请求权属于形成权。

对于形成权，由一方的意思表示即可产生法律效果，这会给相对人造成巨大的压力。为了稳定双方的法律关系，法理上认为，形成权受除斥期间的限制，且除斥期间是不变期间，不得中止、中断或延长，期间经过，权利消灭。因此投资方要注意，每一次回购请求权的权利主张都应在条件成就后的合理期限内行使，以免权利因过期而作废。

三、对赌中股权回购权的合理期限及其认定

股权回购权的合理期限，将其理解成除斥期间的合理期限更合适，而不是诉讼时效的合理期限。因为诉讼时效适用于请求权，范围十分广泛且具有共同特征，因此，各国民法均在法律上作出了总括性的规定，明确了诉讼时效的长度，一般不存在“合理期限”的认定问题。而除斥期间是在不同的场合对不同的形成权设置的时间限制，缺乏共通的基础，立法只能针对具体情况分别规定除斥期间的起算点和长度，因此各除斥期间往往存在差异。在法律未规定或当事人未约定除斥期间的情况下，出于实务需要，其合理期限就非常有研究认定的必要，不能让法律关系长期处于不确定的状态。而股权回购权的除斥期间法律并没有规定，实践中当事人也往往未在协议中约定或约定不明确，这就产生了股权回购权合理期限的认定问题。

在法律未规定及当事人未约定的情况下，除斥期间的起算点，一般来说，应是权利发生之日。对股权回购权来说，一般是回购条件成就时开始。该问题的另一个关键点是其时间长度即结束点的认定，实践中合理期限认定的争议焦点也多集中在此。股权回购权合理期限的认定方法和裁判观点有多种，下面列举了 4 种供读者参考。

（一）合同对合理期限有明确约定的情况

合理期限在合同中有明确约定时，按合同约定来执行。所谓的明确约定，包括 3 个方面：

1. 要有明确的开始时间或能确定时间的条件；

2. 要有明确的时间长度或结束时间点；

3. 明确说明错过行权期限，权利完全丧失。前两项自不必多说，关键是为什么要强调第三项呢？因为如果没有第三项的约定，实践中对超过约定期限后回购权是否丧失有争议，法院判决也出现了不同观点（详见以下案例），为避免歧义，第三项的内容是非常必要的。

（二）合同有期限约定，自由裁量权认定超期但并不失权的情况

此类情况即是合同明确约定了对股权回购权的行使：

1. 开始时间或能确定时间的条件；

2. 时间长度或结束时间点。但是，合同中没有明确说明错过约定期限，权利是否丧失。此时，法院或仲裁委员会可能行使自由裁量权，根据具体案情确定合理期限，以下案例中法院即认定了投资方，虽然错过约定期限，但并未失权。

实务案例

冯某等与天津平禄公司合同纠纷案①

案情摘要：2016 年 9 月，天津平禄公司作为甲方与乙方冯某签署《回购协议》，协议约定鉴于 2016 年签署的《增资协议》，特订立本回购协议：第 1 条，在 2020 年 8 月 31 日前，暴风体育公司要成功 IPO 且上市发行前的估值不得低于人民币 60 亿元即被认为合格 IPO 的情形。

如暴风体育公司未能在前述约定的时间范围内完成合格 IPO，投资方有权要求暴风体育公司回购投资方的全部或部分股权。同时，在出现乙方丧失对暴风体育公司的控制权（丧失控制权以乙方及其一致行动人丧失对暴风体育公司董事会半数非独立董事的提名权为标准）、乙方未质押的暴风集团股权市场价值低于 10 亿元、暴风体育公司的核心人员流失超过 1/2、暴风体育公司

---

① 参见北京市第三中级人民法院（2019）京 03 民终 8116 号民事判决书。

的其他投资方提出回购及其他可能会给投资方造成重大不利影响的违约等任一情况下，暴风体育公司需在上述事项发生之日起10个工作日内通知投资方，投资方有权在上述事项出现之日起3个月内要求乙方回购投资者全部或部分股权。

2018年5月31日，《暴风集团关于控股股东部分质押股份延期购回的公告》显示，自2017年4月7日起冯某未质押的暴风集团股权市场价值已低于10亿元，股权回购条件成就。2018年11月天津平禄公司明确提出要行使股权回购权，要求对方支付回购款。此时已经超过《回购协议》约定的“3个月”期限。

争议焦点：超过《回购协议》约定的“3个月”期限，是否丧失股权回购权。

北京市顺义区人民法院一审认为：冯某未质押的暴风集团股权市场价值低于10亿元的情况于2017年4月7日即发生，天津平禄公司虽未在2017年7月6日前行权，但并不会导致其丧失回购请求权这一结果。其一，冯某认可其未质押的暴风集团股权市场价值自2017年4月7日至今始终低于10亿元，此种情况处于一种持续状态。其二，《回购协议》中同时约定了暴风体育公司需在回购事项触发之日起10个工作日内通知天津平禄公司，但冯某一方并未提交证据证实暴风体育公司在2017年4月7日回购条件触发之时甚至该情形持续期间通知过天津平禄公司，那么天津平禄公司在自行发现回购条件触发时向冯某一方要求行权，具有正当合理性。其三，综观《回购协议》的全部内容，双方并未约定天津平禄公司超过该3个月行使权利，即丧失股权回购的请求权。天津平禄公司以提起诉讼的方式要求冯某回购股权，并未明显超过合理期限，符合法律规定。

另，冯某关于天津平禄公司及其法定代表人刘某宇系专业投资者，有足够的知识、能力、渠道及经验去了解和掌握早已依法公开披露的冯某未质押的暴风集团股份数量，并基于公开的股票价格计算出相应的股权价值，亦即天津平禄公司早就应当知道冯某未质押股份市场价值的答辩意见，缺乏依据，该院不予采信。

北京市第三中级人民法院二审认为：天津平禄公司未在冯某未质押股权

市值低于10亿元之日起3个月行使回购权，是否已经失权？本院认为，天津平禄公司未失权。分述如下：

首先，从《回购协议》签订的目的及意义看，如前所述《回购协议》本质上是投资方与目标公司之间之“对赌协议”，目的为促成目标公司提升业绩，合格上市，以期获得巨大商业利益。更重要的是保证投资方在一定条件下顺利退出，保障投资方利益。《回购协议》亦是应投资方要求所签，故《回购协议》中约定对投资方实体权利的限制性的、排除性的条款缺乏合理性。

其次，“3个月”的约定应系赋权性约定，不是限制性约定。

1. 从合同文义看，《回购协议》并未约定天津平禄公司超过该3个月行使权利，即丧失股权回购的请求权，也未有天津平禄公司超过3个月后，或者未以书面形式提出股份回购申请即视为其放弃行使股份回购权的限制性规定。故本院认为该条款本义为敦促享有股份回购请求权一方及时行使股权回购权利，而非对其权利加以形式上和时间上的限制，甚至剥夺。

2. 虽冯某未质押暴风集团股权低于10亿元已超过3个月，但其未质押股权价值低于10亿元自2017年起，至今仍持续处于下降状态，故本院认为冯某资信能力降低处于持续进行状态下，否定天津平禄公司回购权并无法律依据。且因诉讼时效等法律相关规定存在，可阻却天津平禄公司怠于行使自身权利的可能，不会令双方权利义务持续处于不稳定状态。

3. 根据《回购协议》约定，在冯某未质押暴风集团股权市值低于10亿元等回购事项发生后，暴风体育公司应当于10个工作日内及时通知天津平禄公司。但冯某一方并未提交证据证实暴风体育公司在2017年4月7日回购条件触发之时甚至该情形持续期间通知过天津平禄公司，虽冯某举证暴风集团已于相关平台发布了相应公告，但该公告并不当然免除其通知义务。因暴风集团的相关公告并不能当然推定出天津平禄公司已知该触发回购事项发生，故该通知义务必然与天津平禄公司所谓“行权期限”相关联。故割裂暴风体育公司的通知义务与3个月行权期限之间的关联关系缺乏合理性。天津平禄公司在自行发现回购条件触发时向冯某一方要求行权，具有正当合理性。

最后，如前天津平禄公司所述，除冯某未质押暴风集团股权低于10亿元这一条件触发外，另一触发冯某回购义务的事实于一审诉讼期间发生，即其他投资方亦向冯某提出回购请求，故依据这一新发生的事实，冯某有关3个月系除权限制规定的主张已不能对抗天津平禄公司。

综上，冯某关于天津平禄公司未在3个月内行使权利，无权请求股权回购的上诉主张，本院不予支持。

关于合理期限起点的确定，在该案例中，因回购义务人暴风体育公司没有履行合同约定的通知义务（回购条件成就之日起10个工作日内通知投资方），所以法院认定合理期限是自投资方主观上知道符合行权条件之日起计算，而不是自客观上符合行权条件之日起计算。这样的话，合理期限的起算点往往就掌握在投资人的手里。因此，关于合理期限起算点的确定，需要注意合同中约定的每一个条件。

关于合理期限终点的确定，在该案的协议中，因并未明确约定，天津平禄公司未在该3个月内行使权利，即丧失股权回购的请求权，所以法院认为3个月的结束之日并不是失权的期限终点。

此外，江苏省苏州市中级人民法院在下面案例中所持观点与本案例观点基本相同。

实务案例

张家港浩波贸易公司与张家港盛威公司股权转让纠纷案①

江苏省张家港市人民法院一审认为：《股份转让补充协议》约定的要求转让方回购股份是张家港盛威公司享有的权利，虽然张家港盛威公司未能提供证据证明其在发生股份回购情形后两个月内以书面方式向张家港浩波贸易公司提出股份回购请求的证据，但是综观《股份转让补充协议》的内容，双方并未约定发生股份回购情形后张家港盛威公司未在两个月内以书面方式提出股份回购请求即丧失股权回购请求权的内容，也未有张家港盛威公司超过两个月或者未以书面方式提出回购请求即属于放弃行使股份回购权的约定，上

① 参见苏州市中级人民法院（2015）苏中商终字第00200号民事判决书。

述条款亦未作为张家港盛威公司的义务或责任在《股份转让补充协议》中约定，原审法院认为上述约定旨在督促享有股份回购请求权的一方及时行使股权回购的权利，而非剥夺其请求股份回购的权利。

江苏省苏州市中级人民法院二审认为：本案争议焦点之一是，张家港盛威公司是否仍有权要求张家港浩波贸易公司回购案涉股权并支付回购款。本院认为，案涉股权转让补充协议对股权回购的约定十分明确，至2013年11月14日，由于目标公司张家港浩波科技公司未能完成上市，因此股权回购的条件已经成就。双方仅在合同第6.2条中约定张家港盛威公司有权在约定期满之日起两个月内以书面方式提出股权回购要求，但并未约定超过该两个月时间后，张家港盛威公司便丧失股权回购的请求权，因此双方对行使股权回购请求权的时限并无明确约定，而至2014年7月18日原审法院受理本案，即张家港盛威公司以提起诉讼的方式要求张家港浩波贸易公司进行股权回购，也并未明显超过合理期限，符合法律规定。即便没有关于行使股权回购请求权的时限约定，尚有诉讼时效等法律规定的时间限制，不会出现张家港浩波贸易公司须无期限地承担年回报款的情形。故张家港盛威公司有权要求张家港浩波贸易公司回购案涉股权并支付回购款，张家港浩波贸易公司关于张家港盛威公司未在约定的两个月时限内提出这一要求即丧失请求权的主张，依法不能成立，本院难以支持。最终二审维持一审判决。

（三）合同有期限约定，自由裁量权认定超期失权的情况

此类情况案情与上面的案情类似，同样是在合同中对股权回购权的行使进行了明确约定：

1. 开始时间或能确定时间的条件；

2. 时间长度或结束时间点，相同的是，合同中没有明确说明错过约定期限，权利是否丧失，也同样是法院行使自由裁量权。但不同的是，以下案例中，法院根据具体案情认定投资方，错过了约定期限即错过了合理期限，因此失权。

实务案例

北京千舟清源基金（有限合伙）等与山东宏力公司等合同纠纷案[①]

北京市海淀区人民法院一审认为：关于北京千舟清源基金是否有权依据《补充协议》及《补充协议2》主张行使股权回购权利的问题，系本案争议焦点，本院认为，《补充协议》约定北京千舟清源基金和海风联鸿祥基金应当在明确知晓目标公司不能在2013年12月31日前上市时，于90日内向目标公司或明示是否行使股权回购权，该条款宜认定为对北京千舟清源基金行使股权回购权利的限制，即北京千舟清源基金应当在确定的时间内明确表示是否行使股权回购的权利，以结束目标公司的这种不稳定的状态，实现各方当事人在估值调整机制中可以预计的最大化利益。根据上述条款，北京千舟清源基金于2013年12月31日时，应当明知目标公司不能在该时间节点上市，其应当于90日内即2014年3月31日前向目标公司或于某明明示是否行使股权回购权，其超出上述期限提出股权回购请求权的，于某明有权拒绝其回购请求。根据该院查明的事实，各方确认《补充协议2》签署于2014年8月，该院对此不持异议。关于北京千舟清源基金是否在2014年3月31日前向目标公司或于某明明示行使股权回购权的问题，于某明及山东宏力公司予以否认，北京千舟清源基金对此亦未提交相应证据，该院对此不予认可。从合同条款来看，《补充协议2》系对《补充协议》的变更，就股权回购、业绩补偿和业绩承诺条款，《补充协议2》作出了实质性的修改，即股权回购价格及违约金标准予以提高，股权回购请求权行使期限予以延长，业绩承诺予以增加，北京千舟清源基金的股权应当优先回购等条款。因《补充协议2》并无《增资协议》及《补充协议》另一主体海风联鸿祥基金的书面确认，且在本案审理过程中，相关主体在收到该院向其核实情况的函件之后，亦未向该院出具确定的意思表示。该院认为，《补充协议2》的上述相关条款可能会对海风联鸿祥基金的权益产生不利影响，在海风联鸿祥基金并未对上述条款表示是否同意的情况

① 参见北京市第一中级人民法院（2019）京01民终8440号民事判决书。

下，按照《增资协议》和《补充协议》的约定，《补充协议2》关于股权回购等条款尚处于效力待定的状态，故该院认为不宜以《补充协议2》第1条至第6条作为确定北京千舟清源基金行使股权回购请求权的法律依据和合同依据。综上所述，北京千舟清源基金提出的股权回购请求的时间，已经超出了《补充协议》中关于股权回购请求提出的时间限制，在没有相反证据的情况下，于某明现有权拒绝回购。

北京市第一中级人民法院二审认为：关于《补充协议》5.3条款中的90日是否是对北京千舟清源基金股权回购权的限制问题。本院认为，《补充协议》5.3条款约定“乙方应在相关方书面通知明示目标公司不能在2013年12月31日之前上市情形之日起90日内，以书面方式向目标公司或甲方明示是否据此行使股权回购权”，上述约定，将90日明确作为期限提出，属于对股权回购权的特殊约定。从文义解释的角度来看，5.3条款已经明确要求北京千舟清源基金在回购条件满足后90日内就是否回购做出明确意思表示；从目的解释的角度来看，回购条件满足后投资方若不尽快做出是否回购的意思表示，将对目标公司的经营产生严重不确定性，若给予投资方无任何期限的回购权，亦会造成双方合同权利义务的严重失衡。故综合以上分析，此处的90日应认定为对北京千舟清源基金行使股权回购权的合理限制，北京千舟清源基金应受该期限制约。具体到《补充协议2》，山东宏力公司2015年5月在全国中小企业股份转让系统挂牌，2015年8月31日北京千舟清源基金已经可以要求回购，但北京千舟清源基金并未提出回购要求，反而持续性地参与山东宏力公司的经营，行使股东权利，直至2017年5月提起本案诉讼，因北京千舟清源基金未在90日的限制期限内行使股权回购权，且上述等待期限已经明显超出了合理期限范畴，故对其要求于某明支付股权回购款的诉讼请求，不予支持。最终，二审维持一审判决。

（四）合同形成了未限制期限的合意，投资人则享有较长合理期限的情况

此种情况是，当事人之间，就行使股权回购权的时间进行了协商，最终形成了未对行权期限作出限制的合意，此时投资人享有的行权合理期限则相

对较长。如：北京市第三中级人民法院在（2019）京03民终9876号民事判决书里即持此观点，详见下文九江九鼎中心（有限合伙）与谢某与公司有关的纠纷案中的解析。

四、对赌中股权回购权的诉讼时效

相关案例中的多数观点认为，股权回购权系债权请求权，受诉讼时效的约束，不适用除斥期间的规定。请求权，是指法律关系的一方主体请求另一方主体为或不为一定行为的权利。权利人不能对权利标的进行直接支配，而只能请求义务人配合。债权是典型的请求权，债权人自己无法实现债权，只能请求债务人履行一定的给付义务才能实现债权。[①] 债权请求权的诉讼时效是一个期间，有起算点、有终结点，其中还涉及中止、中断的问题等，在对赌案件中相关问题非常值得注意和研究。下文案例，就诉讼时效制度的适用、诉讼时效期间起算点的确定、回购选择权的通知期限等问题都有说明，很值得认真研读。

实务案例

九江九鼎中心（有限合伙）与谢某与公司有关的纠纷案[②]

（一）关于本案是否适用诉讼时效制度

北京市第三中级人民法院认为：主要需解决九江九鼎中心于本案中的诉讼请求在权利性质上是否属于债权请求权。债权请求权，是指权利人基于债的法律关系而产生的请求特定对象为特定行为的权利。本案中，根据《协议书》关于九江九鼎中心于特定情形出现后应如何行使权利的约定可知，其权利行使包含两个方面的行为，一是向谢某发出要求其回购股权的意思表示，二是谢某履行回购义务支付股份转让款。九江九鼎中心行权的目的在于通过主张该项权利，请求谢某履行回购义务支付股份转让款。因此，九江九鼎中

① 刘美林：《市场经济法律概论》（第二版），科学技术文献出版社2009年版。

② 参见北京市第三中级人民法院（2019）京03民终9876号民事判决书。

心能否实现本案诉讼目的，有赖于谢某是否同意履行股份转让款给付义务。故九江九鼎中心与谢某之间的金钱给付权利义务应属于债的法律关系，九江九鼎中心的请求在权利性质上亦属于债权请求权，在规范性法律文件并无例外规定的情况下，该诉请应适用诉讼时效制度的规定。

（二）关于本案诉讼时效期间起算点应当如何确定

北京市第三中级人民法院认为：对于此问题，《民法通则》第137条规定：“诉讼时效期间从知道或者应当知道权利被侵害时起计算……”《民法总则》第188条第2款亦规定，“诉讼时效期间自权利人知道或者应当知道权利受到损害以及义务人之日起计算。法律另有规定的，依照其规定”。就本案而言，《协议书》并未明确约定九江九鼎中心股份回购权利的行使时限，同时未约定回购条件成就时九江九鼎中心的通知期限，双方亦因此产生争议。对此本院认为，根据上述规定，确定诉讼时效起算点应当满足以下条件：1. 当事人权利受到侵害的事实已经存在；2. 当事人知道或者应当知道其权利受到侵害。具体到本案诉讼时效起算点的确定，亦需满足以上两个条件。据此本院分析如下：

首先，九江九鼎中心依据《协议书》约定的股份转让款给付请求权在性质上属于债权请求权，权利人实现其债权，有赖于义务人对债务的履行。故九江九鼎中心的权利受到侵害应指向作为义务人的谢某不履行支付股份转让款的义务。

其次，根据《协议书》约定，谢某的股份回购义务并非自发履行，而是以九江九鼎中心通知作为履行启动条件。因此，在九江九鼎中心未通知谢某履行股份回购义务的情况下，谢某并无履行之必要，九江九鼎中心的股份回购权亦无受到侵害之可能。

最后，根据《协议书》的约定，谢某应在九江九鼎中心通知其履行股份回购义务之日起3个月内履行完毕。因此，在谢某未于3个月的履行期限内明确表示不履行义务的情况下，九江九鼎中心的股份回购权在该履行期限届满前亦未有受到侵害之事实。

因此，当九江九鼎中心通知谢某履行股份回购义务时，若谢某明确拒绝或自通知之日起3个月内未作意思表示，则九江九鼎中心股份回购权受到侵害的事实方为实际存在，其亦应对权利受到侵害有所知悉。故本案诉讼时效应自九江九鼎中心通知谢某履行股份回购义务后，谢某明确表示不履行或自3

个月的履行期限届满时开始计算。

（三）关于九江九鼎中心作出通知的期限

北京市第三中级人民法院认为：根据上述分析，谢某履行股份回购义务需以九江九鼎中心通知作为启动条件，故其何时作出通知以及作出通知是否存在时间限制则尤为关键。

1. 有关九江九鼎中心作出通知的认定

本案双方当事人均认可九江九鼎中心在提起相关诉讼之前并未通知要求谢某履行股份回购义务，故九江九鼎中心提起诉讼的行为应当认定为其根据《协议书》约定向谢某作出通知的意思表示。根据已查明事实，九江九鼎中心曾于2018年5月23日向丰台法院提起诉讼主张本案项下权利，该行为应视为其向谢某作出股份回购通知。

2. 有关九江九鼎中心作出通知是否存在时间限制的问题

就本案而言，因《协议书》本身并无关于通知期限的约定，故九江九鼎中心作出通知的行为在形式上并未设置时间限制。但结合本院前述关于本案股份退出对赌条款应作何理解以及回购条件是否成就并可行使的论述，本案回购请求权已经于2015年8月13日具备行使条件。而九江九鼎中心于2018年5月23日向丰台法院提起诉讼，其可行使回购请求权的起始时间与其以起诉方式向谢某作出通知的时间在客观上间隔近3年，故本案应对九江九鼎中心的通知期限合理性问题进行实质审查。对此本院认为，通知期限的合理性应当结合资本市场投融资领域的应然状态以及本案查明事实的实然情况予以综合认定。

投资法律关系应当符合交易行为的稳定性要求。交易行为的稳定性要求交易主体对各自享有的权利及应当承担的义务具有合理预期，资本市场中的投融资主体亦是如此。如果当事人在投资、对赌法律关系中对权利行使期限没有约定或者约定不明，则可能会导致投融资主体的权利义务关系产生不确定性，继而成为资本市场中的风险因素。因此，在当事人未对前述通知期限作出约定或者约定不明的情况下，可按照法律规定对其作出解释和认定。

而在本案中，根据当事人在《协议书》签订过程中的往来电子邮件可知，谢某一方曾提议将九江九鼎中心行使股份回购权的时间限定至2017年6月30

日，但九江九鼎中心一方并未同意该意见且明确表示拒绝，《协议书》最终确定内容亦无关于通知期限的约定。由此可以看出，九江九鼎中心与谢某并非未约定通知期限，而是在经协商之后，形成了未对九江九鼎中心的通知期限作出限制的意思表示。

因此，根据以上评析，双方就九江九鼎中心作出通知的时间在形式及实质上均未设置限制。故在当事人已就该问题进行协商并达成一致意见的情况下，就本案的实际履行而言，九江九鼎中心于回购请求权可行使后近3年有权提起本案诉讼，具备事实及法律依据，亦未突破通知期限的合理性。此种，既可促使投资方积极合理主张权利，亦可使融资方对其应当承担的义务更具预期，有益于维护投融资市场稳定。

综合以上论述，本院认为，九江九鼎中心以起诉方式通知谢某履行股份转让款支付义务，并未违反法律规定及当事人约定，其于2018年5月23日向丰台法院提起诉讼主张本案项下股份转让款时，相关请求未超过诉讼时效。《民法总则》第195条第3项同时规定：“权利人提起诉讼或者申请仲裁，诉讼时效中断，从中断、有关程序终结时起，诉讼时效期间重新计算。”因此，本案诉讼时效于2018年5月23日具备中断事由，九江九鼎中心于2018年8月9日提起本案诉讼，其权利主张亦未超过诉讼时效。一审法院关于诉讼时效问题的认定正确，本院依法予以确认。

五、对赌中股权回购权诉讼时效起算点的确定

对回购权诉讼时效合理期限的确定，更准确地说，可以看成是对起算点的确定。因为诉讼时效的时间长度是法定的，案件中不必讨论，只要确定了诉讼时效起算点，在一般情况下确定诉讼时效的期限并不难。虽然，我国《民法典》第188条第2款规定，诉讼时效期间自权利人知道或者应当知道权利受到损害以及义务人之日起计算。法律另有规定的，依照其规定。但是，自权利受到损害之日起超过20年的，人民法院不予保护，有特殊情况的，人民法院可以根据权利人的申请决定延长。但是，“知道或者应当知道权利受到损害以及义务人之日”在很多情况下仍然不容易判断。实践中股权回购权诉

讼时效的相关争议，也主要集中在诉讼时效起算点的判断上。下面列举了七种裁判观点和判断方法，可供参考。

（一）诉讼时效起算点是合同约定的回购权行使期限届满而未行权之日

实务案例

方某中与池州工投公司等股权转让纠纷案[①]

法院认为：关于诉讼时效问题。2012 年 9 月 23 日，北京颐和公司（甲方）、池州工投公司（乙方）、安徽颐和公司（丙方）、方某中（丁方）签订的《补充协议》可知，乙方在以下两个条件发生后 6 个月内提出回购请求，（1）2013 年 6 月 30 日之前，安徽颐和公司未能就首次公开发行股票并上市事宜向中国证监会提出申请，并被中国证监会受理；（2）2016 年 12 月 31 日之前，公司未能就首次公开发行股票并上市事宜获得中国证监会审核批准并于证券交易所成功挂牌。2013 年 6 月 30 日前，安徽颐和公司并未向证监会提出发行股票并上市事宜的申请，则自 2013 年 6 月 30 日起的 6 个月内，即截至 2014 年 1 月 31 日前，池州工投公司都可向北京颐和公司、方某中提出回购请求。自 2014 年 2 月 1 日起，池州工投公司知晓或应当知晓其权利被侵害，诉讼时效自此开始计算二年，至 2016 年 1 月 31 日止。

（二）诉讼时效起算点是回购义务人支付价款的履行期限届满或明确拒绝支付之日

实务案例

张某忠、柳某合同纠纷案[②]

关于彭某妮起诉是否已经超过诉讼时效的问题。湖南省长沙市雨花区人

---

① 参见安徽省池州市中级人民法院（2016）皖 17 民终 632 号民事判决书。

② 参见湖南省长沙市中级人民法院（2018）湘 01 民终 2413 号民事判决书。

民法院一审认为：因正忠公司未上市，彭某妮自2014年9月1日起有权请求回购股权，但双方未约定彭某妮请求回购的期限，故彭某妮有权随时请求。彭某妮于2017年3月8日向张某忠、柳某、正忠公司发出回购要求，因张某忠、柳某、正忠公司未按约履行回购义务，彭某妮遂于2017年11月1日起诉，彭某妮的起诉未过诉讼时效。

湖南省长沙市中级人民法院二审认为，该案中目标公司未能于约定的2014年9月1日或之前上市，过了此期限以后投资人才能行使选择权，即选择是否行使股权回购请求权。投资人于2017年3月8日向回购义务人发函主张回购，按合同约定“在投寄后7日视为已经送达通知人”，故应视为投资人于2017年3月15日向回购义务人提出了股权回购要求。根据合同约定的3个月履行期，应从2017年3月15日起3个月后的次日开始计算投资人行使股权回购请求权的诉讼时效。回购义务人主张自2014年9月1日起算诉讼时效，法院不予支持。最终二审维持原判。

对于诉讼时效的起算点的理解，应根据《民法典》第188条“诉讼时效期间自权利人知道或者应当知道权利受到损害以及义务人之日起计算……”的规定，具体到股权回购款给付请求权的诉讼时效起算点应具备两个条件：（1）投资人的权利受到侵害的事实存在；（2）投资人知道或者应当知道其权利受到侵害。如何判断股权回购款给付请求权被侵害呢？在前面已经提到，当回购条件成就后，投资人及时单方行使“选择权”，且必须选择“要求相对人回购股权”之后才产生股权回购款给付请求权，否则不存在被侵犯的权利。因此，诉讼时效不应从股权回购条件成就时，或合同约定的投资人行使“选择权”的期限届满起算。只有当投资人行使“请求权”，要求回购义务人支付股权回购款后，回购义务人违法、违约拒不支付到期债务，损害投资人的权利之日，诉讼时效才开始计算，即股权回购款给付请求权的诉讼时效自履行期限届满或回购义务人明确拒绝支付之日起算。

（三）诉讼时效起算点是投资人知道或应当知道股权回购条件成就之日

实务案例

湖南湘西高新投资、新中合公司股权转让纠纷案[①]

湖南省高级人民法院认为：各方约定以目标公司2014年的净利润状况作为回购条件之一，目标公司2014年净利润状况详细记载于2015年5月31日股东会披露的《审计报告》中，回购条件已经成就。投资人作为该次股东会的发起人参与该会议，对目标公司的2014年度财务状况应当明知，即2015年5月31日投资方应当知道自己有权要求回购义务人回购其持有的部分或全部目标公司股权。投资人于2018年8月才提起诉讼，诉讼时效已届满。

诉讼时效起算点以投资人知道或应当知道股权回购条件成就之日做参考时，往往是投资人明显过分超过此时间点太长时间怠于行使权利，且没有其他更好的时间参考依据的情况下，法院作出的宏观概括把握，不宜将投资人知道或应当知道股权回购条件成就之日认为精准的诉讼时效起算点。持相似观点的还有下文的安徽省高级人民法院（2019）皖民终540号“东华科技公司与淮化公司合同纠纷案”。此种情况下若投资人不是过分怠于行使权利，法院一般也不宜以投资人知道或应当知道股权回购条件成就之日认定为诉讼时效起算点。

（四）合同未约定股权回购期限时，债权人可随时要求履行，但应当给对方必要的准备时间

实务案例

信达新兴公司与庄某等股权转让纠纷案[②]

本院认为，庄某、易某平与信达新兴和深圳美赛达于2014年10月14日

① 参见湖南省高级人民法院（2019）湘民申3778号民事裁定书。

② 参见北京市第二中级人民法院（2017）京02民初37号民事判决书。

签订的《增资与股权转让协议》及庄某、易某平与信达新兴于2014年10月签订的《股权质押合同》。后深圳美赛达未实现《增资与股权转让协议》约定的事项，触发回购条款，2016年5月27日，信达新兴以分别向庄某、易某平发出《股份回购的函》，要求其收到函件之日起5个工作日内支付回购款项。信达新兴的回购要求，符合各方当事人在《增资与股权转让协议》中关于回购，所有实际控制人需予以配合执行：“……（8）无论基于何种原因，自专项计划成立之日起18个月内，深圳美赛达未完成IPO，且包括实际控制人在内的深圳美赛达股东尚未就重组事项与信达新兴认可的上市公司签署《履行股份购买资产协议》的……”的约定，应当予以支持。深圳美赛达未完成IPO的原因不影响信达新兴要求执行回购的权利。

《合同法》第62条规定，“当事人就有关合同内容约定不明确，依照本法第六十一条的规定仍不能确定的，适用下列规定：……（四）履行期限不明确的，债务人可以随时履行，债权人也可以随时要求履行，但应当给对方必要的准备时间……”根据本院查明的事实，2016年5月27日，信达新兴分别向庄某、易某平发出《股份回购的函》，要求庄某、易某平回购相应股份，庄某于5月28日签收。庄某、易某平至今未履行回购股权的义务，其行为已经构成违约。

（五）诉讼时效期间从债权人要求债务人履行义务的宽限期届满之日起计算，债务人明确表示不履行义务的，诉讼时效期间从债务人明确表示不履行义务之日起计算

实务案例

高能公司与吴某秋委托合同纠纷案①

北京市第三中级人民法院认为：债权请求权的诉讼时效从债务履行期限届满之日起开始计算。当事人未约定履行期限，且依据合同法的相关规定不

① 参见北京市第三中级人民法院（2016）京03民终9162号民事判决书。

能确定履行期限的，诉讼时效期间从债权人要求债务人履行义务的宽限期届满之日起计算，但债务人在债权人第一次向其主张权利之时明确表示不履行义务的，诉讼时效期间从债务人明确表示不履行义务之日起计算。

（六）触发股权回购的条件有多个，投资人既有权利从中选择触发条件，也有权利选择在股权回购条件触发时或约定的期限日行使回购权

实务案例

浙江星莱和公司、莱恩公司股权转让纠纷案①

浙江省高级人民法院认为：关于浙江星莱和公司主张赛康公司行使股权回购权已超过诉讼时效问题。从《补充协议》第1.1条的约定看，股权回购的触发条件为莱恩公司2015年12月31日前因公司自身原因仍未实现首次公开发行股票并上市，或协议各方有合理的理由相信公司不能在2015年12月31日前实现首次公开发行股票并上市的等。浙江星莱和公司虽主张赛康公司在2013年12月31日就应当知道当年度莱恩公司已经亏损、不再符合上市条件，但依据《补充协议》第1.1条触发股权回购的条件有多个，赛康公司既有权利从中选择触发条件，也有权利选择在股权回购条件触发时或约定的期限即2015年12月31日行使回购权。赛康公司于2017年3月行使回购权，并未超过诉讼时效，浙江星莱和公司该项主张本院难以支持。至于浙江星莱和公司提出的莱恩公司现处于破产清算阶段、回购股权无法实现之主张，缺乏依据，不能成立。

---

① 参见浙江省高级人民法院（2019）浙民再212号民事判决书。

（七）股权回购的时点应结合具体案情，如参股目的能否实现进行判断，若投资人在股权回购条件成就后长期怠于行使权利，明显超过合理期限，容易失权

实务案例

东华科技公司与淮化公司合同纠纷案①

安徽省合肥市中级人民法院一审认为：距案涉协议约定收购股权条件成就已逾六年。结合上述事实，本院认为对东华科技要求淮化集团回购淮化股份股权的主张，不应支持。理由为：（一）从东华科技主张的权利性质看。东华科技向淮化集团主张的权利，系双方当事人因合同约定产生的权利义务，对于淮化集团而言，是基于案涉协议形成的合同之债，也即，东华科技主张的权利为债权。该权利在特定相对人间产生，具有相对性，是一种请求权。（二）从债权的时效性看。因债权为一种请求权，作为权利人，若对其权利行使时间不加以限制，任由权利无期间地搁置，则会导致民事法律关系长期处于不确定状态，因此，债权的行使应在合理时间内完成，否则，将因时效而消灭。（三）从东华科技主张权利的情况看。本案中，自东华科技可以请求淮化集团购买股权的条件成就，至其向淮化集团提出该主张，时间超过六年。东华科技作为淮化股份的股东，对淮化股份的经营状况以及是否能够上市均为明知，其在协议约定的条件成就后，未积极向淮化集团主张权利，而是继续行使淮化股份股东的权益。在此期间，东华科技亦未与淮化集团就回购股权进行协商，明显存在怠于行使权利的事实。据此，案涉协议虽未对东华科技行使权利的时间作出明确约定，但依据债权的时效性，东华科技于案涉协议约定的条件成就六年后才提出主张，明显已超过合理的期限。（四）从东华科技选择行使权利的时间点看。根据双方当事人的上述陈述，可以确定淮化

① 参见安徽省合肥市中级人民法院（2018）皖01民初1289号民事判决书、安徽省高级人民法院（2019）皖民终540号民事判决书。

股份目前正处于经营困难期，需要各股东相互扶持，维持企业相对稳定，以期渡过难关。此时，若东华科技退出淮化股份，将于淮化股份无益。

二审安徽省高级人民法院维持一审判决。

本案合同虽未约定要求回购股权的具体时点，但可以结合投资方的参股目的能否实现予以判定。投资人理应在回购条件成就后，依据目标公司的经营状况及上市前景及时主张权利。目标公司未能在约定的2011年上市，且在此后净利润下滑直至2014年起亏损，投资人对该情况是明知的，对目标公司能否上市应能作出合理判断，其于2018年主张股权回购，明显系怠于行权。

就本案例中的类似案情，法官或仲裁员通常需要结合具体的交易背景、合同目的、目标公司的经营情况、合同的履行状况等综合判断，时常会认为投资人应当在“合理期限”内行使股权回购权。对于合理期限的判定，法官、仲裁员享有一定的自由裁量权。

六、对赌条款触发后的期限法律风险防范

（一）宏观认识与法律风险防范

对赌条款触发后的期限法律风险防范，只有在宏观方面进行立体的、多角度、多节点、多类型的综合防范，才可能带来较好的效果。

1. 多角度防范。一定要注意从除斥期间、诉讼时效、合理期限等多方面考虑防范期限法律风险。对于此类期限法律风险首先面对的是因对相关问题的认识不同而带来的不确定性，例如因对期限的不同认识造成的法官或仲裁员裁判思路和认定标准上的不统一。

2. 多节点防范。因期限在合同中未约定或约定不清，使得无论是对回购权的法律定性，还是除斥期间、诉讼时效的适用以及起算点认定等多个节点都可能产生期限法律风险。因此，期限法律风险的防范一定是多节点的。

3. 多类型防范。掌握法律有规定、合同有约定和法律没规定、合同没约定时的期限认定方法和标准，了解相关问题常见裁判观点。

（二）合同条款设计中的法律风险防范

对赌条款触发后的期限法律风险现状既然已经清楚，接下来最好的风险防范方法就是有的放矢，提前把期限问题约定清楚。

1. 在投资合同中约定期限问题时，要注意全面、具体、明确，如与期限起算点有关的触发条件、通知期限、期间起算点、合理期限以及超过期限后是否失权等问题需要约定清楚。注意约定务必要明确具体，排除歧义。

2. 如果签订补充协议变更回购条件，注意与原先协议中涉及的期限限制条款的协调，如果不变更调整，则原期限条款还可能继续有约束力。

（三）合同履行中的法律风险防范

1. 当回购条件成就后，如果投资人希望选择回购，需尽量在合理期限内主张并行使回购权。

2. 投资人如果选择了行使回购权，在合同约定的期限内要注意通知回购义务人。

3. 投资人向回购义务人发送回购通知之后，要注意适时以书面形式敦促回购义务人支付回购款，如有必要，及时提起诉讼或申请仲裁，以免错过行权期限。

第六章　对赌与不可抗力、情势变更、约定解除权

对赌交易，一般都是巨额财产交易，每一个风险造成的损失都可能是不可估量的，都有可能给对赌当事人造成毁灭性的打击，因此对赌协议的风险控制与处置至关重要。虽然很多具体风险是由不能预见、不能避免、不能克服的客观情况造成的，但相关损失肯定是有主体承担的。相关损失如何承担呢？是否可以按照不可抗力、情势变更规则处理呢？更重要的是，因意外情况造成的对赌业绩没有达到，上市目标没有实现，是否依然要履行对赌承诺呢？是否需要提前做好约定呢？又该如何约定和处置呢？本章将对相关问题分两节进行讲解。

第一节　对赌与不可抗力、约定解除权

2020 年新冠肺炎疫情暴发、澳大利亚山火喷发、东非蝗灾、多国地震等一系列不可抗力事件再次让我们意识到，不可抗力并非传说中的风险，它可能就在身边，一旦出现，势不可当，不可回避。尤其是新冠肺炎疫情波及全球，涉及的企业不计其数，带来的障碍和损失是签署了高风险、大标的对赌协议的任何一方当事人都很难承受的。因此对于不可抗力因素，对赌协议当事人非常有必要尽早预防、应对。本节就不可抗力的认定、规则制度、法律后果与责任、对赌协议中疑似事件的定性、对赌协议中应对不可抗力的方法和措施、法院在对赌协议涉及不可抗力案件中的审查要点及裁判思路等问题进行分析讲解。望本节内容能带给对赌协议当事人一些借鉴，望所有创业者都能免予或顺利度过不可抗力带来的考验。

一、不可抗力的认定标准与范围

（一）不可抗力的概念与认定标准

不可抗力，是指不能预见、不能避免且不能克服的客观情况。这是《民法典》第 180 条第 2 款对不可抗力所下的定义。不可抗力是个确定概念，其内涵是指“三不能”，即不能预见、不能避免、不能克服。这里的“不能预见”并非当事人完全不能想象的事件，某些偶然事件由于出现的概率极小，而被当事人忽略不计，把它排除在正常情况之外，但结果这种偶然事件真的出现了，这类事件仍然属于不可预见的客观情况。

关于不可抗力规则的理解，我国民法学界一向认为存有主观说、客观说和折中说的区别，并以折中说为学术上的通说。主观说认为，不可抗力是指当事人主观上虽尽最大注意仍不能防止其发生的事件。客观说认为，不可抗力的存在与否，应当与当事人有无过错的问题完全分离，应该纯粹从客观方面来分析。折中说认为，不可抗力既要考虑当事人的主观因素，即当事人是否尽到了应有的注意；又要强调客观方面，即是否属于当事人以外的原因发生的异常事故。通说认为我国现行民事立法采折中说。在我国审判实践中，当事人既不能预见，又不能避免且不能克服的客观情况，自然属于不可抗力；当事人虽能预见，但预见不充分不全面，又不能避免且不能克服的客观情况，也属于不可抗力；当事人能够预见或者已经知晓，但不能避免且不能克服的客观情况，不属于不可抗力。①

（二）不可抗力事件的种类和范围

根据我国实践、国际贸易惯例和多数国家有关法律的解释，不可抗力事件的常见范围主要有以下几种：

---

① 参见王轶：《新冠肺炎疫情、不可抗力与情势变更》，载《法学》2020 年第 3 期。

1. 自然灾害

此类不可抗力事件如台风、地震、洪水、冰雹、旱灾、大雪、山崩、疫情等。

2. 社会异常事件

社会异常事件类不可抗力可以是战争、动乱、罢工、军事封锁等。

3. 政府行为

政策的变化、国家政权的交替、征收、征用等政府行为也可能被认定为不可抗力事件。

以上第一类不可抗力事件是由自然原因所引起的，第二、三类不可抗力事件是由社会原因所引起的。一般来说，把自然现象及战争、严重的动乱看成不可抗力事件各国是比较一致的，而把上述事件以外的人为障碍，如罢工、动乱、政策变化、不颁发许可证、政府干预等归入不可抗力事件常引起争议，本节将结合具体案例进行讲解。

二、不可抗力引起的法律后果与责任

（一）免责

1. 民事责任：不承担民事责任，但法律另有规定的除外

《民法典》第180条第1款因不可抗力不能履行民事义务的，不承担民事责任。法律另有规定的，依照其规定。

一般情况下，因不可抗力不能履行民事义务的，不承担民事责任。因为行为人完全因为不可抗力不能履行民事义务时，行为人的行为与不履行民事义务之间不存在因果关系，同时行为人也不存在过错，如果让行为人对不可抗力情形承担责任，对行为人来说是不公平的。因此，很多国家和地区都将不可抗力作为民事免责事由予以规定。

有一般，就有特殊，不可抗力的免责情况也是如此。法律规定了某些特殊情况下，即使因不可抗力不能履行民事义务，依然要按照法律的特殊规定履行义务，承担民事责任，如《邮政法》第48条规定，因不可抗力造成的给据邮件损失，邮政企业不承担赔偿责任，但因不可抗力造成的保价的给据邮件的损失除外。再如，《民法典》侵权责任编第1237条规定：“民用核设施或者运入运出核设施的核材料发生核事故造成他人损害的，民用核设施的营运单位应当承担侵权责任；但是，能够证明损害是因战争、武装冲突、暴乱等情形或者受害人故意造成的，不承担责任。”可见，因不可抗力的自然灾害造成他人损害的，不免除核设施营运单位的责任。

2. 违约责任：根据不可抗力的影响，部分或者全部免除违约责任，但法律另有规定的除外

《民法典》合同编第590条第1款规定，当事人一方因不可抗力不能履行合同的，根据不可抗力的影响，部分或者全部免除责任，但是法律另有规定的除外……

因不可抗力造成违约的，当事人可以部分或全部免除不履行、不完全履行和迟延履行合同的违约责任。若违约的全部原因是由不可抗力造成的，违约方没有过错，通常是免除违约方全部违约责任；若违约的部分原因是由不可抗力造成的，通常是免除违约方的部分责任。但法律规定因不可抗力造成的违约也要承担责任的，违约方也要承担无过错的违约责任。例如，《民用航空法》第124条规定：“因发生在民用航空器上或者在旅客上、下民用航空器过程中的事件，造成旅客人身伤亡的，承运人应当承担责任；但是，旅客的人身伤亡完全是由于旅客本人的健康状况造成的，承运人不承担责任。”因此，只要造成了旅客人身伤亡，即使是不可抗力造成的，即使承运无过错，也要承担违约的民事责任。

3. 通知与证明责任

《民法典》合同编第590条第1款规定：“……因不可抗力不能履行合同的，应当及时通知对方，以减轻可能给对方造成的损失，并应当在合理期限内提供证明。”

按照国际惯例，当发生不可抗力影响合同履行时，当事人要取得免责权利，必须及时通知对方，并在通知中提出处理意见。《联合国国际货物销售合同公约》第79条第4款规定，“不履行义务的一方必须将障碍及其对他履行义务能力的影响通知另一方。如果该项通知在不履行义务的一方已知道或理应知道此一障碍后一段合理时间内仍未为另一方收到，则他对由于另一方未收到通知而造成的损害应负赔偿责任。”

另外，通知方还应在合理期限内提供不可抗力事实性证明。不可抗力事实性证明属于商事证明领域中的事实性证明行为。根据国际贸易惯例，国外一般由当地的商会或合法的公证机构出具该证明；根据《中国国际贸易促进委员会章程》规定，我国一般由中国国际贸易促进委员会或设在口岸的分会出具不可抗力事实性证明。

4. 不免责的情况

《民法典》合同编第 590 条第 2 款规定，当事人迟延履行后发生不可抗力的，不免除其违约责任。另外，一般认为受不可抗力影响导致违约的一方，怠于履行通知义务及防止损失扩大义务，不得就扩大的损失要求赔偿。

（二）合同的延期履行与解除

1. 继续履行还是解除

当不可抗力影响了对赌协议的正常履行时，如果并不影响合同目的的实现，原则上对赌协议要继续履行，但是，若不可抗力致使对赌协议的合同目的不能实现，当事人可以解除合同。

2. 法定解除权

《民法典》合同编第 563 条规定，因不可抗力致使不能实现合同目的，当事人可以解除合同。该条法律将不可抗力规定为解除合同的条件，当不可抗力的条件具备时，解除权人可直接行使解除权，将合同解除，使合同关系消灭。

3. 对赌协议解除的后果应特别注意

需要提醒注意的是，根据《民法典》合同编第 566 条的规定，合同解除后，尚未履行的，终止履行；已经履行的，根据履行情况和合同性质，当事人可以请求恢复原状或者采取其他补救措施，并有权请求赔偿损失。因此，即使融资方满足了不可抗力条款下的合同解除条件，但很可能无力承担合同解除的后果，故应向投资方返还投资款并赔偿损失。

（三）依法中止诉讼时效、顺延诉讼期间

在诉讼时效期间的最后六个月内，因不可抗力不能行使请求权的，权利人可以依据《民法典》第194条第1款第1项的规定主张诉讼时效中止。

因不可抗力耽误法律规定或者人民法院指定的诉讼期限，当事人可以根据《民事诉讼法》第83条规定申请顺延期限，人民法院应当根据不可抗力的形式以及当事人提供的证据情况综合考虑是否准许，依法保护当事人诉讼权利。

三、对赌与疫情

疫情是否属于不可抗力呢？对这个问题，我们以2020年的新冠疫情为例进行说明。首先，新冠疫情的暴发是一种异常的突发性事件，即便是相关医学专家也无法预见新冠肺炎疫情的暴发，因此新冠疫情肯定是无法预见的；其次，疫情暴发初期，全世界都未研发出治疗新冠肺炎的有效药物和预防疫苗，可见本次疫情的蔓延是不可避免的；最后，新冠疫情对于合同当事人来说是无法克服的。因此，新冠疫情属于不可抗力事件。

2020年2月2日中国贸促会向浙江湖州某制造企业出具全国首份新型冠状病毒感染的肺炎疫情不可抗力事实性证明，助力企业最大限度减轻因疫情造成不能履行合同的责任，维护企业合法权益。[①] 2020年2月10日全国人大常委会法工委就疫情防控有关法律问题答记者问时指出，当前我国发生了新型冠状病毒感染肺炎疫情这一突发公共卫生事件。为了保护公众健康，政府也采取了相应疫情防控措施。对于因此不能履行合同的当事人来说，属于不能预见、不能避免并不能克服的不可抗力。[②] 该答复将疫情及其防控措施，一并认定为法律规定的不可抗力。因此，疫情不可抗力案件都要遵守不可抗力规则的法律规定。

---

① 中国贸促会出具全国首份新型冠状病毒肺炎疫情不可抗力事实性证明，载中国国际贸易促进委员会官网，2021年3月24日访问。

② “你关心的疫情防控相关法律问题，全国人大常委会法工委权威解答来了！”，载最高人民法院微信公众号2020年2月11日，2021年3月14日访问。

实务案例

井某敏、南某茹新增资本认购、买卖合同纠纷案①

一审法院认为，关于被告华安公司是否遇到不可抗力因素的问题，本院认为，《合同法》规定不可抗力是指不可预见、不能避免并不能克服的客观情况。三被告提出的山东疫苗事件造成公司经营亏损属不可抗力的观点不能成立，这是因为所谓的山东疫苗事件是指山东的某个疫苗销售者未按规定冷链存储运输疫苗的案件，显然不属不可抗力。综上可以确认，股权回购条件已经成就。

河北省高级人民法院二审认为，关于在2015年度是否存在不可抗力的情形。华安公司认为不可抗力存在的主要事由是"疫苗事件"对其经营收益产生了影响，但其提供的证据均显示所谓的疫苗事件发生在2016年度，其主张"疫苗事件"在2015年度就开始对其经营产生影响未能提供证据证明，依法应当承担举证不能的法律后果。

四、对赌与IPO暂停

"赌上市"是对赌协议中常见的对赌标的，但目标公司未能如期合格上市，有时候是与IPO暂停有关，例如，我国2015年之前就出现过9次IPO暂停的情况，如下所示：

①2015.07.14～2015.11.06；②2012.11.16～2013.12.30；

③2008.09.16～2009.07.10；④2005.05.25～2006.06.02；

⑤2004.08.26～2005.01.23；⑥2001.07.31～2001.11.02；

⑦1995.07.05～1996.01.03；⑧1995.01.19～1995.06.09；

⑨1994.07.21～1994.12.07。

IPO暂停算不算不可抗力呢？相关当事人能否按照不可抗力规则免除相应的责任或解除合同呢？下面通过案例进行解析。

---

① 参见河北省高级人民法院（2018）冀民终87号民事判决书。

实务案例

上海嘉石公司与李某民、第三人新疆天海绿洲公司股权转让纠纷案[①]

法院认为：在《增资协议书》履行期间新股发行确暂停过一段时间，但在此之前，发生过多次新股暂停发行的情形。作为决定上市的企业，第三人及被告对新股暂停发行、暂停发行可能引发的后果应充分了解，可以通过制定相应条款以应对风险，保护目标公司、原始股东及增资方的权益，为最终实现第三人上市这一目标创造有利条件。在实践中，即曾有投资方与目标公司及其原始股东、实际控制人等做出如新股暂停发行，股权回购时间相应顺延等约定以应对、降低风险。但是，在《增资协议书》中并未做出类似约定，故被告认为股权回购时间应予顺延的抗辩意见缺乏依据，被告应严格按照协议约定履行己方义务。

此外，原告提供的新股上会一览表显示，有案外人在2012年提出申报，2014年8月15日上会通过；还有案外人在2014年4月、5月提出申报，2014年6月上会通过。同时本院注意到……虽然被告抗辩称第三人已经做了大量上市准备工作，但除了其完成股份制改制工作外，其余如招股说明书、发行公告、发行人的申请报告、发行人董事会关于发行的决议、发行人股东大会关于发行的决议、保荐人文件、法律意见书、财务资料等一系列上市申请文件，被告及第三人均未能向本院提供，且第三人至今未提交上市申报材料。鉴于新股暂停发行不代表第三人可以停止为上市进行准备、提出申报，而根据本案查明事实及现有证据可以认定第三人并未完成其上市的准备工作，提出申报，故其更不可能进入最终审核程序，被告以新股暂停发行构成不可抗力为由免除己方应履行的上市申报义务，该项抗辩意见缺乏依据，本院不予采纳。

以上案例，有两方面值得我们注意：

第一，法院认为以前发生过多次新股暂停发行的情形，IPO暂停并不是不可预见的情况；

---

① 参见上海市长宁区人民法院（2015）长民二（商）初字第4884号民事判决书。

第二，即使IPO暂停，目标公司也应完成己方的上市准备工作并提交上市申报材料，否则不能免责。

此外，在天津硅谷投资（有限合伙）与李某民、新疆天海绿洲股份有限公司增资协议纠纷案①中，也涉及不可抗力事由的认定。法院认为，本案中被告及第三人所称的不可抗力事件是指中国证监会自2012年10月至2014年4月共18个月暂停企业IPO审核。新疆天海绿洲股份公司能否成功IPO取决于证券管理部门的审核结果，本身具有不确定性，但更取决于新疆天海绿洲股份公司为实现IPO所做的积极努力。在本案诉讼中，被告及第三人没有提交其向证券管理部门提交过IPO申请的证据或为完成《增资协议书》中IPO承诺而履行相关义务的证据，即被告及第三人没有证明新疆天海绿洲股份公司具备IPO的基本条件，而这与证券管理部门是否暂停企业IPO审核无关。同时，被告及第三人也未按照协议不可抗力条款的约定，履行通知义务和有权机关出具证明的义务。因此，被告及第三人将证券管理部门对企业暂停IPO审核作为新疆天海绿洲股份公司未能成功IPO的不可抗力事由，不能成立。

五、对赌与政府征收

对于政府的征收行为，在对赌协议的履行过程中可能被认定为不可抗力，但并不是所有的当事人都能以此抗辩。相关当事人要注意合同的相对性，以下案例虽然只是一个法院的裁判观点，并不排除其他法院或仲裁机构持不同观点，但此案例中的观点仍应引起我们的警示。

实务案例

江西建信（有限合伙）与南昌宝葫芦及其股东等增资合同纠纷案②

关于被告南昌宝葫芦（目标公司，笔者注）土地被政府征收，这种征收

① 参见阿克苏地区中级人民法院（2015）阿中民二初字第112号民事判决书。

② 参见江西省高级人民法院（2015）赣民一初字第3号民事判决书。

行为是否构成履行回购义务的不可抗力？回购股权的条件是否成就？本院认为，《民法通则》第153条及《合同法》第117条第2款均对不可抗力做出了规定，不可抗力是指不能预见、不能避免并不能克服的客观情况。本案中被告南昌宝葫芦土地被政府征收，这种征收行为是南昌宝葫芦不能预见、不能避免并不能克服的客观情况。依照《合同法》第117条规定：“因不可抗力不能履行合同的，根据不可抗力的影响，部分或者全部免除责任，但法律另有规定的除外”。一般来说，不可抗力产生两个法律效力，法定解除权及免除违约责任，即对不可抗力造成的履约不能可以解除合同以及对不可抗力导致的履约不能产生的赔偿（违约）责任的免除。但该法律后果均只针对本合同当事人，即不可抗力产生的后果也不能突破合同相对性。《合同法》第121条规定：“当事人一方因第三人的原因造成违约的，应当向对方承担违约责任。当事人一方和第三人之间的纠纷，依照法律规定或者按照约定解决。”本案中，原告与被告南昌宝葫芦签订的《投资协议书》中，被告南昌宝葫芦在发生政府征收其土地的不可抗力后，导致南昌宝葫芦不能按照约定按期支付原告每年度不得低于18%之收益的股息分配，产生违约。该《投资协议书》中南昌宝葫芦的违约责任因不可抗力可以免除。原告与被告陈某伟、宋某玉、王某华签订的《股权转让协议书》系另一合同，各方当事人意思表示真实，内容不违反法律、行政法规的强制性规定，合法有效。《股权转让协议书》系附条件协议，该协议中约定的投资方股权退出条件之一即为被告南昌宝葫芦不能按照约定按期支付原告每年度不得低于18%之收益的股息分配。被告南昌宝葫芦不能按照约定按期支付原告每年度不得低于18%之收益的股息分配的事实在原告2013年3月21日函及被告陈某伟、宋某玉、王某华2013年4月10日的复函中确认，该回购条件已成就。被告南昌宝葫芦主张政府征收其土地等资产行为成为《股权转让协议书》履行回购中的不可抗力没有合同及法律依据。原告按照协议约定要求原股东即被告陈某伟、宋某玉、王某华回购原告持有的22.06%股权不违反我国法律、行政法规的强制性规定，合法有效。

本案中，原告江西建信（有限合伙）是一家投资机构，被告是融资企业南昌宝葫芦公司及其股东等。为便于理解此案例，笔者提炼了以下2个要点：

1. 江西建信和南昌宝葫芦公司及其股东签订《投资协议书》，约定江西建信向南昌宝葫芦投资 1.33 亿元，持有 22.06% 股权，南昌宝葫芦承诺每年分红收益不低于 18%，股东承担连带责任；

2. 江西建信与原股东签订《股权转让协议》，约定如果南昌宝葫芦无法实现承诺分红收益，那么原股东回购江西建信股权，回购价格为本金加收益。

结果增资后不久，因当地政府征收了南昌宝葫芦的生产用地，导致合同无法履行，江西建信要求原股东回购股权，南昌宝葫芦承担连带责任，原股东提出政府征收土地是不可抗力，拒绝承担回购义务，遂触发对赌纠纷。

法院判决认为，南昌宝葫芦因为土地被征收，属于不可抗力，不承担因为《投资协议书》约定无法支付 18% 收益的违约责任，但是根据合同的相对性，原股东仍然要履行《股权转让协议》中的回购义务，不能以不可抗力抗辩。可能法院认为，不可抗力只针对合同中直接受到影响的目标公司，而股东和投资人江西建信签订的《股权转让协议》是一份独立的附条件协议，只要南昌宝葫芦无法履行 18% 分红收益，原股东就要履行回购义务。

从此案例中可以得到以下 3 点启示：

1. 若当事人并非直接受到不可抗力事件的影响，则以不可抗力进行抗辩的理由不能被法院支持。

2. 如果目标公司及其原股东与投资方关于股权回购的约定是和投资协议签订在一起，法院就不能以合同相对性为由，排除股东运用不可抗力条款了。

3. 在股权回购协议与投资协议分开签订的情况下，如果约定当目标公司因不可抗力无法实现对赌业绩目标时，原股东可据此延期或免除履行回购义务，那原股东就不会像本案一样处于被动地位了。

政府的征收行为是否必然被认定为不可抗力并适用不可抗力规则呢？下面的案例可以给我们一些进一步的提示。

实务案例

耀声公司与厦门信托公司、青岛海协信托公司借款担保合同纠纷案[①]

最高人民法院认为，《合同法》第117条规定：“因不可抗力不能履行合同的，根据不可抗力的影响，部分或者全部免除责任，但法律另有规定的除外。”“本法所称不可抗力，是指不能预见、不能避免并不能克服的客观情况。”本案系借款合同纠纷，借款人称未能按照合同约定偿还借款的原因是地方政府征用了其部分项目用地，构成不可抗力。但政府征用行为与借款人是否如期偿还借款没有必然的因果联系，不属于导致合同不能履行的情况，因此借款人以此作为逾期归还金融机构借款的抗辩理由，人民法院不予支持。

因此，不可抗力与当事人的违约行为之间是否有必然的因果联系，是人民法院能否支持不可抗力抗辩理由的一个重要因素。

六、对赌协议中的不可抗力条款与约定解除权

如果说对赌协议是创业者脚下踩着的刀锋，那么，不可抗力可以说是悬在创业者头上的宝剑，使得本已生死未卜的创业者，又增加了几分四伏的危机。城门失火殃及池鱼，如若创业者遭遇不可抗力，投资方也不可能独善其身。不可抗力造成的后果可能是对赌协议任何一方当事人都无法承受之重，因此，非常有必要在对赌协议中约定专业翔实的不可抗力条款，制定不可抗力的处理路径和规则，明确风险分担方式等。2020年的新冠肺炎疫情暴发，警示我们，是时候唤醒沉睡中的不可抗力条款了。

不可抗力条款并非基于法律规定产生，而是基于当事人的约定出现，属于合同条款，是当事人为明确特定交易中不可抗力的范围，就不可抗力事项作出的约定。不可抗力条款与不可抗力规则有所不同，不可抗力规则是指法

① 参见最高人民法院（2007）民二终字第92号民事判决书，最高人民法院民事审判第二庭编：《最高人民法院商事审判指导案例·借款担保卷（上下卷）》，中国法制出版社2011年版，第791~795页。

律为确定不可抗力的范围，针对不可抗力事项作出的规定。不可抗力包括不可抗力规则和不可抗力条款。①

（一）不可抗力条款的类型与效力

在交易实践中，可能出现4种不同类型的不可抗力条款②：

1. 重申型不可抗力条款

重申型不可抗力条款，只是将法律规定的不可抗力规则重申了一遍，通说认为其并非真正意义上的不可抗力条款。如若只是简单地将有关不可抗力规定的法条复制粘贴到对赌协议中，就是不可抗力条款的形式主义，没有实质意义。因为无论是否将法条写入合同里，都不影响直接援用法律规定。

2. 扩张型不可抗力条款

相较于不可抗力规则，该类型条款扩张了不可抗力的范围，在法律规定之外，增加了不可抗力事项。这些增加的事项可能来自商业风险，也可能来自意外事故，甚至可能来自本应由合同一方当事人负责的事由，如将该方当事人所处产业链的上游企业不履行合同义务的任何原因或者履行合同义务不符合约定等，也约定为不可抗力事项。

就扩张型不可抗力条款的效力判断而言，学界意见不一。一种观点认为，既然允许当事人设立不可抗力条款，就应当允许当事人自由列举不可抗力事项，对其效力判断应适用法律有关合同条款效力判断的一般规则。另一种观点认为，不能随意扩大不可抗力的范围，否则会混淆不可抗力和其他概念的区别。但此观点并不是法定无效的理由。司法实践中，一般将不属于不可抗力范畴的约定，视为另外成立的附条件的免责条款。

---

① 参见王轶：《新冠肺炎疫情、不可抗力与情势变更》，载《法学》2020年第3期。

② 参见王轶：《新冠肺炎疫情、不可抗力与情势变更》，载《法学》2020年第3期。

实务案例

北京佳莲公司与北京百得利公司买卖合同纠纷案[①]

法院认定：双方合同第6条不可抗力条款约定：“不可抗力包括但不限于自然原因如海啸、地震等的各种灾害，国与国政治关系原因、社会原因如战争、罢工等引起的，以及由于国家税费调整造成的合同价格变动。综述以上不可抗力事件，使本合同无法履行或无法按期履行，卖方不承担责任。”根据我国相关法律规定，不可抗力指不能预见、不能避免、不能克服的客观现象。国家税费调整引起合同价格变动，不应属于不可抗力的范畴。但不属于不可抗力范畴并不导致双方约定内容的无效，该项约定应当视为附条件的免责条款，当合同约定的条件成就时，百得利公司对其不履行合同的行为免责。

3. 排除型不可抗力条款

排除型不可抗力条款，全部排除了不可抗力规则的适用。此类型条款的效力在理论及司法实务界争议很大，并未形成统一的观点[②]。因此，不建议使用。

4. 限缩型不可抗力条款

限缩型不可抗力条款，相较于不可抗力规则，限缩了不可抗力的范围，将法律规定的不可抗力事项，部分予以排除。限缩型不可抗力条款与排除型不可抗力条款在排除不可抗力规则的适用上，仅有量的区别，并无质的不同。该类型的条款效力问题同排除型不可抗力条款同样存在很大争议，因此不建议使用。值得注意的是，如果合同条款规定的不可抗力的范围虽然小于法律规定的范围，但是从意思表示上并没有排除法律规定的范围，此种情况一般

---

① 参见北京市第一中级人民法院（2009）一中民终字第7584号民事判决书。

② 有观点主张不可抗力规则不得被约定排除其适用，如最高人民法院（2008）民一抗字第20号民事判决书中指出，“不可抗力是法定的免责事由，它不因当事人的例外约定而免除，因此即使双方在合同中约定工期不因雨天而延长，亦应将不可抗力延误的时间计算到工程的延期之内”。也有观点主张不可抗力规则可以被约定排除其适用，如上海市高级人民法院在（2019）沪民终298号民事判决书中提出，“在法律没有禁止性规定的情况下，合同要排除法律规定，必须有明确的约定”，并基于这一认识进而允许当事人约定排除不可抗力规则的适用。

不宜认为是限缩型不可抗力条款。

需要注意的是，《民法典》第197条规定，“诉讼时效的期间、计算方法以及中止、中断的事由由法律规定，当事人约定无效。当事人对诉讼时效利益的预先放弃无效”。可见，法律有关诉讼时效中止事由的规定，属于不得约定排除其适用的强制性规定，所以不可抗力条款中提到的扩张型不可抗力条款增加的事项、排除型不可抗力条款和限缩型不可抗力条款排除或限缩的不可抗力事项，都不得对诉讼时效作出任何扩张、排除或限缩性规定，否则无效。

（二）不可抗力条款的描述方式

当事人订立不可抗力条款，一般有3种描述方式：

1. 概括式

概括式描述，是在合同中只概括笼统地规定不可抗力事件的含义，不罗列可能发生的具体事件。

2. 列举式

列举式描述，是在合同中把属于不可抗力的事件逐一列举出来，凡是发生了所列举的事件即构成不可抗力，凡是发生了合同中未罗列的事件，即不构成不可抗力事件。

3. 综合式

综合式描述，是在合同中既概括地规定不可抗力事件的含义，又把属于不可抗力的事件列举出来。此为实践中常用的描述方式。

（三）不可抗力条款的设计

在对赌协议中明确约定不可抗力事项发生时的责任承担及损失分担规则，可以提高对赌协议履行的可预见性，平衡签约当事人之间的利益，减少不可抗力事项给投融资双方带来的利益受损风险。就对赌协议中的不可抗力条款进行设计或谈判协商时，需注意以下几点：

1. 制定不可抗力条款，要根据行业、企业特点，具有针对性和可操作性。条款内容要明确，不能流于形式。

2. 最好用综合式描述，明确不可抗力的范围，尽量减少对不可抗力事项定性的争议。确定不可抗力事故的范围，应对外部环境变化保持前瞻性关注。

3. 根据对赌协议的具体业绩等相关要求，明确不可抗力事故的后果，如免责方式、延期履行合同、解除合同等。特别是对赌协议，如果解除的话，对融资方可能也很不利，因此关于解除的具体条件、解除的后果最好事先约定清楚。

4. 约定不可抗力发生后，不履行义务的一方必须及时将障碍及其对履行义务能力的影响通知另一方。

5. 因不可抗力不能履行合同的当事人，应当在合理期限内提供证明。相关证明单位已在上文中说明。

（四）对赌协议中的约定免责、变更合同事由、约定解除权

虽然适用不可抗力规则能够帮助融资方减免对赌责任，但这一规则的适用存在一定的弊端或不足：

1. 不可抗力的认定非常严格，融资方的举证责任非常重。在某些情况下，虽然融资方毫无过错，但却严重影响了对赌协议的履行。这些特殊状况是否属于不可抗力争议很大，甚至不被认定为不可抗力，尤其是某些人为障碍，如 IPO 暂停、贸易战、金融风暴等。这些情形在司法实践中通常会被定性为商业风险。司法实践中，引用不可抗力规则的成功率也比较低。

2. 不可抗力规则的适用步骤不够简练。具体事件出现后，首先该事件是否归为不可抗力往往成为案件的争议焦点，耗费投资方、融资方、法院或仲裁机关大量精力，然后才是判断是否免责、如何免责、是继续履行合同还是解除合同等问题。

鉴于不可抗力规则的定性和适用相对机械化，不够灵活，无法满足对赌协议这种重大投融资合同当事人的需求，因此在对赌协议中有必要将某些特别的事件约定为免责事由或解除合同的事由。《民法典》第 562 条第 2 款规定：“当事人可以约定一方解除合同的事由。解除合同的事由发生时，解除权人可以解除合同。”约定的免责、合同变更或解除条款有以下特点：

1. 弥补了不可抗力规则的不足，比如约定只要出现约定事项，违约方均

可免责，或根据列明的情况要求变更合同、解除合同等。

2. 不再纠缠于具体事件的定性问题，即是不是归为不可抗力事件，而是直接根据合同的明确约定，确定法律后果。当事人真正关心的也只是法律后果，而不是事件的定性。

3. 可将对融资方实现对赌目标有重大杀伤力的无过错事由如 IPO 暂停、贸易战、金融风暴、政策的变化、征收、征用、“双反措施”等列为免责、变更合同、解除合同的事由。使融资方在业绩目标未能实现时，因免除承担股权回购或业绩补偿义务而仍有生存的机会。

4. 能体现个性化和精确的利益、风险安排，体现当事人意思自治原则。

实务案例

翁某某与胡某某等股权转让纠纷案[①]

上海市第一中级人民法院认为，2007 年 12 月 18 日和 2009 年 9 月 25 日翁某某与胡某某等原股东签订的相关协议中，明确约定由于证监会出台有关政策等原因导致 IPO 暂停的情形下，翁某某回购时间顺延与暂停相同的期限。事实上，我国国务院作为证监会的上级机关出台了有关房地产业调控的监管政策，证监会对于房地产企业 IPO 审批在客观上处于暂停状态，翁某某提出回购的时间也应顺延……若在 IPO 暂停期间结束后适当时间内，乙公司仍不能上市，翁某某可依法行使其对系争股权的回购权。

这个案例给我们的提示是：即使不讨论 IPO 暂停是否构成不可抗力，当对赌协议里约定了 IPO 暂停构成履约及行权延期的条件时，仍然可以延期履约或行权，并不构成违约或权利丧失。

七、对赌中融资方应对不可抗力的注意事项与措施

对赌协议中，融资方的义务相对于投资方的出资义务来说就更加复杂了，

① 参见上海市第一中级人民法院（2013）沪一中民四（商）终字第 1096 号民事判决书。

不可抗力对融资方的履约影响很大，因此，融资方无论从抗辩的角度，还是从风险防范规避的角度、应对方法措施的角度都更应该做出专业、充分的准备。

（一）融资方运用"不可抗力"进行抗辩的必备要件及相关义务

融资方如以不可抗力为由进行抗辩，需要满足以下基本条件：

1. 在不可抗力发生期间，目标公司的经营状况出现恶化，融资方无法正常履行对赌协议约定的义务。

2. 不可抗力因素对目标公司的经营带来重大影响，导致对赌协议无法正常履行，且不可抗力与融资方的违约之间具有直接因果关系。

3. 融资方要及时履行通知义务。

（1）融资方必须将不可抗力及其对履约的影响及时通知投资方；

（2）融资方随后应根据不可抗力事件的变化及目标公司的后续变化不断更新通知；

（3）如不可抗力事件将导致对赌协议中的对赌目标无法实现，对赌协议难以履行或无法履行，并可能触发股权回购或补偿条款，则应将全部情况及时通知投资方。通知中应明确融资方是否对协议作出变更、解除或其他主张。

4. 融资方要在合理期限内及时采取减损措施，并将已经采取的减损措施通知投资方。

5. 鉴于对赌协议的特殊性，笔者提醒注意一点：若融资方对赌当事人（原股东）并非直接受到不可抗力事件的影响（目标公司受不可抗力的影响），则融资方对赌当事人（承担股权回购义务、现金补偿义务）以不可抗力进行抗辩的理由可能不被法院支持。[①]

（二）融资方应对不可抗力法律风险的方法措施

融资方为了规避或减小法律风险，除了履行相应的通知义务、积极采取减损措施外，还应当采取一系列的应对方法措施。

---

① 参见江西省高级人民法院（2015）赣民一初字第3号民事判决书。

1. 从预防的角度考虑，在制定对赌协议时，要写入不可抗力条款及免责事由，具体方式可以参见上文“六、对赌协议中的不可抗力条款与约定解除权”中的内容。

2. 融资方要及时审查对赌协议中的相关约定，依约处理合同事务及纠纷。

协议中如果对事务的处理程序、期限、方式方法有约定，融资方应首先根据协议处理。审查的协议除了对赌协议之外还应包括增资协议、股权转让协议、股东协议、补充协议、公司章程以及其他相关文件。

3. 融资方应及时评估不可抗力给对赌协议的履行造成的影响，考虑是否适用不可抗力规则。

若不可抗力对融资方继续履行对赌协议没有必然的影响，此种情况不可轻易以不可抗力为由主张免责，可以考虑适用情势变更原则，主张继续履行协议显失公平，要求变更协议。

4. 融资方应与投资方积极磋商，寻求解决方案，可能变更对赌协议效果会更好。

在遭遇不可抗力后，对赌目标无法达成的情况下，融资方要求解除对赌协议并不是理想的首选，一方面，因为单方主张解除对赌协议有严格的标准，实践中较难解除；另一方面，根据《民法典》第 566 条的规定，融资方解除对赌协议可能要承担很大的经济风险，即向投资方返还投资款并赔偿损失。因此，较为稳妥的方式是投融资双方协商变更对赌协议，合理地分配对赌风险，如延长对赌履约期限、调整业绩要求、设定更切实际的对赌目标、减免股权回购或补偿义务、豁免融资方未达到对赌目标时的违约责任等，合同当事人应继续履行对赌协议。

但是，如果投融资双方无法达成一致意见，融资方要全面考量不可抗力给对赌协议的履行造成的影响，结合已准备的证据材料，向法院或仲裁部门依法提出利益最大化的合理诉求。

5. 融资方要注意收集证据，形成完整、清晰的证据链。

以 2020 年新冠肺炎疫情的暴发为例，要充分准备多方面的证据：

（1）证明己方具备不可抗力抗辩条件的证据，如融资方及时向投资方履行通知义务的证据、中国国际贸易促进委员会或其分会出具的不可抗力证明、政府因疫情要求停工的证据、客户需求因疫情减少或者被取消的证据、员工因疫情被隔离无法按时到岗的证据、供应链因疫情而无法正常供应的证据等。尤其需要在数据上做好准备工作，包括历史数据、同行业之间的横向对比、疫情前后的经营数据纵向对比。通过量化的方式，充分证明融资方确因新冠疫情影响导致对赌目标无法实现。同时，尽力对不可抗力造成的影响进行量化分析，从而判断不可抗力的影响占比情况。

（2）融资方为减少疫情造成的损失而做出积极努力的证据，如调整生产策略、调整部分业务、变更经营方向、协调供应商和物流渠道、寻找支持资金等。

6. 融资方还应时刻关注相关部门针对不可抗力发布的指导意见、文件等，及时主动地做好应对策略。

为了应对不可抗力，相关部门可能会发布或更新相关指导意见或文件，如最高人民法院于2020年4月16日发布了《关于依法妥善审理涉新冠肺炎疫情民事案件若干问题的指导意见（一）》（法发〔2020〕12号）、2020年5月15日发布了《关于依法妥善审理涉新冠肺炎疫情民事案件若干问题的指导意见（二）》（法发〔2020〕17号）、2020年6月8日发布了《关于依法妥善审理涉新冠肺炎疫情民事案件若干问题的指导意见（三）》（法发〔2020〕20号），2003年最高人民法院发布过《关于在防治传染性非典型肺炎期间依法做好人民法院相关审判、执行工作的通知》（法〔2003〕72号）（已失效）。在地方法院中，如北京市第一中级人民法院于2020年3月4日发布的《疫情之下企业经营风险与法律应对》之“三、疫情之下企业经营风险的法律应对建议”之“（一）对于履约风险的建议”之“4. 对于对赌风险”的相关规定、四川省高级人民法院民事审判第一庭于2020年2月25日发布的《关于涉疫情相关民事案件审理的法官会议纪要》（汇总了对不可抗力与情势变更的正确把握，涉疫情等案件的审理观点）。这些意见、文件对处理对赌协议中因不可抗力引起的纠纷具有重要的指导或参考价值。

7. 对赌协议及不可抗力法律事务对处理人员的法律素养和业务能力要求非常高，因此建议专业的事情最好聘请专业人士协助处理。

（三）融资方应对不可抗力法律风险的注意事项

融资方应对不可抗力法律风险时，还有以下 3 点值得注意：

1. 当事人迟延履行后发生不可抗力的，不免除其违约责任；

2. 融资方怠于履行通知义务及防止损失扩大义务，不得就自己扩大的损失要求赔偿，给投资方造成的损失要承担过错赔偿责任；

3. 目标公司未能实现对赌业绩目标或成功 IPO，通常并不被法院认定为"不能实现合同目的"。一般情况下对赌协议的直接合同目的是股权的估值调整，实现的主要方式是现金补偿及股权回购等，目标公司能否实现对赌业绩目标或成功 IPO，并不影响合同目的的实现。因此，目标公司实现对赌业绩目标或成功 IPO，并不是合同目的，而是对赌标的，是判断对赌条款是否被触发的依据，除非对赌协议对此合同目的有明确约定。此外，对赌协议中业绩承诺约定的期限较长，一般为 3 年至 5 年，故引用不可抗力主张合同目的无法实现、解除对赌协议的成功可能性也较小。

实务案例

董某杰与陈某锋股权转让纠纷案①

法院认为：涉案《股权转让合同》的合同目的可以实现，合同可正常履行，不属于法定解除情形。1. 根据合同条款，陈某锋订立《股权转让合同》的合同目的应为"陈某锋作为战略投资者持有 × 公司上市（新三板）后的 20 万股的股权或 × 公司未能上市（新三板）由董某杰以回购股权的方式返还其股权投资款和利息从而取得投资收益的目的"……

八、对赌中投资方应对不可抗力的注意事项与措施

虽然投资方的主要合同义务是出资，发生不可抗力事件时一般也履行完

① 参见北京市第三中级人民法院（2019）京 03 民终 15251 号民事判决书。

了出资义务，但是，如果不可抗力事件没有得到投资方的有效应对，其所造成的损失很有可能会最终转嫁给投资方，因此投资方也不能放松对不可抗力的应对。具体注意事项和应对措施可以参考以下几点：

1. 从预防的角度考虑，在制定对赌协议时，要写入不可抗力条款，相关内容可以参见上文“六、对赌协议中的不可抗力条款与约定解除权”中的相关内容。在订立不可抗力条款时，如果采用的是排除型或限缩型条款，一定要慎之又慎，因为这两种类型的条款效力在司法实践中存在很大争议。如果一定要采用的话，投资人与融资方对赌义务人应进行充分协商，并固定协商过程，在体现当事人意思自治原则的同时，以便应对法院或其主体对条款效力提出异议的情况。

2. 投资方应当注意识别不可抗力对目标公司影响的真伪及是否存在直接因果关系等。

3. 投资方要向融资方收集受不可抗力影响的相关证据。

4. 投资方要注意与己方的投资人就不可抗力事件充分协商沟通，避免自己受到第三方的追责。

5. 如果可能的话，投资方尽量不要选择合同上的对立，可以考虑让渡一些当下的合同利益，与融资方“共克时艰”，用以在未来换取更有利的合同安排。

九、法院在对赌协议涉及不可抗力案件时的审查要点及裁判思路

关于对赌协议涉及不可抗力的纠纷，法院会综合审查对赌协议的签订时间、主张或抗辩事由是否属于不可抗力、不可抗力的发生及持续时长、对赌义务人是否已尽到了通知及证明义务、对赌义务人是否采取了减损替代措施、是否存在其他原因导致对赌协议履行障碍等事实。就此类案件，法院会在对不可抗力的定性进行判断的基础上，根据对赌义务人提出的不同主张，有针对性地进行审查裁判。现将常见的法院相关审查要点及裁判思路归纳如下：

1. 因无法实现对赌协议目的而主张解除合同的

此种情况下，法院重点审查对赌协议目的是否无法实现、对赌协议目的无法实现与不可抗力之间是否存在直接因果关系，从而判断是否解除对赌协议。

2. 因发生不可抗力，主张免责的

对赌义务人主张免责的，法院会严格审查不可抗力与对赌义务人违约之间是否存在因果关系、存在何种程度上的因果关系，从而判断是否可以部分或全部免除对赌义务人的违约责任或延迟履行对赌义务。

3. 根据公平原则主张变更或者解除合同的

若不可抗力事件给对赌协议的履行造成重大影响，继续履约显失公平，从而某方当事人要求变更或解除对赌协议的，人民法院可能适用或参照适用情势变更规则，结合案件的实际情况，根据公平原则变更或者解除合同；解除合同的，依法合理分配因合同解除造成的损失。①

就对赌义务人可能提出的以上几个诉求，法院在综合考虑当事人所处的客观环境、主观过错等情况下，也可能根据《民法典》第 6 条规定的公平原则，运用自由裁量权，平衡对赌当事人之间的利益。

其实某些不可抗力事件可能也同时属于情势变更事件，当某个规则行不通时，换个规则可能会柳暗花明，因为两个规则并不矛盾（《民法典》第533 条也体现了这一点），只是考虑的角度、维度、侧重点不同而已。关于对赌协议与情势变更相关内容，将在本章第二节进行介绍。

---

① 《最高人民法院关于依法妥善审理涉新冠肺炎疫情民事案件若干问题的指导意见（二）》（法发〔2020〕17 号）第 14 条规定，“对于批发零售、住宿餐饮、物流运输、文化旅游等受疫情或者疫情防控措施影响严重的公司或者其股东、实际控制人与投资方因履行‘业绩对赌协议’引发的纠纷，人民法院应当充分考虑疫情或者疫情防控措施对目标公司业绩影响的实际情况，引导双方当事人协商变更或者解除合同。当事人协商不成，按约定的业绩标准或者业绩补偿数额继续履行对一方当事人明显不公平的，人民法院应当结合案件的实际情况，根据公平原则变更或者解除合同；解除合同的，应当依法合理分配因合同解除造成的损失。‘业绩对赌协议’未明确约定公司中小股东与控股股东或者实际控制人就业绩补偿承担连带责任的，对投资方要求中小股东与公司、控制股东或实际控制人共同向其承担连带责任的诉讼请求，人民法院不予支持。”

北京市第一中级人民法院于 2020 年 3 月 4 日发布的《疫情之下企业经营风险与法律应对》之“三、疫情之下企业经营风险的法律应对建议”之“（一）对于履约风险的建议”之“4. 对于对赌风险，我们建议：第一，对于已经签订协议的当事人，可依据协议约定及法律规定变更合同，延长履行期限或调整履行目标。第二，可根据协议约定或法律规定，采取解除合同的方式。第三，对于陷入‘合同僵局’的情况，依据《民法总则》《合同法》等相关规定，全面考量疫情对个案中对赌协议履行的影响，合理地分配对赌风险。”

北京市第二中级人民法院课题组发布的《正确处理“非典”疫情构成不可抗力免责事由案》中载明：“对于一时不能或部分不能履行的合同，债权人要求变更合同或者延期履行的，法院应判令当事人变更合同，延期或部分履行；对于全部不能履行的合同，或者延期履行或部分履行不能实现合同目的，当事人要求解除合同的，法院应当判决解除合同。”

第二节 对赌与情势变更

情势变更也是严重影响对赌协议履行的重要因素，虽与不可抗力有很多相似点，但其比不可抗力的认定和适用难度更大，因此更有必要进行专业研究与分析，以便为对赌协议当事人提供一些可以借鉴的预防、应对之策。本节将会对情势变更的概念与适用条件，情势变更原则的法律后果与程序要求，情势变更与不可抗力、商业风险、显失公平之比较，对赌协议常见特殊事由与情势变更的认定，对赌协议中的情势变更条款，对赌中应对情势变更的注意事项与措施，法院对对赌中的不可抗力的观点和意见等问题进行分析讲解。

一、情势变更的概念与适用条件

所谓情势变更，是指合同依法有效成立后，全面履行前，因不可归责于当事人的原因，使合同赖以成立的基础或环境发生当事人预料不到的重大变化，若继续维持合同的原有效力则显失公平，受不利影响的一方当事人有权请求法院或仲裁机构变更或解除合同的法律制度。[①] 例如，国家出台新规定进行管制，造成大幅涨价，战争导致的封锁、禁运等在个案当中可能被认定为情势变更的事由。

对于情势变更，我国《民法典》第533条规定：“合同成立后，合同的基础条件发生了当事人在订立合同时无法预见的、不属于商业风险的重大变化，继续履行合同对于当事人一方明显不公平的，受不利影响的当事人可以与对方重新协商；在合理期限内协商不成的，当事人可以请求人民法院或者仲裁机构变更或者解除合同。人民法院或者仲裁机构应当结合案件的实际情况，

---

① 戴爱民：《情势变更原则浅析》，载中国法院网，https：//www.chinacourt.org/article/detail/2003/09/id/82058.shtml，2020年6月16日访问。

根据公平原则变更或者解除合同。”通过该条规定及情势变更的概念，可以认识到情势变更原则的适用要具备以下条件：

1. 合同赖以存在的客观情况发生了重大变化；

2. 该重大变化是订立合同时，当事人所不能预见的；

3. 该重大变化不属于商业风险；

4. 重大变化发生后，继续履行合同，则对一方当事人明显不公平；

5. 情势变更的事实发生于合同成立之后，履行完毕之前；

6. 情势变更必须不可归责于双方当事人，也就是由其他意外情况所引起。

值得注意的是，与《最高人民法院关于适用〈中华人民共和国合同法〉若干问题的解释（二）》（以下简称《合同法司法解释（二）》）第26条相比，《民法典》第533条的规定有两处重要变化：

1. 删除了“非不可抗力造成的”，可见，“情势变更”的事由与“不可抗力”的事由并不是相互矛盾的，甚至可以说“不可抗力”的事由在符合一定条件的情况下也可能适用“情势变更”制度。

2. 删除了“或者不能实现合同目的”，只保留了“对于当事人一方明显不公平”这一个核心原因。

二、情势变更原则的法律后果与程序要求

（一）法律后果

适用情势变更原则对于当事人来说主要可以导致两种法律后果：一是变更合同；二是解除合同。

1. 变更合同

变更合同，指当事人在诉讼中向法院或仲裁机构申请对合同进行变更，经法院或仲裁机构审查认为情势变更的情形虽然存在，但合同尚有履行的价值时，通过变更合同衡平当事人之间的利益，使合同在公平的基础上得以履行。其变更措施主要有：增减履行标的的数量、延期或分期履行、变更给付标的物、拒绝先为履行等。

2. 解除合同

解除合同，若采取变更合同内容的方式仍不足以消除情势变更给一方当事人带来的不公平结果，该当事人可以依法请求解除合同关系，以平衡当事人之间的权利义务。

需要注意两点：

（1）情势变更出现后，并不必然导致合同的变更或解除。情势变更原则是否适用于具体案件，适用时是发生合同变更的效力还是发生合同解除的效力，当事人虽然有主张权，但决定权在法院或仲裁机构。

（2）适用情势变更原则解除合同，在一般情况下没有溯及力。如在承包、租赁、供应等长期履行的合同中，因情势变更需解除合同关系时，通常应终止合同，并无溯及既往的效力。只有在终止合同仍不能使双方当事人获得公平结果时，才应使合同关系溯及既往地解除，使合同关系自始消灭，基于情势变更更易适用这一原则终止或解除合同，应免除当事人不履行合同的责任，且相对方不得对此请求损害赔偿。[①]

（二）程序要求

为了防止情势变更原则被滥用，并且最大限度地避免对交易安全和市场秩序造成冲击，最高人民法院对该原则的适用规定了严格的程序。

一是最高人民法院于2009年4月27日专门发布了《关于正确适用〈中华人民共和国合同法〉若干问题的解释（二）服务党和国家的工作大局的通知》（法〔2009〕165号），要求各级法院务必正确理解、慎重适用《合同法司法解释（二）》第26条情势变更原则的规定。如果根据案件的特殊情况，确需在个案中适用的，应当由高级人民法院审核。必要时应报请最高人民法院审核。

二是要求坚持调解优先的原则，能够调解的尽可能调解，将调解工作贯穿到合同纠纷诉讼的全过程。

---

① 戴爱民：《情势变更原则浅析》，载中国法院网，https：//www.chinacourt.org/article/detail/2003/09/id/82058.shtml，2020年6月16日访问。

三、情势变更与不可抗力、商业风险、显失公平之比较

（一）情势变更与不可抗力的比较

情势变更与不可抗力在理论上有时很难区分，有些国家也不区分。这里仅根据我国现有法律规定、司法解释和司法实践，对情势变更与不可抗力的主要区别做个大致分析。

在对情势变更与不可抗力进行比较时，可以考虑一个问题，即因不可抗力事项，导致继续履行合同对于一方当事人明显不公平的，可否适用情势变更制度呢？在回答这个问题前，我们先看一下我国规范性文件中的相关规定。2009 年 4 月 24 日最高人民法院发布的《合同法司法解释（二）》第 26 条规定，“合同成立以后客观情况发生了当事人在订立合同时无法预见的、非不可抗力造成的不属于商业风险的重大变化，继续履行合同对于一方当事人明显不公平或者不能实现合同目的，当事人请求人民法院变更或者解除合同的，人民法院应当根据公平原则，并结合案件的实际情况确定是否变更或者解除”。而 2020 年 5 月 28 日全国人民代表大会发布的《民法典》在第 533 条规定的情势变更制度中，删除了“非不可抗力造成的”限制条件，即不再将情势变更与不可抗力对立起来，甚至可以认为，因不可抗力事项，导致继续履行合同对于一方当事人明显不公平的，可以适用情势变更制度。例如，最高人民法院于 2020 年 5 月 15 日发布的《关于依法妥善审理涉新冠肺炎疫情民事案件若干问题的指导意见（二）》（法发〔2020〕17 号）第 14 条第 1 款规定，“对于批发零售、住宿餐饮、物流运输、文化旅游等受疫情或者疫情防控措施影响严重的公司或者其股东、实际控制人与投资方因履行‘业绩对赌协议’引发的纠纷，人民法院应当充分考虑疫情或者疫情防控措施对目标公司业绩影响的实际情况，引导双方当事人协商变更或者解除合同。当事人协商不成，按约定的业绩标准或者业绩补偿数额继续履行对一方当事人明显不公平的，人民法院应当结合案件的实际情况，根据公平原则变更或者解除合同；解除合同的，应当依法合理分配因合同解除造成的损失”。针对 2020 年新冠

肺炎疫情，上海、江苏、福建高院均在指导意见中明确指出可根据不可抗力或情势变更等相关规定妥善处理合同履约纠纷。新冠疫情属于不可抗力事件，同时也可能产生“情势变更”的客观环境。当不可抗力影响到合同履行的社会经济形式，导致合同履行的基础或环境发生异常变动或丧失，则可以考虑主张适用情势变更制度。北京市第一中级人民法院于2020年3月4日发布的《疫情之下企业经营风险与法律应对》之“三、疫情之下企业经营风险的法律应对建议”之“（一）对于履约风险的建议”之“4. 对于对赌风险，我们建议：第一，对于已经签订协议的当事人，可依据协议约定及法律规定变更合同，延长履行期限或调整履行目标。第二，可根据协议约定或法律规定，采取解除合同的方式。第三，对于陷入‘合同僵局’的情况，依据《民法总则》《合同法》等相关规定，全面考量疫情对个案中对赌协议履行的影响，合理地分配对赌风险。”

实务案例

成都鹏伟公司与江西省某县人民政府、某县鄱阳湖采砂管理工作领导小组办公室采矿权纠纷案①

最高人民法院认为，成都鹏伟公司在履行本案《采砂权出让合同》过程中遭遇鄱阳湖36年未遇的罕见低水位，导致采砂船不能在采砂区域作业，采砂提前结束，未能达到《采砂权出让合同》约定的合同目的，形成巨额亏损。这一客观情况是成都鹏伟公司和采砂办在签订合同时不可能预见到的，成都鹏伟公司的损失也非商业风险所致。在此情况下，仍旧依照合同的约定履行，必然导致采砂办取得全部合同收益，而成都鹏伟公司承担全部投资损失，对成都鹏伟公司而言是不公平的，有悖合同法的基本原则。成都鹏伟公司要求采砂办退还部分合同价款，实际是要求对《采砂权出让合同》的部分条款进行变更，符合合同法公平原则和本院《合同法司法解释（二）》第26条的规定，本院予以支持。

---

① 参见最高人民法院（2008）民二终字第91号民事判决书。

事实上，比较不可抗力与情势变更制度，就是在驱使“关公”去战“秦琼”，二者不是一个维度上的问题。不可抗力是一个原因，是一项条件，就不可抗力规则的适用而言，不可抗力事项的发生，致使继续履行合同对于一方当事人明显不公平的，得适用情势变更制度；不可抗力事项的发生，致使合同目的不能实现的，得适用法定解除制度；[①] 不可抗力事项的发生，致使当事人一方违约的，得适用违约责任中的法定免责事由制度；不可抗力事项作为法定免责事由发挥作用，致使无人承担责任而无法借助违约责任制度分配损失的，得适用风险负担规则；不可抗力事项的发生，致使当事人无法及时行使请求权的，得适用诉讼时效中止制度。可见，不可抗力为因，情势变更制度、法定解除制度、违约责任制度、风险负担规则、诉讼时效中止制度等皆可为果。“因”与“果”的比较，当然无法进行；而“果”与“果”的比较，也自然得不出排除不可抗力为情势变更制度之因的结论。[②]

根据《合同法司法解释（二）》起草人介绍，情势变更制度在以下六个方面与不可抗力显有不同。虽有学者对此持不同观点，但仍可作为重要参考：

1. 权利性质不同。在不可抗力制度下，当事人解除合同的权利为形成权，在情势变更制度下的解除权则为请求权。

2. 权利的启动不同。法院可以依职权适用不可抗力制度，但适用情势变更制度要由当事人主张。

3. 适用范围不同。金钱之债一般不适用不可抗力，却可以适用情势变更。

4. 法律后果不同。不可抗力可能引起诉讼时效的中止，情势变更不能。

5. 法律责任不同。不可抗力是合同不能履行的免责事由，主要在于免除或减轻当事人的责任。情势变更制度主要解决当事人权益得失的公平问题。不可抗力制度既可免除违约责任，又可免除侵权责任。情势变更制度主要适用于合同关系，不能用于侵权责任的免除。不可抗力是法定免责条款，而情势变更则需要由法院审查判断以后根据当事人的申请加以变更或者解除。[③]

---

① 参见车丕照：《合同落空、情势变更与不可抗力》，载《兰州大学学报》（社会科学版）1996年第2期。

② 参见王轶：《新冠肺炎疫情、不可抗力与情势变更》，载《法学》2020年第3期。

③ 参见曹守晔：《〈最高人民法院关于适用《中华人民共和国合同法》若干问题的解释（二）〉之情势变更问题的理解与适用》，载《法律适用》2009年第8期。

6. 适用范围不同。因遭受不可预见、不可避免、不可克服的事件致使合同无法履行的，适用不可抗力；因不可预见、不可归责的事件，使得维持合同原有效力将导致双方利益关系严重失衡的，适用情势变更制度。[①]

（二）情势变更与商业风险的比较

情势变更不同于商业风险。其一，商业风险属于从事商业活动所固有的风险，作为合同成立基础的客观情况的变化未达到异常的程度，一般的市场供求变化、价格涨落等属此类；而情势变更则是作为合同成立基础的环境发生了异常变动。其二，对商业风险，法律推定当事人有所预见，能预见；对情势变更，当事人未预见，不能预见。其三，商业风险带给当事人的损失，从法律的观点看可归责于当事人；而情势变更则不可归责于当事人。[②]

实务案例

大宗公司、宗某晋与淮北圣火矿业公司等股权转让纠纷案[③]

最高人民法院认为：是属于所谓情势变更还是商业风险，需要参照合同约定，并从可预见性、归责性以及产生后果等方面进行分析。

（三）情势变更与显失公平的比较

显失公平是指一方当事人在紧迫或缺乏经验的情况下实施了对自己有明显重大不利、对相对人明显有利的民事行为所带来的不公正结果。显失公平作为对某种结果的价值判断，反映的是当事人之间利益的不均衡。显失公平规则与情势变更原则均以显失公平作为构成要件之一，此为联系之处。两者区别如下：

1. 引起的原因不同：显失公平主要是由主观因素造成的，在订立合同时，

① 参见曹守晔：《〈最高人民法院关于适用《中华人民共和国合同法》若干问题的解释（二）〉之情势变更问题的理解与适用》，载《法律适用》2009 年第 8 期。

② 参见情势变更，载百度百科，2020 年 6 月 16 日访问。

③ 参见最高人民法院（2015）民二终字第 236 号民事判决书。

一方当事人的意思表示存在瑕疵；情势变更主要由不可归责于合同订立当事人的客观原因造成，双方当事人都无过错。

2. 当事人的心态不同：显失公平是一方利用另一方的轻率、无经验而订立合同，并希望促成结果的发生；情势变更是当事人无法预见的，非当事人所追求。

3. 评判基础不同：显失公平是合同效力的评判规则，以合同订立时的情势为基础来认定合同内容是否显失公平；情势变更原则是合同履行阶段的适用原则，以履行过程中出现了情势的变更为基础来判断继续履行合同是否会对当事人造成显失公平的后果。

4. 法律后果不同：若出现显失公平，则一方当事人有权要求变更或撤销合同，合同被撤销后，自始无效；情势变更将发生合同变更或解除，解除的效力一般不溯及既往。①

四、对赌与疫情

在上文“情势变更与不可抗力的比较”中，以新冠肺炎疫情为例，已经介绍了在具体个案中，存在对赌义务人基于情势变更制度主张部分免除对赌责任、未履行对赌义务的违约责任或变更、解除对赌协议的可能性。

五、对赌与 IPO

（一）目标公司上市失败

有观点认为，在以上市为对赌标的的对赌协议中，目标公司上市与否的决断权来自证监会，而非对赌协议当事人，因此目标公司上市失败也不可归责于对赌当事人。鉴于此，上市失败后触发的对赌补偿条款应使用情势变更制度。但实践中更多的司法案例观点与此相反。

---

① 参见情势变更，载百度百科，2020 年 6 月 16 日访问。

实务案例

甄某君等与梁某明等股权认购权转让纠纷案[①]

法院认为，华康公司能否上市、何时上市应属于双方签订《股权转让协议书》时可预见的商业风险，并不存在因不可归责于双方当事人的事由发生重大变化而使合同的基础动摇或丧失，亦不存在客观情势变更而使得合同的继续履行对一方当事人显失公平。

“赌上市”的对赌协议对目标公司成功上市及上市失败两种情况都做了预设安排，即使未能成功上市，也并不完全出乎对赌当事人之意外。虽然目标公司能否上市是由证监会决定的，但是与上市相关的制度，如《首次公开发行股票并上市管理办法》是公开的，是证监会要遵守的，因此，融资方对目标公司能否上市是应该能够做出大致判断和预见的。

（二）IPO 暂停

政府监管部门暂停 IPO 确实可以影响目标公司的上市进程，但 IPO 暂停是否完全不可想象呢？是否必然与目标公司上市失败有因果关系呢？我国 2015 年之前就出现过 9 次 IPO 暂停的情况，因此 IPO 暂停也完全不是不可想象的事由。另外，若想证明 IPO 暂停影响了目标公司的上市进程，融资方首先需要证明目标公司已经为上市做了充分的准备工作，且不具有不能上市的“硬伤”，否则很难说 IPO 暂停与目标公司上市失败有因果关系。

实务案例

周某华与黄某玲等合同纠纷案[②]

关于周某华上诉认为应适用情势变更原则解除《业绩补偿》的问题。本院

① 参见广东省江门市中级人民法院（2016）粤 07 民终 2729 号民事判决书。
② 参见北京市第一中级人民法院（2018）京 01 民终 8570 号民事判决书。

认为，根据《合同法司法解释（二）》第26条规定："合同成立以后客观情况发生了当事人在订立合同时无法预见的、非不可抗力造成的不属于商业风险的重大变化，继续履行合同对于一方当事人明显不公平或者不能实现合同目的，当事人请求人民法院变更或者解除合同的，人民法院应当根据公平原则，并结合案件的实际情况确定是否变更或者解除。"适用情势变更原则，应当与商业风险相区别。对于东标电气是否能够上市，并不具有当然性和确定性，在订立合同时，双方应当预见到因企业自身原因、市场兴衰、价格波动，甚至汇率调整等均会对东标电气能否上市产生不同的影响，并不属于客观上无法预见的客观情况；且周某华提供的证据仅能显示政府监管部门在特定时间内采取了一定的监管措施，但不足以证明东标电气未能上市系因政府监管部门暂停IPO所致。综合上述认定，本院认为周某华关于适用情势变更原则解除《业绩补偿》的主张不能成立。

六、对赌与全球金融风暴

在判断金融风暴是否属于情势变更事由时，要注意其是否具有一定程度的可预见性，是否属于商业风险。最高人民法院于2009年7月7日颁布的《关于当前形势下审理民商事合同纠纷案件若干问题的指导意见》认为，全球性金融危机和国内宏观经济形势变化并非完全是一个令所有市场主体猝不及防的突变过程，而是一个逐步演变的过程。在演变过程中，市场主体应当对于市场风险存在一定程度的预见和判断。商业风险与情势变更的区别在于，商业风险属于从事商业活动的固有风险，诸如尚未达到异常变动程度的供求关系变化、价格涨跌等，情势变更是当事人在缔约时无法预见的非市场系统固有的风险。

实务案例

上海立鸿投资（普通合伙）与浙江中宙光电公司等股权转让纠纷案①

关于浙江中宙光电公司等情势变更抗辩是否成立问题。法院认为，受国

① 参见上海市第一中级人民法院（2014）沪一中民四（商）终字第1334号民事判决书。

际经济环境和国内产能过剩的影响，2011年我国LED行业增速放缓是众所周知的情况。浙江中宙光电公司等以上述市场环境变化，企业整体利润率下滑为由，主张适用情势变更条款，事实依据是不充分的。浙江中宙光电公司业绩未达到协议约定目标，虽与当时行业整体状况有关，但该种状况应属于行业经营性风险，并不符合情势变更法定要件。原审认为对浙江中宙光电公司等以不可抗力和情势变更为由所提抗辩意见，不予采纳。

七、对赌与双反措施

所谓“双反措施”系当进口产品以倾销价格或在接受出口国政府补贴的情况下低价进入国内市场，并对生产同类产品的国内产业造成实质损害或实质损害威胁时，世界贸易组织（WTO）允许成员方使用反倾销、反补贴等贸易救济措施，恢复正常的进口秩序和公平的贸易环境，保护国内产业的合法利益。自2004年加拿大首次对我国烧烤架产品发起“双反”调查以来，我国连续多年成为全球遭受反补贴调查最多的国家。“双反措施”势必会对相关行业的发展造成不利影响，进而可能影响业绩承诺的实现。那么“双反措施”能否成为主张情势变更的事由呢？我们通过案例来讲解。

实务案例

厦门金泰投资（有限合伙）与骆某、江西雷迪公司公司增资纠纷案①

厦门市中级人民法院认为：被告提到的“双反”问题不构成情势变更。根据《合同法司法解释（二）》第26条之规定，合同成立以后客观情况发生了当事人在订立合同时无法预见的、非不可抗力造成的不属于商业风险的重大变化，继续履行合同对于一方当事人明显不公平或者不能实现合同目的，当事人请求人民法院变更或者解除合同的，人民法院应当根据公平原则，并结合案件的实际情况确定是否变更或者解除。……作为一国的贸易保护措施，

① 参见福建省厦门市中级人民法院（2014）厦民初字第137号民事判决书。

进口国对出口国产品进行“双反”调查并非不可预见的情形，属于正常的商业风险。因此，被告关于中国光伏企业遭受“双反”构成情势变更的理由不能成立。

同样，在连云港鼎发公司等与上海嘉石公司股权转让纠纷上诉案①中，同样涉及“双反措施”。上海市第一中级人民法院认为，作为企业，无论其从事何种范围的经营活动，均不可避免地会遭遇到各种市场风险，乐园公司作为一家决定上市的企业，在与嘉石公司等增资方签订协议前就应对可能遭遇的市场风险及自身的抗风险能力有充分预估，并在此基础上从事经营活动、做出决策及签订协议。即使乐园公司的经营因鼎发公司、朱某起所述情况受到一定间接影响，但在各增资方已经支付增资款，且部分增资款系用于乐园公司流动资金、新品开发及土地招拍挂等用途的前提下，乐园公司已初步具备一定的抗风险能力，其可在拥有资金保证的前提下通过内部挖潜、降低成本、研发新品等一系列措施应对风险，将所受影响降至最小；也可与包括嘉石公司在内的增资方及时沟通、协商，应对风险，故反倾销、反补贴调查及制裁措施并不必然导致乐园公司无法按期上市。

可见，在司法实践中人民法院更倾向于将“双反措施”认定为正常商业风险，认为商事主体在订立对赌协议时就应当有所预见。

八、对赌与市场价格剧烈波动

当事人签订合同后，市场价格剧烈波动，是属于商业风险呢？还是属于情势变更事由呢？这不能一概而论，要在具体个案中去讨论。如果市场价格剧烈波动并未使得作为合同成立基础的环境发生异常变动或丧失，且继续履行合同未对当事人一方明显不公平的，则不属于情势变更，应归属于经营活动固有的商业风险。

---

① 参见上海市第一中级人民法院（2015）沪一中民四（商）终字第2737号民事判决书。

实务案例

南京誉达投资（有限合伙）与陈某等股权转让纠纷案[①]

法院认为，情势变更是指合同成立生效后，因不可归责于双方当事人的事由发生重大变化而使合同的基础动摇或者丧失，若继续维持合同显失公平，因此允许变更合同内容或解除合同。通常为与双方当事人无关的原因，发生了客观的社会环境的异常变动情况。对于情势变更的举证责任在于主张的一方，本案中为被告方。然被告方所提供证据并不足以证明发生了情势变更。虽然被告方证明了2012年超硅公司主营的蓝宝石衬底行业，市场价格暴跌，竞争激烈，超硅公司业绩未达到协议约定目标，显然与此相关，但该市场价格剧烈波动的状况应属于行业经营性风险，并不符合情势变更要件。故本院对被告陈某关于约定业绩未达到系因情势变更的答辩意见，不予采信。

九、对赌协议中的情势变更条款

因为情势变更事由的认定没有一个客观的标准，且最高人民法院于2009年在《关于正确适用〈中华人民共和国合同法〉若干问题的解释（二）服务党和国家的工作大局的通知》第26条规定，情势变更原则的适用应当由高级人民法院审核，必要时应报请最高人民法院审核，所以实践中对情势变更制度的适用还是比较困难的。因此对于对赌协议这类履约时间长、标的额大、风险高的协议，很有必要设定情势变更条款以避免或减少有关风险和争议。

---

① 参见上海市松江区人民法院（2015）松民二（商）初字第142号民事判决书。

实务案例

翁某某与胡某某等股权转让纠纷案[①]

法院认为，2007年12月18日和2009年9月25日翁某某与胡某某等原股东签订的相关协议中，明确约定由于证监会出台有关政策等原因导致IPO暂停的情形下，翁某某回购时间顺延与暂停相同的期限。事实上，我国国务院作为证监会的上级机关出台了有关房地产业调控的监管政策，证监会对于房地产企业IPO审批在客观上处于暂停状态，翁某某提出回购的时间也应顺延，故翁某某未在约定的2011年6月30日前主张回购权，并非放弃或丧失行使回购权。

通过该案例，我们看到投资者以IPO暂停为由主张延期行使回购权，且最终获得了法院支持，其原因并非适用了情势变更制度，而是直接依据对赌协议中的约定。根据民法意思自治原则，当事人有权在对赌协议中就有可能发生的对合同履行有重大影响的事由及其处理方式作出明确具体的约定，以减少适用情势变更制度带来的风险和不便。

在制定和设计情势变更条款时，要尽量预先设想可能严重影响对赌业绩目标实现的种种“情势”，如IPO暂停、金融风暴、贸易战与“双反措施”等，并将之约定为合同变更甚至解除的条件，明确责任承担及损失分担规则。此约定对融资方尤为重要，因为以上被当事人通常理解为有所变更的“情势”，在司法实践中通常会被认定为“可以预见”的商业风险，除非提前约定，否则很难事后要求投资方分担风险损失。

十、对赌中应对情势变更的注意事项与措施

（一）融资方的注意事项与应对策略

1. 从预防的角度考虑，融资方要争取在对赌协议中写明并完善情势变更条款，相关内容上文已经说明，不再赘述。

---

① 参见上海市第一中级人民法院（2013）沪一中民四（商）终字第1096号民事判决书。

2. 发生情势变更事由后，融资方以情势变更规则主张权益或进行抗辩时要审查合同中是否有相关约定，要审查发生的事由是否符合情势变更事由的条件。

3. 关于诉求的确定，如果在合同成立以后，情势变更事由导致继续履行对赌协议对于融资方明显不公平，但不足以使合同目的无法实现，则融资方可以请求人民法院变更合同，调整对赌条件或延长对赌期限；如果情势变更事由导致对赌协议的目的无法实现，则融资方可以请求人民法院解除对赌协议，同时根据公平原则，由投融资双方合理分担合同解除产生的损失。

4. 需要特别强调的一点是，如融资方无充分证据证明因情势变更事由导致对赌协议的目的无法实现，尽量不要解除合同，以免造成不可承受之后果。

（二）投资方的注意事项与应对策略

1. 在签约谈判的预防阶段，投资方应尽量完整地列举可能对实现对赌目标产生影响的、非对赌主体及目标公司所能控制的事由，并将其排除在融资方免责情形范围之外。

2. 合理约定对赌业绩目标，并在对赌协议中说明对赌业绩目标已经充分地考虑了包括 IPO 暂停、疫情、行业政策变化等一切非对赌主体可控因素可能造成的不利影响，增加对赌协议履行的公平性，避免产生显失公平的结果。

3. 投资方要注意防范情势变更事由的发生或当约定事由发生时，因投资款回收期限长于预期而产生的现金流问题。因此，投资方要尽可能在合同中提前约定相关条款，降低前述事项对自身的间接冲击。

第七章　对赌担保与创业者保护

对赌担保涉及的是PE/VC投资安全的问题，是其投资交易的安全带，使用得当，投资的财产有保障；使用不当，自己的权益可能会化作“水中月”。对赌担保对融资方也很重要，使用得当，既给了投资方安全保障促成了交易，又给自己和家庭保留了安全底线；使用不当，也可能会成为破产的导火索。投资方要投资财产安全，融资方要家庭财产安全，双方的安全问题在担保问题上集结。如何给对赌协议作出有效且可以履行的担保、如何对创业者进行保护，是每个对赌交易都要面对的问题。本章将分两节，从法律依据、操作方案、实践案例等多方面对股权投融资中的对赌担保和创业者保护进行介绍。

第一节　对赌担保与应对策略

对赌协议基本都涉及担保问题，但目标公司提供关联担保有其特殊之处，要特别注意资本维持原则和对债权人主观“善意”的判断，稍有不慎可能损失惨重。2019年11月最高人民法院发布的《九民会议纪要》中关于对赌、公司担保的重要内容应引起大家的足够重视，尤其将两部分内容结合分析研究更有特别之处。本节将深剖解读《九民会议纪要》相关内容，并结合实践案例及本人实战经验就对赌中目标公司为对赌股东（或实际控制人）提供关联担保的法律问题进行讲解。

一、公司担保基本规定之《公司法》第 16 条的三种理论观点

对于公司担保问题，首先要看一下《公司法》第 16 条的规定：公司向其他企业投资或者为他人提供担保，依照公司章程的规定，由董事会或者股东会、股东大会决议；公司章程对投资或者担保的总额及单项投资或者担保的数额有限额规定的，不得超过规定的限额。公司为公司股东或者实际控制人提供担保的，必须经股东会或者股东大会决议。前款规定的股东或者受前款规定的实际控制人支配的股东，不得参加前款规定事项的表决。该项表决由出席会议的其他股东所持表决权的过半数通过。

关于如何适用《公司法》第 16 条，无论是理论界还是实务界一直争议很大，而且在全国法院体系内也未形成统一的看法，即使是最高法院判决的案件，认识也不一致。关于《公司法》第 16 条的适用，主要有三种理论观点：

观点一：盖章说，公司完全承担责任。

观点二：效力不归属于公司说，公司完全不承担责任。

观点三：代表公司说，根据《民法典》第 504 条以及法定代表人是公司机关的理论，决定公司是否承担责任。

以上三种观点都各有道理，不过，适用哪种观点要结合国情和以往法院的判决情况来综合考量。最高人民法院在《九民会议纪要》中的观点是什么呢？下文将进行详细讲解。

二、公司关联担保效力判断的法律依据与逻辑

《九民会议纪要》17.【违反《公司法》第 16 条构成越权代表】规定，为防止法定代表人随意代表公司为他人提供担保给公司造成损失，损害中小股东利益，《公司法》第 16 条对法定代表人的代表权进行了限制。根据该条规定，担保行为不是法定代表人所能单独决定的事项，而必须以公司股东（大）会、董事会等公司机关的决议作为授权的基础和来源。法定代表人未经授权擅自为他人提供担保的，构成越权代表，人民法院应当根据《合同法》

第 50 条关于法定代表人越权代表的规定，区分订立合同时债权人是否善意分别认定合同效力：债权人善意的，合同有效；反之，合同无效。

与以上内容相关的法条如下：

（1）《公司法》第 16 条第 2 款：公司为公司股东或者实际控制人提供担保的，必须经股东会或者股东大会决议。

（2）《公司法》第 16 条第 3 款：前款规定的股东或者受前款规定的实际控制人支配的股东，不得参加前款规定事项的表决。该项表决由出席会议的其他股东所持表决权的过半数通过。

（3）《合同法》第 50 条①：法人或者其他组织的法定代表人、负责人超越权限订立的合同，除相对人知道或者应当知道其超越权限的以外，该代表行为有效。

以上内容如何理解呢？笔者做如下解读：

1. 《九民会议纪要》主要采用了列举的三种学说中的代表公司说，即根据《合同法》第 50 条以及法定代表人是公司机关的理论，决定公司承担责任。其理论基础是法定代表人是公司的机关，法定代表人的意思就是公司的意思。因此，在担保合同无效的情况下，公司应当根据具体情况承担相应责任。《九民会议纪要》采用此观点，符合我国国情。

2. 债权人应当承担对公司决议的形式审查义务。《公司法》第 16 条是法律条文，可合理认定债权人知道或者应当知道。同时保持了法院既有的裁判思路，即公司大部分情况下要承担一定的责任，而不是一点责任都不承担。如果公司一点责任都不承担，很难得到社会的认同，因为法定代表人就是公司的机关，就代表公司。

3. 公司关联担保合同效力的法律逻辑路径：从《民法典》第 504 条越权代表角度去考虑合同效力，债权人善意的，合同有效；反之，合同无效。根据《公司法》第 16 条第 2 款判断债权人是否“善意”。以往对公司关联担保的效力判断经常出现的思维路径是：从《公司法》第 16 条第 2 款、第 3 款是否为效力性强制性规范来判断，结果很容易陷入争论旋涡，各说各理。

---

① 现为《民法典》第 504 条。

4. 目标公司为对赌的股东（或实际控制人）提供对赌协议关联担保的效力判断，首先要遵循以上一般关联担保效力判断的标准，且更要考虑对赌协议的特殊情况进行精准判断，下文逐步讲解具体内容。

三、公司关联担保主观善意的认定与审查义务

对于公司关联担保主观善意的认定与审查义务，《九民会议纪要》第18条【善意的认定】规定的相关内容如下：

债权人的善意：是指债权人不知道或者不应当知道法定代表人超越权限订立担保合同。

关联担保的规定：为公司股东或者实际控制人提供关联担保，《公司法》第16条明确规定必须由股东（大）会决议，未经股东（大）会决议，构成越权代表。

债权人的举证责任：债权人主张担保合同有效，应当提供证据证明其在订立合同时对股东（大）会决议进行了审查，决议的表决程序符合《公司法》第16条的规定，即在排除被担保股东表决权的情况下，该项表决由出席会议的其他股东所持表决权的过半数通过，签字人员也符合公司章程的规定。

债权人的形式审查义务：债权人对公司机关决议内容的审查一般限于形式审查，只要求尽到必要的注意义务即可，标准不宜太过严苛。公司以机关决议系法定代表人伪造或者变造、决议程序违法、签章（名）不实、担保金额超过法定限额等事由抗辩债权人非善意的，人民法院一般不予支持。

实质推翻形式：但是，公司有证据证明债权人明知决议系伪造或者变造的除外。

笔者对以上内容做如下解读：

1. 审查债权人的实质要件：债权人是否善意（《九民会议纪要》第17条、《公司法》第16条、《民法典》第504条）。

2. 审查债权人形式要件：（1）股东（大）会决议内容；（2）决议的表决程序；（3）签字人员（《九民会议纪要》第18条；《公司法》第16条）。

注意，债权人对决议的真伪、决议程序违法、签章（名）不实、担保金额超过法定限额等事由没有审查义务。

3. 实质要件推翻形式要件：公司举证证明债权人明知法定代表人超越权限或者机关决议系伪造或者变造，债权人请求公司承担合同无效后的民事责任的，人民法院不予支持（《九民会议纪要》第20条）。

4. 一般情况下，债权人仅需履行形式审查义务即可，但是在对赌协议中，尤其是当债权人成为目标公司股东后，目标公司再为对赌原股东或（实际控制人）提供担保，对债权人的要求就会更加严格。

四、越权担保的民事责任与对赌关联担保的特殊性

《九民会议纪要》第20条【越权担保的民事责任】规定："依据前述3条规定，担保合同有效，债权人请求公司承担担保责任的，人民法院依法予以支持；担保合同无效，债权人请求公司承担担保责任的，人民法院不予支持，但可以按照担保法及有关司法解释关于担保无效的规定处理。公司举证证明债权人明知法定代表人超越权限或者机关决议系伪造或者变造，债权人请求公司承担合同无效后的民事责任的，人民法院不予支持。"

对以上内容，要特别注意对赌担保中的特殊性。在一般的公司关联担保合同中，应当是"担保合同有效，债权人请求公司承担担保责任的，人民法院依法予以支持"。但在对赌协议中，目标公司为对赌的股东（或实际控制人）提供对赌担保，即使担保条款有效，法院也必须支持实际履行吗？这是个值得考虑的问题。因为此种关联担保具有一定的特殊性，即债权人同时也是目标公司股东，应当注意不要违反资本维持原则。

五、实践中对赌案例关联担保问题的不同理解

（一）未履行《公司法》第16条的程序，履约连带责任约定无效，但过错方要承担1/2的责任

实务案例

通联公司与成都新方向公司等与公司有关的纠纷案①

案情摘要：2010年6月8日投资方通联公司、目标公司久远公司、原股东成都新方向公司签订《增资扩股协议》和对赌条款，约定赌上市，补偿方式是股权回购，久远公司承担履约连带责任，后触发对赌条款，要求回购。

一审：判决久远公司承担履约连带责任。

二审：判决久远公司不承担履约连带责任。久远公司在《增资扩股协议》中承诺对成都新方向公司进行股权回购承担连带责任，虽然有其法定代表人签章，但并未向通联公司提供相关的股东会决议，事后久远公司亦否认该事项经过其股东会的同意或是就此事召开过股东会；基于通联公司未对久远公司法定代表人作出的该项意思表示是否经过股东会决议尽到基本的形式审查义务，其不应属于善意的相对人，久远公司法定代表人的该代表行为，对通联公司不发生法律效力。通联公司关于其当时尚不是久远公司的股东、不知道公司的内部决议程序的抗辩理由，不能对抗《公司法》第16条第2款的明文规定。

最高人民法院再审：连带责任条款无效，理由同二审；但是，要承担不能清偿部分的1/2责任，目标公司存在过错，未在章程中规定担保程序事宜，根据《担保法解释》第7条的规定，“主合同有效而担保合同无效，担保人无

① 参见最高人民法院（2017）最高法民再258号民事判决书。类似案例如公司为股东之间股权转让款支付提供担保无效案——彭某诉陈某川、湖南嘉茂公司股权转让纠纷案，载中国法院网，https：//www.chinacourt.org/index.php/article/detail/2020/01/id/4777004.shtml，2020年11月15日访问。

过错的，担保人不承担民事责任；担保人有过错的，担保人承担民事责任的部分，不应超过债务人不能清偿部分的二分之一”。

《九民会议纪要》第23条【债务加入准用担保规则】规定：“法定代表人以公司名义与债务人约定加入债务并通知债权人或者向债权人表示愿意加入债务，该约定的效力问题，参照本纪要关于公司为他人提供担保的有关规则处理。”本案中，目标公司久远公司即是约定的承担连带责任，并不是担保人身份。该案二审、再审判决就是参照关于公司为他人提供担保的有关规则进行的处理，印证了《九民会议纪要》中公司关联担保的效力认定及责任承担的审判理念。

（二）即便股东会决议同意目标公司提供关联担保，但若被认为是变相抽逃出资的行为，目标公司仍不承担约定的连带责任

实务案例

郭某等与郑某等股权转让纠纷案[①]

案情摘要：2010年，郭某、郑某、潘某作为股东共同成立了邦奥公司。后三人及公司签订《公司股权转让及项目投资返还协议》：郑某、潘某将其股权都转让给郭某，郭某将股权转让款及投资回报一并返还给郑某、潘某，邦奥公司对该款项的支付承担连带责任保证。后，郭某未按期支付相关款项，郑某、潘某诉至法院要求邦奥公司承担连带保证责任。

一审、二审：判决目标公司邦奥公司承担连带责任。

再审最高人民法院认为：邦奥公司不应承担连带责任。根据《公司法》第16条第2款规定，公司为公司股东或者实际控制人提供担保的，必须经股东会或者股东大会决议，也就是说，并不禁止公司为股东提供担保，但要经

---

① 参见最高人民法院（2017）最高法民申3671号民事裁定书。类似案例如碧海舟公司、邱某军、李某璇诉雷石投资（有限合伙）股权转让纠纷上诉案［北京市第二中级人民法院（2015）二中民（商）终字第12699号案］，力合投资与刘某燕、贝瑞康公司与公司有关的纠纷案［江苏省高级人民法院（2015）苏商终字第135号案］，法院认为公司保证损害了公司利益和公司债权人利益因而无效。

法定程序进行担保；同时，《公司法》第35条规定公司成立后，股东不得抽逃出资。而如果公司为股东之间的股权转让提供担保，就会出现受让股权的股东不能支付股权转让款时，由公司先向转让股权的股东支付转让款，导致公司利益及公司其他债权人的利益受损，形成股东以股权转让的方式变相抽回出资的情形，有违《公司法》关于不得抽逃出资的规定。本案中，按照案涉《公司股权转让及项目投资返还协议》的约定，由邦奥公司对郭某付款义务承担连带责任，则意味着在郭某不能支付转让款的情况下，邦奥公司应向郑某、潘某进行支付，从而导致郑某、潘某以股权转让方式从公司抽回出资。

1. 本案中，最高人民法院从资本维持原则、防止抽逃出资的角度考虑公司关联担保问题是值得肯定的。

2. 但法院认为“如果公司为股东之间的股权转让提供担保，就会出现受让股权的股东不能支付股权转让款时，由公司先向转让股权的股东支付转让款，导致公司利益及公司其他债权人的利益受损，形成股东以股权转让的方式变相抽回出资的情形，有违《公司法》关于不得抽逃出资的规定”的思路值得商榷。如果公司具有可分配利润，且足以补偿原告，此时公司承担连带责任并用可分配利润补偿，不会违反资本维持原则，不违反禁止抽逃出资的规定；如果公司仅有部分可分配利润，本次诉讼中先在可分配利润限额内承担连带责任，也并无不当。当公司无可分配利润时，虽然本次诉讼中驳回要邦奥公司承担连带责任的诉讼请求，但是，当具备条件时，仍可以再次起诉要求邦奥公司承担连带责任。因此，要区别公司的具体财务状况来确定公司是否履行连带责任义务，不能把可能当必然。

3. 目标公司关联担保的效力判断与履行的判断，应当和目标公司与投资方对赌的判断模式一致，即将合同效力判断和能否履行的判断分开处理，合同有效法院不一定判决支持实际履行，具体能否履行要在合同有效的基础上根据合同义务人的财务状况确定。否则，很容易出现刺穿资本维持原则的漏洞。

（三）经目标公司内部决策程序通过的对赌担保有效

实务案例

强某延与曹某波等股权转让纠纷案①

案情摘要：2011 年 4 月 26 日，目标公司瀚霖公司、投资方强某延、曹某波（瀚霖公司法定代表人）三方就强某延等向瀚霖公司增资对赌事宜共同签订了《增资协议书》及《补充协议书》（对赌）。投资方强某延、曹某波赌上市，补偿方式是股权回购，目标公司瀚霖公司为曹某波承担连带担保责任。后触发对赌条款，要求回购。

一审：认定担保无效，1. 强某延与曹某波均系瀚霖公司股东，且曹某波为公司法定代表人，强某延应当提交瀚霖公司为股东曹某波提供担保已经股东会决议通过的相关证据；2. 该约定损害了公司、公司其他股东以及公司债权人的利益。

二审：认定担保无效，瀚霖公司为曹某波回购强某延股权的股权转让款支付提供担保，其实质是不管瀚霖公司经营业绩如何，股东强某延均可以从瀚霖公司获取收益，该约定使得股东获益脱离了公司的经营业绩，背离了公司法法理精神，最终使得股东强某延规避了交易风险，将瀚霖公司可能存在的经营不善及业绩不佳的风险转嫁给瀚霖公司及其债权人，严重损害了瀚霖公司其他股东和债权人的合法利益，与强某延是否为股东，是否经股东会决议无关。

最高人民法院再审：认定担保有效，并承担担保责任。1. 担保条款明确约定担保行为通过了公司的决议程序（笔者注：仅是书面承诺，并无相关决议或其他证据）。作为外部人的投资方强某延也只能善意地尽到如此注意义务。2. 并未损害公司及公司中小股东权益，不违反公司法第 16 条之立法目的。

---

① 参见最高人民法院（2016）最高法民再 128 号民事判决书。

1. 本案中，目标公司提供对赌关联担保，关系效果类似于目标公司与投资方对赌，本案一、二审法院类比或参照了“对赌第一案”中最高人民法院的裁判思维模式，因此认定担保条款无效。

2. 具体到本案，最高人民法院的再审裁判理由和结果与一、二审完全不同，又印证了《九民会议纪要》中公司关联担保的效力认定及责任承担的审判理念。

本节的重点在下面的案例总结和启示对策中。

（四）关于对赌关联担保问题的总结

对以上最高人民法院在3个案例中的裁判意见，我们按时间顺序做个梳理：

1. “通联—久远案”（最高人民法院于2017年9月29日判决）

在（2017）最高法民再258号民事判决书中最高人民法院认为，因未履行《公司法》第16条的程序，公司担保无效，但过错方要承担1/2的责任。

2. “邦奥案”（最高人民法院于2017年12月29日裁定）

在（2017）最高法民申3671号民事裁定书中最高人民法院认为，即便股东会同意，但因认为是变相抽逃出资的行为而无效。

3. “瀚霖案”（最高人民法院于2018年9月7日判决）

在（2016）最高法民再128号民事判决书中最高人民法院认为，明确认可经公司内部决策程序的对赌担保有效。

对以上3个案例，试作以下3点分析：

1. 从3个案例来看，公司担保股东间股权转让并非当然有效。《九民会议纪要》最终未保留公司为股东之间转让股权提供担保效力的内容，此处司法留白可能还需要更多的司法实践进一步检验。

对于目标公司为原股东对赌（现金补偿及股权回购）义务提供担保的效力，笔者倾向于肯定有效说。因为目标公司在履行担保责任后会享有附随之法定追偿权，根据会计准则，目标公司所有者权益也会由资产类科目中的银行存款等转变为应收账款，本质上不会减损目标公司资产的账面价值，而且目标公司的该类担保并非使目标公司成为付款义务的最终承担主体，所以对目标公司所承担的担保义务不宜持否定态度。

2. 从3个案例的时间顺序也许可以体现最高人民法院意见的变化，虽然可能是个案的不同意见，但可以确定的是，如果违反《公司法》第16条的规定，是会影响担保效力的。

3. 此外还需注意一点差别，“瀚霖案”是投资方先对公司进行增资，后向公司主张担保责任，法院认定担保有效。“邦奥案”是股东间平行转让股权，再由公司担保，被认定违反资本维持原则，担保无效。

六、公司担保问题的启示与对策

通过对《九民会议纪要》相关规定及最高人民法院相关案例的裁判思路进行归纳，就目标公司为对赌的股东、实际控制人提供关联担保问题，笔者提炼出如下5条观点：

1. 目标公司为对赌的股东、实际控制人提供关联担保的特别之处在于，债权人同时也是担保人的股东，因此需要特别注意，避免违反资本维持原则、禁止变相抽逃出资。

2. 目标公司提供担保时，务必要按《公司法》第16条第2款、第3款及《九民会议纪要》的规定通过股东（大）会决议履行相关手续，不违反公司章程的相关规定，债权人要注意尽到相应的审查义务。目标公司为上市公司的，还应审查经上市公司披露的对外担保公告，避免因目标公司法定代表人越权代表行为导致担保无效。

3. 提前预设当目标公司承担责任时，债权人的行权路径方式，如利润补偿时的具体方案、方法等。

4. 不能仅仅停留在对担保效力的判断上，担保无效后，目标公司的责任承担问题，更值得注意和应对。

5.《最高人民法院关于适用〈中华人民共和国民法典〉有关担保制度的解释》（自2021年1月1日起施行）第7条、第17条关于担保无效的责任承担问题要特别注意，尤其是第17条的1/2比例、1/3比例是上限，不是必需标准。值得注意的是，实践中以往有关判决常常倾向于直接适用比例的上限。此外，涉及一人有限责任公司、上市公司的特殊担保规定也应注意。

第二节　对赌中的创业者保护与家庭财产隔离

投资者往往通过对赌协议将目标公司发展的成败与创业者个人及夫妻财产绑定在一起，在激励创业者的同时，也使得创业成为一个高危行业，一旦对赌失败，创业者常常会倾家荡产。为防范或减少创业对赌失败带给创业者家庭的灾难，使创投者对相关风险有所认知和预判，本节将介绍对赌中涉及夫妻共同债务及家庭财产隔离的相关问题，望能给相关从业者提供一定的借鉴。

一、对赌实务中法院对夫妻共同债务的认定思路与裁判观点

夫妻共同债务的认定，经常成为对赌纠纷中的争议焦点，下面结合具体案例对法院的认定思路和裁判观点进行讲解。

实务案例

金某与建银文化基金合同纠纷案①

案情摘要：2011 年 3 月 22 日，投资方建银文化基金与目标公司小马奔腾公司（原新雷明顿公司）及其股东李甲、李乙、李丙等签订了《增资及转股协议》和《投资补充协议》约定：投资方通过增资及受让股权方式成为目标公司股东。《投资补充协议》约定：7.1 若目标公司未能在 2013 年 12 月 31 日之前实现合格上市，则投资方均有权在 2013 年 12 月 31 日后的任何时间，在符合当时法律要求的情况下，要求目标公司，原股东李甲、李乙、李丙或三名股东中的任一股东一次性收购其所持有的目标公司股权。7.8.1 目标公司实

① 参见北京市高级人民法院（2018）京民终 18 号民事判决书；北京市第一中级人民法院（2016）京 01 民初 481 号民事判决书。

际控制人之一李丙为原股东李甲、李乙、李丙和目标公司履行本协议以及本协议约定的股权强制收购、投资补偿、投资价差补偿等义务承担连带责任保证。

2013 年 12 月 31 日之前目标公司未能合格上市，李丙于 2014 年 1 月 2 日去世。2014 年 1 月 27 日，小马奔腾公司的法定代表人由李丙变更为其妻金某。2014 年 11 月 3 日，该公司法定代表人由金某变更为李乙。2014 年 10 月 31 日，建银文化基金以李甲、李乙、金某等人为被申请人向贸易仲裁委员会提出履行股权回购义务等请求。

2016 年 2 月 23 日，贸仲作出 0164 号裁决书，认定股权回购条件成就，李甲、李乙、李丙应当依约履行回购义务。金某、李某在、李某云、邓某辉应当在各自继承李丙遗产的范围内对股权回购义务承担清偿责任。但对于李丙的债务是否为夫妻共同债务，金某是否因与李丙具有夫妻关系而应承担股权回购义务，不属于该仲裁案件管辖的范围。后投资方建银文化基金起诉至北京市第一中级人民法院，请求金某承担股权回购义务。

北京市第一中级人民法院一审认为：本案的争议焦点为因《投资补充协议》中约定的李丙的股权收购义务而形成的李丙对建银投资公司的债务，是否为李丙与金某的夫妻共同债务。案涉《投资补充协议》签订于李丙与金某的夫妻关系存续期间，李丙与金某并未约定婚姻关系存续期间所得的财产归各自所有，结合本案具体案情和相关法律规定，案涉债务应认定为夫妻共同债务。法院判决：金某对丈夫李丙的债务在 2 亿元的范围内承担连带清偿责任。

金某不服一审判决，提出上诉。二审期间，恰逢《最高人民法院关于审理涉及夫妻债务纠纷案件适用法律有关问题的解释》于 2018 年 1 月 18 日实施，适用于本案。

北京市高级人民法院二审认为：二审审理期间的焦点问题是：案涉债务是否属于李丙、金某夫妻共同经营所负债务。根据查明事实，金某对于案涉协议约定的股权回购义务是明知的，其参与了公司的共同经营，案涉债务属于李丙、金某夫妻共同经营所负债务。二审最终驳回上诉，维持原判。

以上案例中，一审核心强调的是被告金某享受到了股权资产的收益。一

审法院认定夫妻共同债务的思路和裁判理由要点如下：

1. 案涉债务并非担保之债。首先，在《投资补充协议》中，7.1 条款和 7.8.1 条款均约定了李丙的股权收购义务和连带保证责任，两种义务并行。0164 号裁决书认定的债务并非基于李丙的担保责任，而系基于 7.1 条款约定的李丙的直接责任。其次，7.1 条款明确约定了特定情况下李丙的直接股权收购义务，即李丙是该项义务的直接债务人，并非担保之债。最后，应当指出，《最高人民法院民一庭关于夫妻一方对外担保之债能否认定为夫妻共同债务的复函》是针对个案，不具有普适性。

2. 案涉债务用于夫妻共同生活。首先，夫妻共同生活并不限定于夫妻日常家庭生活，还包括家庭的生产经营活动，案涉债务即属于李丙在经营公司时产生的债务。其次，李丙系小马奔腾公司的实际控制人，其对该公司的投资经营所获利经济等利益，毫无疑问将及于金某，故案涉债务的产生指向家庭经营活动，属于夫妻共同生活的一部分。再次，李丙并非以其个人财产运营小马奔腾公司及其系列关联公司，故金某本人是否参与或了解小马奔腾公司的经营情况，不影响对本案中夫妻共同债务的判断。最后，案涉债务发生于李丙经营公司之时，股权收购义务系李丙自愿承担，并不存在金某所主张的对价利益的唯一性问题。夫妻共同财产与夫妻共同债务不能分时段区别，应统一在夫妻关系存续期间进行认定。

3. 案涉债务不属于约定的个人债务。首先，《投资补充协议》中并未对案涉债务是否属于个人债务进行明确约定，夫妻关系存续期间，以个人名义所负债务，如约定为个人债务，应当明确写明，在无特别约定的情况下，不能推定为个人债务。其次，金某关于基于交易习惯，未要求配偶签字或签订承诺函，即应认定为个人债务的主张，缺乏依据支持，且金某并未提交证据证明建银投资公司明确认可案涉债务系李丙的个人债务。

二审中，该案主要是围绕着金某有无参与小马奔腾公司的“共同经营”进行审查论述。投资方用各项工商登记及项目交割等相关法律文件中的信息成功地确定了上诉人金某参与共同经营的事实。因为二审上诉期间，恰逢《最高人民法院关于审理涉及夫妻债务纠纷案件适用法律有关问题的解释》的实施，此解释成为该案最终判决的重要依据。二审法院认定夫妻共同债务的思路和裁判理由要点如下：

1. 金某是新雷明顿公司设立时登记的法定代表人和股东，后经过数次变更，法定代表人变更为李丙。

2. 金某作为小马奔腾集团公司、湖南优化公司董事，参与了公司经营；其签署相关公司的解除 VIE 架构的各种决议，应当知悉李丙与建银文化基金关于股份回购的协议安排。

3. 李丙去世后金某的一系列行为证实李丙、金某夫妻共同经营公司。

实务案例

陆某芸等与北京四方继保公司合同纠纷案①

关于本案是否属于夫妻共同债务问题，北京市第一中级人民法院认为：《最高人民法院关于审理涉及夫妻债务纠纷案件适用法律有关问题的解释》第3条规定，夫妻一方在婚姻关系存续期间以个人名义超出家庭日常生活需要所负的债务，债权人以属于夫妻共同债务为由主张权利的，人民法院不予支持，但债权人能够证明该债务用于夫妻共同生活、共同生产经营或者基于夫妻双方共同意思表示的除外。通过本案查明的事实可知：其一，陆某芸系方某之配偶，《增资协议》的前期沟通、正式签署、后期协商等过程发生在两人婚姻关系存续期间。其二，陆某芸系泓申公司董事，任公司行政财务总监，是公司高级管理人员、核心经营团队成员之一，参与公司经营管理。其三，陆某芸对整个交易过程完全知悉并深度参与，对享有的盈利奖励权利及业绩补偿义务均具有预期。其四，方某曾在邮件中明确表示“现金补偿履约中不足的部分，我将以我和妻子名下现有的所有资产，按照存在形态，依法进行履约处置”，陆某芸于2018年2月5日将上述邮件发给北京四方继保公司相关人员，系其以实际行为表明愿意承担共同清偿责任的意思表示。综合考虑上述因素，一审法院认为，本案方某对北京四方继保公司所负的业绩补偿款及利息，符合《最高人民法院关于审理涉及夫妻债务纠纷案件适用法律有关问题

① 参见北京市高级人民法院（2019）京民终252号民事判决书。

的解释》第 3 条之规定，属于夫妻共同债务。故，对于北京四方继保公司主张陆某芸对方某需要支付的业绩补偿款及利息承担共同清偿责任的诉讼请求，一审法院予以支持。北京市高级人民法院二审维持原判。

综合以上两个案例，自 2018 年 1 月 18 日《最高人民法院关于审理涉及夫妻债务纠纷案件适用法律有关问题的解释》（以下简称《夫妻债务纠纷司法解释》）实施以后，在股权融资对赌案件中，对于夫妻共同债务的认定，法院常用依据是《夫妻债务纠纷司法解释》第 3 条，体现在审判思路和观点上即夫妻一方在婚姻关系存续期间以个人名义超出家庭日常生活需要所负的债务（股权回购款、业绩补偿款及利息等），用于夫妻共同生产经营或者基于夫妻双方共同意思表示的，可以认定为夫妻共同债务。虽然《夫妻债务纠纷司法解释》于 2021 年 1 月 1 日起已被《最高人民法院关于废止部分司法解释及相关规范性文件的决定》（法释〔2020〕16 号）废止，但相关的观点已被《民法典》及相关司法解释所吸收和完善，具体内容将在下文中讲解。

从投资人的角度看，在投资时，如何确定股权回购款、业绩补偿款及利息等是融资方股东个人债务还是夫妻共同债务，有必要事先进行技术性处理并留存证据。

二、对赌中涉及夫妻共同债务的法律规定与解析

对于夫妻共同债务问题，常常涉及如下法律规定：

（一）《民法典》婚姻家庭编

第 1064 条：“夫妻双方共同签名或者夫妻一方事后追认等共同意思表示所负的债务，以及夫妻一方在婚姻关系存续期间以个人名义为家庭日常生活需要所负的债务，属于夫妻共同债务。夫妻一方在婚姻关系存续期间以个人名义超出家庭日常生活需要所负的债务，不属于夫妻共同债务；但是，债权人能够证明该债务用于夫妻共同生活、共同生产经营或者基于夫妻双方共同意思表示的除外。”

第 1065 条：“男女双方可以约定婚姻关系存续期间所得的财产以及婚前

财产归各自所有、共同所有或者部分各自所有、部分共同所有。约定应当采用书面形式。没有约定或者约定不明确的，适用本法第一千零六十二条、第一千零六十三条的规定。夫妻对婚姻关系存续期间所得的财产以及婚前财产的约定，对双方具有法律约束力。夫妻对婚姻关系存续期间所得的财产约定归各自所有，夫或者妻一方对外所负的债务，相对人知道该约定的，以夫或者妻一方的个人财产清偿。”

（二）《最高人民法院关于适用〈中华人民共和国民法典〉婚姻家庭编的解释（一）》

第 33 条：“债权人就一方婚前所负个人债务向债务人的配偶主张权利的，人民法院不予支持。但债权人能够证明所负债务用于婚后家庭共同生活的除外。”

第 34 条：“夫妻一方与第三人串通，虚构债务，第三人主张该债务为夫妻共同债务的，人民法院不予支持。夫妻一方在从事赌博、吸毒等违法犯罪活动中所负债务，第三人主张该债务为夫妻共同债务的，人民法院不予支持。”

第 35 条：“当事人的离婚协议或者人民法院生效判决、裁定、调解书已经对夫妻财产分割问题作出处理的，债权人仍有权就夫妻共同债务向男女双方主张权利。一方就夫妻共同债务承担清偿责任后，主张由另一方按照离婚协议或者人民法院的法律文书承担相应债务的，人民法院应予支持。”

第 36 条：“夫或者妻一方死亡的，生存一方应当对婚姻关系存续期间的夫妻共同债务承担清偿责任。”

近些年来，夫妻共同债务问题一直是一个热门法律问题，甚至衍生出了很多社会问题。而对赌案件中的夫妻共同债务认定问题，是在企业股权投融资的环境中发生的，并不是单纯的民间借贷，更不是夫妻日常家庭生活所负债务，因此相对来说是一个较新的法律问题，在司法实践中的争议和认定难度都比较大。从《民法典》及《最高人民法院关于适用〈中华人民共和国民法典〉婚姻家庭编的解释（一）》以上条款中可以提炼出几个规则：即“共同意思表示”规则、“家庭日常生活”规则、“夫妻共同生活、共同生产经营”规则，作为认定夫妻共同债务的具体标准。尤其是“共同生产经营”规则，是股权融资对赌案件中夫妻共同债务认定时最常用的依据，比如本节的两个案例都适用了此条规则。

三、对赌风险防范与家庭财产隔离保护措施

从婚姻家庭角度看，配偶创业自然应当支持，但是一方创业中遭遇的风险很容易伤害配偶一方甚至是整个家庭，尤其是签订对赌协议的创业者风险更大。因此是否应该设定一个家庭风险的边界？是否应设定一些家庭财产隔离的措施呢？这是每个创业者都要面对和考虑的问题。

要防范、隔离风险，首先就是要找到产生风险的根源。创业者在设立目标公司时，因缺少相关风险认识或只考虑了短期效率及运营成本，常常以自己个人的名义直接持有目标公司的股权。目标公司成立后，再引入 PE/VC 投资者时，投资者一般都会选择与目标公司的股东签署对赌协议。投资方与股东对赌时，一般会约定触发对赌条款后由目标公司股东向投资方支付股权回购款或现金补偿款。此种情况下，一旦对赌失败，创业者个人很容易背负上天文数字的债务，此债务若被认定为夫妻共同债务，则是整个家庭的灾难。总之，对赌协议给创业者家庭带来风险的原因，常常涉及两个因素：一是创业者个人因具有目标公司股东身份而被投资方要求签订对赌协议；二是创业者因对赌失败承担的债务被认定成夫妻共同债务。因此，要防范法律风险，可以从阻断以上两个因素入手。此外，对创业者的家庭财产进行有效隔离，也是风险防控的重要方式。下面介绍 4 种对赌风险防范与家庭财产隔离的方法，供参与对赌的创业者参考借鉴。

（一）夫妻协议事前隔离家庭财产

1. 操作方法

创业者对赌失败，其对赌债务被认定成了夫妻共同债务，是导致家庭财产风险的重要因素，因此，若阻断此因素，阻止将此债务认定成夫妻共同债务，即实现了风险隔离。此方案的法律依据参照《民法典》第 1064 条、第

1065 条，《最高人民法院关于适用〈中华人民共和国民法典〉婚姻家庭编的解释（一）》第 34 条中的相关内容。根据以上规定，我们可以做如下操作：

在引进 PE/VC 投资者之前，创业者夫妻之间可以签订书面协议，约定隔离夫妻财产及夫妻连带债务。创业者在签署对赌协议时一定要向投资者披露，若投资者未提出异议，则可以起到一定的风险隔离作用。创业者要注意保留已经向投资者披露协议，且投资者未提出异议的证据。

2. 创业者注意事项

创业者要注意避免《民法典》第 1064 条中列举的两种情况：（1）夫妻双方共同签名或者夫妻一方事后追认等共同意思表示所负的债务；（2）该债务用于夫妻共同生活、共同生产经营或者基于夫妻双方共同意思表示。

3. 创业者的法律风险

在对赌实务中，部分创业者或主动或被动地离婚并“净身出户”，成为单身“无产者”，丧失偿债能力。投资者为了避免此类风险，通常会要求创业者的配偶签署知情同意函或类似文件，明确说明自己知晓创业者的对赌安排，认可该债务是创业者夫妻共同债务，若创业者对赌失败，愿意与创业者共同偿还债务，同意以家庭财产及个人财产用于清偿债务。

（二）设立公司作为防火墙，隔离目标公司与创业者之间的风险

1. 操作方法

因创业者直接持股对赌带来的家族财产风险较大，故化解方法之一就是改变创业者的持股模式，改变目标公司股权架构设计，即创业者先设立或控制一个持股公司，再以此公司的名义持有目标公司的股权。此种方式，使得创业者成为目标公司的间接股东，持股公司成为目标公司的直接股东。持股公司独立承担有限责任，因此成为目标公司与创业者之间的“防火墙”。即使持股公司以股东身份与投资者对赌，但在创业者个人不参与的情况下，持股公司对赌失败的债务也不应由创业者个人及其家庭承担。

2. 创业者注意事项

（1）有人可能会问，创业者是否可以成立有限合伙企业，作为持股主体隔离对赌风险呢？因为运营中有限合伙比公司更有税务优势。仅从隔离对赌

风险的角度讲，笔者不建议使用此持股方式，因为创业者要抓住控制权，就要做有限和合伙企业的普通合伙人，而普通合伙人对债务承担无限连带责任，完全起不到隔离风险的作用。

（2）实践中也有创业者采用了多层嵌套持股方式，甚至设立海外持股控制结构，模糊隐藏目标公司的实际控制人。复杂的嵌套持股方式能够多层次隔离、缓冲、减小因对赌失败带给创业者及其家庭的风险。当然，这种方式在运营成本和效率上也有一定的弊端。

3. 创业者的法律风险

（1）投资者“锁定”创业者即实际控制人承担对赌责任，无论创业者是否为目标公司的股东、董事、高管等，投资者都在所不论。

（2）持股公司的法人人格否认致使风险隔离失败。持股公司具有法律上的独立人格，其与创业者个人应该是两个具有不同主体资格的独立“人”。实践中经常会有创业者个人与持股公司的财产、财务相混同，这很容易使持股公司的法人资格被否认，将创业者与持股公司认定为一个主体，从而使得持股公司失去了隔离对赌风险的作用。

（三）购买商业人寿保险进行财产隔离

选择人寿保险，并合理设计保险结构之后其可以具有财产隔离功能，因为人寿保险的投保人有权指定受益人（可以是投保人及其配偶以外的人），保险金是受益人的财产，从而可以通过设计实现保险金与创业者投保人及夫妻共同财产的隔离。国内的其他保险一般不具有财产隔离效果。

1. 操作方法

（1）创业者应选择人寿保险而非健康保险、人身意外伤害保险，更不是财产保险，否则不具有相应功能。

（2）创业者购买人寿保险时要避免指定本人及其配偶成为受益人，否则起不到财产隔离效果。因此，创业者购买人寿保险时可以指定配偶之外的其他亲人为受益人。

（3）避免被定性为恶意投保，创业者投保最好选择在签订对赌协议之前。《民法典》第146条、第153条、第154条规定，“以合法形式掩盖非法目的”的合同无效，因此，为了避免所投人寿保险被认定为无效合同，创业者最好在签订对赌协议之前购买人寿保险。

2. 创业者注意事项

（1）重视人寿保险的结构设计。避免负债可能性比较高的创业者或其配偶作为投保人；保险受益人重点考虑指定为创业者的父母或子女。

（2）要注意中国大陆地区的人寿保险与中国大陆地区以外的人寿保险之间的差别，作出合适的选择。中国大陆地区人寿保险的现金价值在某些省市仍有被执行的风险。

3. 创业者的法律风险

人寿保险的保险金归受益人所有，但与之不同的是保单的现金价值归属于投保人。保单的现金价值，是指带有储蓄性质的人身保险单（如终身寿险、万能保险等）所具有的价值，可被视为某一时点投保人退保时可领取的退保金。因此若创业者投保，其保单的现金价值是具有被执行风险的，实践中也有相关的案例或地方法院文件持此观点。如浙江高院于2015年发布的《关于加强和规范对被执行人拥有的人身保险产品财产利益执行的通知》规定，“退保后保单的现金价值”属于人民法院可以执行的财产；山东省高院在（2015）鲁执复字第108号执行异议复议案件中认为，保单的现金价值属于投保人的责任财产，且在法律性质上不具有人身依附性和专属性，也不是被执行人及其所扶养家属所必需的生活物品和生活费用，因此可被执行。

关于能否强制执行人身保险产品的现金价值问题，最高人民法院（2020）最高法执复71号执行裁定书认为商业人身保险合同可以被强制解除，保单现金价值可被冻结与强制划扣。该裁定书认为，《最高人民法院关于人民法院民事执行中查封、扣押、冻结财产的规定》第2条第1款规定，人民法院可以查封、扣押、冻结登记在被执行人名下的不动产、特定动产及其他财产权。商业保险产品属于前述法律规定的其他财产权利的范围。意外伤害、残疾保障类人身保险产品虽然具有一定的人身保障功能，但其根本目的和功能是经济补偿，其本质上属于一项财产性权益，具有一定的储蓄性和有价性，除《民事诉讼法》第244条及《最高人民法院关于人民法院民事执行中查封、扣押、冻结财产的规定》第5条规定的被执行人及其所扶养家属的生活必需品等豁免财产外，人民法院有权对该项财产利益进行强制执行。人身保险的保单现金价值系投保人交纳的，为了支付后年度风险之用的费用，与保险事项发生后，保险公司应当支付的保险金不同，并不具有人身依附性的专属性，也不是被执行人及其所扶养家属所必需的生活物品和生活费用。根据保险合同的内容，以及《保险法》第15条的规定，在保险金给付之前，投保人许某某对该保险现金价值享有确定的物权所有权。江西高院对该保单的现金价值及利息等财产性权益予以冻结并强制扣划并无不当。

（四）设立家族信托隔离家庭财产

并不是所有的信托都可以起到隔离家庭财产的作用，比如常见的集合信托理财产品就不具有此作用，“家族信托”才具有财产隔离效果。家族信托是指信托公司接受单一个人或者家庭的委托，以家庭财富的保护、传承和管理为主要信托目的，提供财产规划、风险隔离、资产配置、子女教育、家族治理、公益（慈善）事业等定制化事务管理和金融服务的信托业务。家族信托可以有效财产隔离的原因在于：信托财产的独立性；信托受益人对信托财产享有受益权，且受益人不以委托人为限；信托文件可约定债务清偿范围。

1. 操作方法

在操作上，要注意找专业人士合理设计信托结构和信托文件，同时要注意中国大陆地区的信托与中国大陆地区以外的信托之间的差别，作出合适的选择。

2. 创业者注意事项

创业者选择信托受益人要特别注意，如果选择不当，比如选择配偶为受益人，一旦创业者对赌债务被认定为夫妻共同债务，受益人的信托受益权仍需要清偿债务。

3. 创业者的法律风险

虽说信托具有一定的隔离财产作用，但是在我国适用信托制度仍需注意相关风险，如信托财产所有权转移的障碍可能导致信托未生效的风险，不合理设立信托可能导致信托无效或被撤销的风险等。

鉴于以上法律风险的存在，创业者在预防和规避法律风险时，要注意相关方案的事先设计。

第八章　涉及国企、上市公司的对赌

国企、上市公司作为对赌主体都具有一定的特殊性，涉及国企的对赌要考虑避免造成国有资产流失，涉及上市公司的对赌要考虑对众多中小股东利益的保护，因此我国法律、法规、部门规章等对涉及这些主体类型的对赌有些特别的规定。这些特别的规定，可能会给对赌协议的签订及履行造成一些风险和障碍，因此本章对涉及这两个主体的对赌进行针对介绍。

第一节　涉及国企的对赌

对赌协议在非国企股权投融资中运用得比较广泛，但在涉及国企的股权投融资中应用得相对较少，原因在于为避免造成国有资产流失，我国在涉及国有资产保护方面有一些特殊的规定，如国有股权的交易涉及有权部门的审批、是否进场交易、交易价值的确定涉及审计/评估等。正是这些相关规定对某些类型对赌协议的签订、履行造成了一定的风险和障碍。本节将主要从涉及国资对赌特别程序的规定对对赌协议效力的影响、国企对赌法律风险及风险应对措施等方面进行讲解讨论。

一、涉及国企的对赌类型

我国虽然有一些保障国有资产交易安全的规定，对于对赌安排有一定影响，但实践中涉及国企的对赌案例也时常发生，国企参与对赌的类型主要有以下 3 种：

1. 国企向非国企投资的对赌

国企向非国企投资的对赌，一般是国有创投公司直接（或间接）投资非国企，实现对赌目标时，国有创投公司（或其发起设立的合伙型基金）给非国企公司奖励，未实现对赌目标时，非国企公司或其股东给国有创投公司（或其发起设立的合伙型基金）补偿。

2. 国企引入非国企投资的对赌

此类对赌，一般是国有企业引入非国企风险投资，实现对赌目标时，非国企风险投资者给国有公司奖励，未实现对赌目标时国有企业给非国企的风险投资者补偿。

3. 国企投资国企的对赌

国企投资国企的对赌，一般是国有创投基金投资国有企业，对赌机制在两家国有企业之间进行。

二、对赌协议与国资监管规定

国企参与对赌，如果仅涉及现金对赌或管理调整等，一般不涉及国资监管问题，但如果涉及股权回购、股权补偿等股权变动问题时，无论是国企转让股权还是收购股权，都应当遵守《企业国有资产法》《企业国有资产监督管理暂行条例》《企业国有资产交易监督管理办法》《国有资产评估管理办法》《企业国有资产评估管理暂行办法》等国资监管法律规定，依法履行审批、审计/评估、进场交易等监管程序，避免国有资产流失。下面主要介绍涉及国资股权交易的审批、股权交易价格的评估与确定。

（一）涉及国资股权交易的审批问题

1. 国资股权投资的审批

股权投资，目前已成为国企对外投资的主要方式。国资股权投资的审批由国务院国资委及地方国资委根据各自的实际情况进行管理，国家未出台关于国有企业股权投资的统一规定。不过，国务院国资委对于央企对外投资的规定对地方国有企业具有一定的参考作用。

一般来说，一级国企（即股东为国资委）的对外投资应当根据国资委本年度投资计划进行。计划内的投资项目不需另行审批。计划外投资项目应向国资委单项报批。二级以下国有企业（即股东为国有企业）的对外投资计划一般要经过其上级公司的核准。审核的内容主要包括：投资是否符合国家产业政策和发展规划；是否符合企业布局、战略规划和结构调整方案；是否会对主营业务造成负面影响等。如果国资股权投资项目未能通过审批，则对赌协议就无从谈起。

2. 国资股权转让的审批

国资监管法律规定，国有资产监督管理机构决定其所出资企业的国有股权转让。其中，转让全部国有股权或者转让部分国有股权致使国家不再拥有控股地位的，报本级人民政府批准。为防止国有资产流失，国有资产监督管理机构在审批对赌协议时会十分谨慎，尤其是涉及股权补偿性质的低价转让国有股权的对赌协议，审批机构会尽力避免产生贱卖国有资产的嫌疑，如凯雷与徐工对赌协议的取消即是如此。以上规定会对部分对赌协议的签订履行造成一定的障碍。

（二）涉及国资股权交易价格的评估与确定

1. 国资受让股权的价格评估与确定

根据《企业国有资产评估管理暂行办法》规定，国企收购非国有资产，必须对非国有资产进行评估。非国有资产的转让价格，一般不得高于其评估价格。目前，由于国内资产评估的主要依据是净资产，对企业的成长性往往重视不足，可能致使目标公司的评估价值过低。这就使得因国企对赌失败后回购非国企股权的事前约定的交易价格高于事后的评估价格，故而无法通过核准或备案，继而出现对赌协议履行障碍。

2. 转让国资股权的价格评估与确定

国有资产转让应当遵循等价有偿和公开、公平、公正的原则。涉及国有股权转让时，除按照国家规定可以直接协议转让的以外，应当在依法设立的产权交易场所公开进行。转让方应当如实披露有关信息，征集受让方；征集产生的受让方为两个以上的，转让方应当采用公开竞价的交易方式。国有资产转让应当以依法评估的、经履行出资人职责的机构认可或者由履行出资人职责的机构报经本级人民政府核准的价格为依据，合理确定最低转让价格。

鉴于上面的相关规定，当国企未实现约定的对赌目标，以象征性的低价将国有股权转让给私募股权投资者时，此对赌协议将出现履行障碍，甚至此类对赌协议因无法付诸实现而失去现实意义。

三、国企向非国企投资的对赌回购

从司法实务的角度看，未经审批的国有资产转让合同，法院为防止国有资产流失，一般会认定为合同签订但未生效，而不是直接认定合同无效。比如在（2013）民二终字第42号股权转让纠纷上诉案中，最高人民法院认为，根据《国有股东转让所持上市公司股份管理暂行办法》（当时有效，现已失效）规定，国有企业云南红塔转让所持云南白药集团上市股份的《股份转让协议》依法属于应当办理批准手续才生效的合同。

值得注意的是，最高人民法院内部对此类问题尚存不一致的意见。如在2011年最高人民法院审判监督庭编写的《全国法院再审典型案例批注（上下册）》中表述：“未经审批的国有股权的转让，涉及国家利益和社会公共利益，鉴于很多现实条件，事后补办的资产评估、交易方式的模拟都无法对当时的交易条件作出令人满意的补正。对程度要求的放松，将导致国有资产的大量流失。因此，在一、二审程序中处理该类纠纷应当严格要求，不宜将未经审批的股权转让行为认定为不生效。”

但是，国资向非国企投资中涉及的对赌回购通常是非国企高价（高于购买股权时的价格）回购国企股权，一般不涉及“国有资产流失的问题”。因此，如果没有特别事由和依据，法院应该支持对赌协议回购条款的履行。国有创投基金投资非国企的形式主要有两种，一种是国有创投公司首先以基金管理人身份发起设立合伙型基金，再由该合伙型基金投资非国企；另一种是国有投资公司直接投资非国企，成为其股东。

（一）以基金方式投资非国企的对赌回购

国有基金管理公司通过设立合伙企业的方式对非国企进行投资，对赌协议采用股权回购进行估值调整并没有法律上的限制，此种回购方式并不属于国资监管范围。国务院国有资产监督管理委员会于2020年1月3日发布实施的《有限合伙企业国有权益登记暂行规定》（国资发产权规〔2020〕2号）规定，有限合伙企业国有权益的占有、变动和注销要进行事后登记。且未规定国有资产交易的特别程序。

（二）直接投资非国企的对赌回购

1. 关于国资低比例股权的一般规定

当国资直接或间接，单独或共同持有非国企股权比例不超过50%，且不是最大股东，不能对被投资企业实际支配时，目标公司履行对赌协议、回购国资股权的情况，并不属于《企业国有资产交易监督管理办法》第3条所列的企业国有资产交易监督的情况。

2. 特殊规定

关于对赌协议的国资股权回购，除了一般性规定，还有一些特殊的规定需要注意：

①《企业国有资产交易监督管理办法》第63条规定，金融、文化类国家出资企业的国有资产交易和上市公司的国有股权转让等行为，国家另有规定的，依照其规定。

②《财政部关于进一步明确国有金融企业直接股权投资有关资产管理问题的通知》（财金〔2014〕31号）第3条和第9条规定，国有金融企业开展直接股权投资业务，可以按照监管规定组建内部投资管理团队实施，也可以通过委托外部投资机构管理运作。内部投资管理团队和受托外部投资机构应当符合监管部门要求的资质条件，建立完善的管理制度、决策流程和内控体系，设立资产托管和风险隔离机制。国有金融企业开展直接股权投资，应当建立有效的退出机制，包括：公开发行上市、并购重组、协议转让、股权回购等方式。按照投资协议约定的价格和条件、以协议转让或股权回购方式退出的，按照公司章程的有关规定，由国有金融企业股东（大）会、董事会或其他机构自行决策，并办理股权转让手续；以其他方式进行股权转让的，遵照国有金融资产管理相关规定执行。

③《上海市国有创业投资企业股权转让管理暂行办法》（沪发改财金〔2010〕050 号）第 14 条规定，国有创业投资企业转让股权时，投资协议中对转让事项事前约定并按规定履行备案的，可按事前约定依法决策。

四、国企引入非国企投资的对赌回购

当国企引入非国企的风险投资，因未实现约定的对赌目标而回购股权产生股权变动时，双方当事人经常出现的争议焦点是：有权机构的批准、评估、进场交易程序对对赌协议回购效力的影响。

（一）批准程序与对赌回购条款的效力

未履行审批程序是否影响合同效力，需看该审批程序是否为法律或行政法规的效力性强制性规定。目前通说认为只有法条明确规定“违反该规定合同无效的”，才属于效力性强制性规定。由于早期立法技术问题，无此明示的也未必不属于效力性强制性规定。实践中，涉及国企转让股权或收购股权的合同，未经有权机构的批准，一般认定为未生效，不可执行。（但国企与国企对赌回购存在例外的情况，详看后面的内容。）

实务案例

上海阳亨公司与江苏省盐业集团股权转让纠纷案①

江苏盐业集团与上海阳亨公司就江苏盐业集团购买上海阳亨公司持有的新世纪盐化公司股权的事宜达成了一致意见。但《合同法》第 44 条规定：“依法成立的合同，自成立时生效。法律、行政法规规定应当办理批准、登记等手续生效的，依照其规定。”《企业国有资产法》第 30 条规定：“国家出资企业合并、分立、改制、上市，增加或者减少注册资本，发行债券，进行重大投资，为他人提供大额担保，转让重大财产，进行大额捐赠，分配利润，

① 参见最高人民法院（2016）最高法民申 474 号民事裁定书。

以及解散、申请破产等重大事项，应当遵守法律、行政法规以及企业章程的规定，不得损害出资人和债权人的权益。"《企业国有资产监督管理暂行条例》第23条规定："国有资产监督管理机构决定其所出资企业的国有股权转让。……"对于重要子企业的重大事项，《公司法》第66条规定："国有独资公司不设股东会，由国有资产监督管理机构行使股东会职权。国有资产监督管理机构可以授权公司董事会行使股东会的部分职权，决定公司的重大事项。……"依据上述法律、行政法规规定的文义和立法目的，国有资产重大交易，应经国有资产管理部门批准，合同才生效。本案中，江苏盐业集团系江苏省国资委独资的国有企业，其因对外重大投资而签订的案涉股权买卖合同需经国资管理部门审批后才能生效。因此，案涉《股权转让专题会议纪要》中关于"4. 江苏盐业公司按规定履行股权受让相关程序"的表述应解读为"盐业集团按规定履行股权受让的内外部审批手续"。由于上述审批手续未能完成，依据《最高人民法院关于适用〈中华人民共和国合同法〉若干问题的解释(一)》第9条的规定，应认定案涉股权转让合同并未生效。

除此案例外，最高人民法院在南京诚行投资（有限合伙）诉江苏省盐业集团股权转让合同纠纷再审案［(2016) 最高法民申410号］民事裁定书中也持相同观点。

(二) 评估程序与对赌回购条款的效力

国企转让或收购股权时，依法应对所涉股权进行评估，股权交易价格应以经核准或备案的评估结果为基础确定。那么，如果未进行评估程序，对股权回购条款的效力有何影响呢？现有最高人民法院作出的裁决中，一般认为《国有资产评估管理办法》(国务院令第732号) 第3条的规定并非效力性强制性规定，因此，不应依据该条规定否定未经评估的国有资产转让合同的效力。

实务案例

华电集团与国恒公司股权转让合同纠纷案①

最高人民法院认为：《企业国有产权转让管理暂行办法》《国有资产评估管理办法》等法律法规并未作出企业国有资产转让未经评估则行为无效的强制性规定。《国有资产评估管理办法施行细则》第10条规定：“对于应当进行资产评估的情形没有进行评估，或者没有按照《办法》及本细则的规定立项、确认，该经济行为无效。”但该细则系部门规章。依照《合同法》第52条第5项之规定，违反法律、行政法规的强制性规定的合同无效，案涉股权转让未经评估并未违反法律、行政法规的强制性规定。

与以上案例不同的是，最高人民法院还有另一种裁判路径，即以国资部门行政处理前置作为合同效力认定依据，如果国有资产监督管理机关没有否定未经评估的国有资产转让行为，则法院也不直接以未评估为由否定转让行为的效力。此种裁判路径回避了对《国有资产评估管理办法》第3条属于效力性强制性规范还是管理性强制性规范的认定。

实务案例

北京安联公司与北京安恒达公司等股权转让纠纷案②

最高人民法院认为：即使安联公司出让上述股权未在产权交易场所公开进行、未办理股权资产评估备案，但在没有充足证据证明国有资产监督管理机关否定股权转让的情形下，不宜直接认定安联公司出让涉诉股权的行为无效。

需要注意的是，如果出让方和受让方恶意串通，故意低价转让未经评估的国有资产，则可依照《民法典》第534条的规定，以恶意串通，损害国家

① 参见最高人民法院（2015）民申字第715号民事判决书。

② 参见最高人民法院（2015）民二终字第399号民事判决书。

利益为由认定合同无效。另外，《企业国有资产法》第 72 条也规定，在涉及关联方交易、国有资产转让等交易活动中，当事人恶意串通，损害国有资产权益的，该交易行为无效。实践中的案例所持意见也并不完全一致，有的甚至与最高人民法院以上案例的观点相反，如黑龙江省高级人民法院在（2015）黑高民申二字第 590 号民事裁定书中认为，国有资产转让未经法定程序和审批，违反法律的强制性规定，属于无效合同。

（三）进场交易程序与对赌回购条款的效力

关于国企转让股权，进场交易的程序规定，一般认为其并非效力性强制性规范，未进场交易的也不涉及效力问题。

实务案例

武汉银城公司等与湖北信联公司国有土地使用权转让合同纠纷案①

最高人民法院认为：违反了国务院《企业国有资产监督管理条例》第 3 条、国务院《国有资产评估管理办法》第 3 条、财政部《企业国有产权转让管理暂行办法》和《湖北省企业国有产权交易操作规则》的相关规定，转让作为国有资产的土地使用权时没有报上级主管部门批准，没有进行评估，也没有在规定场所交易，按照《最高人民法院关于适用〈中华人民共和国合同法〉若干问题的解释（二）》第 14 条规定："合同法第五十二条第（五）项规定的'强制性规定'，是指效力性强制性规定。"而上述行政和地方法规，均属管理性规定。原判决据此没有认定《协议书》无效，不存在适用法律错误的问题。

需要注意的是，目前各地法院就"未履行进场交易程序对相关交易行为效力的影响"尚未形成一致的裁判标准，司法实务中不能排除有关法院持不同或相反观点的可能。

---

① 参见最高人民法院（2016）最高法民申 876 号民事裁定书。

五、国企投资国企的对赌回购

国企投资国企的对赌，一般是国有创投基金投资国有企业，对赌机制在两家国有企业之间进行。国企之间的股权回购具有特殊性，如以下案例，即便程序上有瑕疵，未经有关机关批准，未经评估，也不会产生国有资产流失的后果，不能认定为损害了国家利益或社会公共利益，一般也不影响协议的效力。以下联大公司与安徽高速股权回购案件中，均为国企的双方当事人，成立了安徽安联公司，后联大公司向安徽高速转让了股权，之后联大公司向安徽高速请求回购股权。该案虽不是对赌回购，但仍值得借鉴。

实务案例

联大公司与安徽高速股权转让纠纷案①

江苏省高级人民法院一审认为：1. 未经有关机关批准不影响《股权转让协议书》的效力。首先，《合同法》第52条第5项规定，“有下列情形之一的，合同无效：……（五）违反法律、行政法规的强制性规定”。而《股份有限公司国有股权管理暂行办法》系部门规章，并非法律或行政法规，合同内容违反部门规章并不当然无效。其次，虽然股权转让协议有关于取得政府部门批准的约定，但协议签订当天，双方当事人就办理了股权变更的工商登记，安徽高速已向联大集团支付了股权转让款，联大集团也向安徽高速提出了回购股权的主张。因此，股权转让协议已实际履行，双方当事人以实际履行行为变更了上述约定。况且，本案系两个国有企业之间转让股权，不会产生国有资产流失的后果，未经审批不会损害国家利益或社会公共利益。故是否经过有关机关批准不影响该协议的效力。

2. 未经评估不影响《股权转让协议书》的效力。从《国有资产评估管理办法》的规定看，制定《国有资产评估管理办法施行细则》应为国务院授权

---

① 参见最高人民法院（2013）民二终字第33号民事判决书。

国有资产管理行政主管部门进行行政立法的行为，《国有资产评估管理办法施行细则》应为行政法规，安徽高速认为《国有资产评估管理办法施行细则》为行政规章的观点不能成立。但本案中不应依据办法和施行细则的规定认定股权转让行为无效，理由为：(1)《国有资产评估管理办法》和《国有资产评估管理办法施行细则》均出台于20世纪90年代初，此时《合同法》尚未颁布，国家尚未通过立法确立保护交易安全的理念，但在合同法颁布后，应尽可能促进交易安全，不能轻易否定交易行为的效力。(2)《国有资产评估管理办法施行细则》相关规定的目的在于防止国有资产流失，本案中系在两大国有企业之间流转股权，不存在国有资产流失的可能，因此，亦不宜依据《国有资产评估管理办法施行细则》确认股权转让行为无效。

最高人民法院二审认为：案涉股权转让未经资产评估不能否定《股权转让协议书》的效力。综观本案，联大集团始终主张确认其股权回购的权利，但股权回购权的确认必须以《股权转让协议书》有效为前提。联大集团既要求确认《股权转让协议书》无效，又主张确认回购权，理由相互矛盾，难以自圆其说，此其一；其二，1992年国务院发布的《国有资产评估管理办法》性质为行政法规，其第3条关于国有资产占有单位在资产拍卖、转让等5种情形下，应当进行评估的规定虽为强制性规定，但根据《合同法》第52条及《合同法司法解释（二）》第14条规定，该内容并非效力性强制性规定。国家国有资产管理局于1992年经国务院授权制定的《国有资产评估管理办法施行细则》应属部门规章。该细则第10条规定："对于应当进行资产评估的情形没有进行评估，或者没有按照《办法》及本细则的规定立项、确认，该经济行为无效。"鉴于该细则属于部门规章，不是法律、行政法规，根据《合同法》第52条规定，不能直接否认案涉《股权转让协议书》的效力。

最终，最高人民法院维持了一审判决。

六、涉及国企对赌的股权补偿问题

涉及国企对赌的股权补偿问题，分三种情况：第一种是非国有公司以无偿或象征性低价转让股权，补偿国企；第二种是国企以无偿或象征性低价转让股权，补偿非国企；第三种是国企以无偿或象征性低价转让股权，补偿国企。

第一种情况，国企是获利行为，不涉及国有资产流失问题，不涉及国有资产交易的监管问题。第二种情况，国企补偿非国企，则涉及国资监管的问题，应防止国有资产流失。《企业国有资产法》明确规定涉及国有股权转让，要经评估程序，且经核准的评估报告要作为股权转让价格的评估依据。因此国企以无偿或象征性低价转让股权，补偿非国企的对赌回购约定一般很难通过评估程序，很难得到执行。如果股权补偿行为，使得国资方失去控股地位，则还需要本级人民政府批准。第三种情况，国企补偿国企，不涉及国有资产流失的问题，相对来说法院对此类交易的态度要宽容得多。对此类问题的处理思路，可以参看借鉴上文“五、国企投资国企的对赌回购”中的内容。

七、涉及国企对赌的法律风险与对策

关于国企对赌的法律风险与对策，下面主要从审批程序的前置与完善、股权价格条款的设计、国企参与对赌的方式、避免某些方式的股权补偿四方面进行讲解。

（一）前置、完善并完成相关审批程序，避免效力瑕疵及履行风险

在有关国企的股权对赌业务中，国企涉及需要有权机构批准的事项将可能影响协议的效力及履行。由于立法技术问题，特别是早期立法技术未必娴熟，有些规定相关审批程序的法律、法规中并未明确规定“违反该规定合同无效”的类似内容，致使对相关规定是否属于效力性强制性规定的判断在司法实践中经常有不同认识，而且，对相关规定是部门规章还是经国务院授权制定的法规也可能产生不同理解。因此，从风险防范角度考虑，较为保险的做法是在相关对赌业务开展之始，在合同中明确相关审批义务的履行问题，能将相关审批程序前置的尽量前置，并及时完成审批手续（包括投资方受让、增资取得股权及后面的回购股权、股权补偿等），避免因未履行审批义务影响合同效力及履行。

（二）设计股权转让价格条款，防范国有资产评估风险

在国企投资非国企的过程中，国企与非国企签订对赌协议，当未实现对赌业绩目标要求非国企回购国企持有的股权时，会涉及回购股权价格的确定与评估问题。如果按对赌协议约定的计算方式确定的股权回购价格低于后来评估确定的价格，将会造成回购履行风险。为防范此风险，可以在对赌协议中约定：当未实现对赌业绩目标要求非国企回购国企持有的股权时，股权回购价格以事先约定的价格和届时的评估价格两者中的高价为准。

（三）国企可以通过设立创业投资企业的方式参与股权对赌回购业务

除法律、法规、部门规章之外，涉及国有股权转让的规定还有一些地方性规定。此类规定以一定的形式变通或简化了相关审批手续，如《上海市国有创业投资企业股权转让管理暂行办法》（沪发改财金〔2010〕050 号）在第 10 条、第 11 条中规定，国有创业投资企业可以在投资协议中对转让方式、转让条件、转让价格、转让对象等一项或若干项进行事前约定，并在通过第一大股东逐级上报出资监管企业或区（县）国资委备案后即可实施。因此，在符合相关规定的情况下，有条件的国企可以通过设立创投企业的方式来参与对赌回购业务。

（四）避免某些方式的股权补偿

对于涉及国企补偿非国企的对赌方式，尽量避免象征性低价或免费股权补偿，以防造成履行障碍。因《企业国有资产法》明确规定涉及国有股权转让，要经评估程序，且经核准的评估报告要作为股权转让价格的评估依据。显然，补偿性质的股权转让很难通过评估程序。另外，如果股权补偿行为使得国资方失去控股地位，则还需要本级人民政府批准。

第二节　涉及上市公司的对赌

上市公司因为是公众公司，涉及众多中小股东的利益，因此监管部门对

其并购对赌有着较为严格甚至是不够灵活的规定，如果不能深刻理解相关规定并熟练运用相关操作方法，可能活企业会被死规定困住。另外，一些标的公司股东的风险意识较差，盲目追求高估值带来的短期回报，对并购对赌交易过于乐观，认为与上市公司成为一家之后一定会得到上市公司的“赋能”，完成业绩承诺问题不大，对盈利不及预期带来的补偿风险完全忽视。还有，实践中往往是上市公司对标的公司单方面尽调，而标的公司对上市公司则缺乏客观深入的了解，对两家公司的匹配度欠缺考虑，并购之后才发现两家公司“三观不同”，虽然捆绑到了一起，但却出现了各种排异反应，最终不但不能相互“赋能”反而相互“拖累”。本节内容从对上市公司对赌的基本认识到实践中涉及的常见问题、重要问题进行讲解、剖析，并提供一些方案策略，希望能为读者提供借鉴。

一、上市公司“对赌”的含义、作用与现状

（一）上市公司“对赌”的含义

上市公司及其控股或者控制公司在日常经营活动之外购买、出售资产或者通过其他方式进行资产交易达到规定的比例，导致上市公司的主营业务、资产、收入发生重大变化。在这种交易过程中，如果采取收益现值法、假设开发法等基于未来收益预期的方法对拟购买资产进行评估或者估值，并将其作为定价参考依据的，特定的交易对方应当与上市公司就相关资产实际盈利数不足利润预测数的情况签订明确可行的补偿协议。这就是上市公司并购重组时的对赌协议，即通常是指盈利预测补偿协议。

有关观点认为，对赌在本质上是一种看跌期权。上市公司并购交易时采取收益现值法、假设开发法等对并购标的估值存在过高的风险。为了避免或减小前期估值失衡造成的损失，上市公司需要购买一系列的看跌期权来对冲交易价格风险，当交易的承诺业绩未达标时可以行权。上市公司支付的交易对价可以看成两部分，一部分是购买股权的对价，另一部分是购买标的资产看跌期权的金额。

中国证券监督管理委员会在《上市公司重大资产重组管理办法》第 35 条第 1 款规定：“采取收益现值法、假设开发法等基于未来收益预期的方法对拟购买资产进行评估或者估值并作为定价参考依据的，上市公司应当在重大资产重组实施完毕后 3 年内的年度报告中单独披露相关资产的实际盈利数与利润预测数的差异情况，并由会计师事务所对此出具专项审核意见；交易对方应当与上市公司就相关资产实际盈利数不足利润预测数的情况签订明确可行的补偿协议。”

（二）上市公司“对赌”的作用

上市公司对赌协议中都同时设有业绩承诺和业绩补偿安排。业绩承诺，是并购重组交易中交易对方就目标公司在承诺期内提出的关于营收和净利润指标（净利润指标更重要）的保证：一方面，体现交易标的对自己业务发展的信心，为上市公司、二级市场提供良好预期；另一方面，作为基于未来收益的支撑，从技术上回答对目标公司估值的合理性。业绩补偿安排，即交易对方承诺经营业绩未实现时，交易对方要按一定方式对上市公司进行补偿，以保护上市公司中小股东的利益。虽然业绩承诺及补偿安排实质为交易对方与上市公司经历市场化博弈的结果，但监管机构主要还是站在保护中小投资人利益的角度，制定相关规定并进行监管，如审查对赌协议中是否存在不合理情形或不对等安排等。《上市公司重大资产重组管理办法》第 3 条规定，任何单位和个人不得利用重大资产重组损害上市公司及其股东的合法权益。

（三）我国上市公司的“对赌”现状

根据 Wind 数据统计，2014 年至 2016 年我国上市公司发行股份购买资产过会的合计 803 单，其中需要履行业绩承诺的 512 单，超过 60% 进行了业绩对赌，2016 年当年约占总交易的 80% 即 408 家完成业绩承诺，涉及 325 家上市公司，占比 77% 。由于并购整合能力基本缺失，2015 年至 2017 年间，并购标的对赌业绩不达标的占了 1/3。

并购重组是企业发展的机遇，但也伴随着巨大风险。虽然我国并购重组数量自 2013 年以来逐年递增，国内 A 股上市公司并购重组日益火爆，但从国内外并购重组的发生频率来看，成功率仅为三成。其中，我国的并购，八成都以失败告终。并购重组，从初期的目标公司估值到后期的业务板块整合、业绩承诺兑现，每一个环节都存在未知数。

二、上市公司涉及对赌的几种情况

（一）必须签订对赌协议的四种情况

为了更有利于保护上市公司及其股东的合法权益，上市公司并购重组时通常在出现以下四种情况时需签订盈利预测补偿协议，即对赌协议：

1. 根据估值作价方法确定：采用收益现值法、假设开发法或资产基础法当中存在基于未来收益预期的

上市公司并购重组中采用收益现值法、假设开发法等基于未来收益预期的方法对拟购买资产进行估值的，要签订盈利预测补偿协议。这实际上是在并购重组时基于一定的业绩承诺，换取相对较高的交易对价，若无法实现承诺的业绩，就必须予以补偿，这是一种“对赌”。

收益现值法又称收益还原法、收益资本金化法，是指通过估算被评估资产的未来预期收益并折成现值，借以确定被评估资产价值的一种资产评估方法。收益现值法的基本理论公式可表述为：资产的重估价值 = 该资产预期各年收益折成现值之和。一般并购重组交易中，多数估值都是取“收益法”的评估结果，其目的在于保护上市公司中小股东的利益。即使是上市公司向非关联方发行股份购买资产，交易双方也会设定相应的业绩补偿条款。

假设开发法也称预期开发法，是房地产评估中常用方法之一，在形式上是成本法的一种倒算，成本法中是已知土地购置成本求开发后的价格，而假设开发法中是通过预计开发后的价格倒算土地购置成本。具体估价时有现金流量折现法和传统方法。

此外，如果资产基础法中对一项或几项资产采用了基于未来收益预期的方法，上市公司的控股股东、实际控制人或者其控制的关联人也应就此部分或全部资产进行业绩补偿安排，ST 太光吸收合并神州数码即是此种情况。

2. 根据交易对方确定：交易对方为上市公司控股股东、实际控制人或者其控制的关联人的

《监管规则适用指引——上市类第1号》（2020年7月）规定，交易对方为上市公司控股股东、实际控制人或者其控制的关联人，无论标的资产是否为其所有或控制，也无论其参与此次交易是否基于过桥等暂时性安排，上市公司的控股股东、实际控制人或者其控制的关联人均应以其获得的股份和现金进行业绩补偿。此种情况强制性的对赌补偿机制设定符合监管的理念，无可厚非，目的在于谨防上市公司大股东利用并购重组损害上市公司利益。

这里需要对“其控制的关联人”进行说明。控制是指投资方拥有对被投资方的权力，通过参与被投资方的相关活动而享有可变回报，并且有能力运用对被投资方的权力影响其回报金额。根据财政部于2014年2月17日修订的《企业会计准则第33号——合并财务报表》的规定，合并财务报表的合并范围应当以控制为基础予以确定。公司组织形式、有限合伙企业的并表都是以控制为前提。因此，对于有限合伙制基金来说，无论是普通合伙人，还是有限合伙人，谁拥有对有限合伙制基金的控制权，谁就对合伙企业实施并表。对于有限合伙企业，其控制人一般界定为普通合伙人（执行合伙人），因为有限合伙人实际上不参与管理。理论上，针对有限合伙企业的实际控制人的认定有“目的说”“利益说”“控制说”等多种观点，因此普通合伙人不一定绝对被认定成实际控制人。在具体案例分析操作中，需要结合合伙企业协议、内部决策机制等文件和合伙企业的运营实际情况等因素，基于实质重于形式的原则作出实质判断。如果相关判断要素互相矛盾无法确定，建议合伙企业修改合伙协议。

3. 根据控制权的变动确定：向控股股东、实际控制人或者其控制的关联人之外的特定对象购买资产且导致控制权发生变更的

此种情况一定要注意，导致控制权发生变更是必要条件，否则并非必须签订补偿协议。

4. 构成借壳上市的

借壳上市，是指一家母公司通过把资产注入一家市值较低的已上市公司（壳，Shell），得到该公司一定程度的控股权，再利用其上市公司地位，使母公司的资产得以上市。通常该壳公司会被改名。并购交易构成借壳上市的，应当以拟购买资产的价格进行业绩补偿的计算。

（二）自主决定是否签订对赌协议的情况

《上市公司重大资产重组管理办法》第35条第3款规定，上市公司向控股股东、实际控制人或者其控制的关联人之外的特定对象购买资产且未导致控制权发生变更的，并非必须签订补偿协议，上市公司与交易对方可以根据市场化原则，自主协商是否采取业绩补偿和每股收益填补措施及相关具体安排。

基于以上规定，上市公司虽然属于第三方的市场化并购交易对方，根据市场化原则及实际谈判结果确定，不强制做业绩承诺，业绩承诺内容也较为灵活。但从近几年的并购重组项目实务来看，绝大多数上市公司都遵循市场化原则，自行选择了业绩承诺及相关的业绩补偿方式。因为标的公司的估值往往是交易双方商业博弈的结果，缺乏一个客观、合理的可评判标准，所以上市公司的对赌选择就是希望以此达到估值合理、激励标的公司持续盈利的目的，同时实现对中小投资者的保护。可以说，交易对方对上市公司业绩承诺已经成为上市公司并购重组市场化原则的重要体现。

三、上市公司并购重组时的对赌主体、对赌资产及补偿原则

上市公司并购重组，对赌当事人一方为上市公司，当交易对方为上市公司控股股东、实际控制人或者其控制的关联人时，无论标的资产是否为其所有或受其控制，也无论其参与此次交易是否基于过桥等暂时性安排，上市公司的控股股东、实际控制人或者其控制的关联人均应以其获得的股份和现金进行业绩补偿。如构成借壳上市的，应当以拟购买资产的价格进行业绩补偿的计算，且股份补偿不低于本次交易发行股份数量的90%。业绩补偿应先以股份进行补偿，不足部分以现金补偿。

但上市公司与交易对方根据市场化原则，自主协商采取业绩承诺和补偿方案的，补偿措施及相关具体安排会更灵活一些，如补偿主体选择全部以股份或全部以现金形式补偿，详细内容下文会进行介绍。

四、上市公司对赌常见业绩承诺与补偿方案核心事项

上市公司对赌常见业绩承诺与补偿方案核心事项主要是：业绩承诺比例及覆盖率、补偿方式与计算、补偿期间等方面，以下针对要点进行相关介绍。

（一）业绩承诺比例及覆盖率

监管机构一直比较关注交易对方所做出的业绩承诺是否能够覆盖资产重组标的的全部估值。实践中，一般情况是参与业绩承诺的交易对方越多、覆盖交易标的估值的比例越高，越容易取得监管机构认同。例如：华谊兄弟、掌趣科技发行股份购买资产，业绩承诺的比例分别是全部交易的对方和部分主要交易的对方，均得到了监管机构的认同；而金城药业收购朗依制药案中，因为仅有部分交易对方进行部分业绩承诺，则被监管机关要求修改方案，增加对赌交易对方。

（二）业绩补偿主体、补偿方式及股份数量的计算公式

1. 业绩补偿主体及常见补偿方式

在补偿主体方面，出于利益主体享有的估值溢价等原因，往往由交易双方或标的公司自行协商确定。业绩补偿方式不仅体现了对并购重组政策与监管部门审核态度的把握，更体现了交易双方之间利益博弈后的平衡。常见的补偿方式主要有以下五种：

（1）仅股份补偿。适用情况：标的估值增值率较大（超过 100%）；换股比例高；流动性受限的交易对方，如兴源过滤收购水美环保 100% 股权。

（2）仅现金补偿。适用情况：标的体量普遍较小；存在现金支付对价；交易对方具备现金支付能力，如科达机电收购大东泰隆 100% 股权。

（3）股份与现金同时补偿。适用的情况较多，如拓尔思收购天行网安 100% 股份。

（4）先股份后现金补偿。适用情况：部分股东承担全部估值承诺，换股总额不足以支撑全部估值；部分交易对方换股解锁快，以股为主，现金为辅。

如久其软件收购并购亿起联科技100%股权。

（5）先现金后股份补偿。适用情况：交易对方对业绩承诺有较强信心；一定范围内的业绩补偿以现金为主，超出范围的进行股份补偿，如利亚德收励丰文化100%股份。

由于标的企业的特殊性、交易双方利益博弈的不同，除以上五种常见补偿方式外，还存在其他创新补偿方式，如同方股份发行股份购买资产（600100. SH），各补偿主体可以按本协议规定选择本次全部以股份或全部以现金的形式向同方股份进行补偿。

2. 股份数量的计算公式

《上市公司重大资产重组管理办法》第35条第1款规定，交易对方应当与上市公司就相关资产实际盈利数不足利润预测数的情况签订明确可行的补偿协议。根据《监管规则适用指引——上市类第1号》的指引，实务中，绝大多数并购重组的业绩补偿设置都适用如下方式：

（1）以收益现值法、假设开发法等基于未来收益预期的估值方法对拟购买资产进行评估或估值的，每年补偿的股份数量为：当期补偿金额 =（截至当期期末累计承诺净利润数 - 截至当期期末累计实现净利润数）÷补偿期限内各年的预测净利润数总和 × 拟购买资产交易作价 - 累计已补偿金额。当期应当补偿股份数量 = 当期补偿金额/本次股份的发行价格。当期股份不足补偿的部分，应现金补偿。采用现金流量法对拟购买资产进行评估或估值的，交易对方计算出现金流量对应的税后净利润数，并据此计算补偿股份数量。

此外，在补偿期限届满时，上市公司应当对拟购买资产进行减值测试，如期末减值额/拟购买资产交易作价 > 补偿期限内已补偿股份总数/认购股份总数，则交易对方需另行补偿股份，补偿的股份数量为：期末减值额/每股发行价格 - 补偿期限内已补偿股份总数。

（2）以市场法对拟购买资产进行评估或估值的，每年补偿的股份数量为：期末减值额/每股发行价格 - 补偿期限内已补偿股份总数。当期股份不足补偿的部分，应以现金补偿。

（三）补偿期间

业绩补偿期间一般为重组实施完毕后的 3 年，但重组标的行业具有特殊性或交易本身存在特殊性的（如对拟购买资产作价较账面值溢价过高的，或收购标的中的核心资产未来盈利不确定性较强的），一般会延长利润补偿期间。相关案例如星辉车模发行股份及支付现金购买天佑科技、罗平锌电发行股份购买向荣矿业和德荣矿业等的业绩（或部分业绩）承诺期为 5 年。

（四）其他核心事项

除了上述常见的业绩承诺及补偿条款中的约定外，以下 3 种安排形式也值得了解。

1. 考核除净利润之外的其他较核心关键指标。

此类相关指标如客户拓展指标、业务市场占比、应收账款周转率及回款率、坏账率等，华谊嘉信收购东汐广告即是此种情况。

2. 设定业绩完成比例的不同情况，对应不同业绩补偿时点。

此种方式即交易对方承诺，若承诺期内某年实现的净利润达到承诺净利润的一定比例（通常为 80% ~90%）以上时，则可以延迟到业绩承诺期之后再进行股份或现金补偿，若未达到该比例，则于当年立即补偿。相关案例如通源石油现金参股一龙恒业、渤海股份募集资金收购嘉诚环保等。

3. 交易对方涉及上市公司关联方的业绩承诺设置。

根据《上市公司重大资产重组管理办法》及相关指引的规定，重大资产重组向上市公司控股股东、实际控制人或者其控制的关联人购买资产的需要强制对赌，此处的“其控制的关联人”是否控制交易标的在所不问。但是控股股东或实控人非“控制”的关联人参与交易，则非强制对赌。

需要注意的是，实践中如果交易对方涉及上市公司关联方（即使为参股或参股股东的股东方，并非控制的关联人）潜在利益的补偿行为，将会引起监管机构的重点关注。如金城医药收购朗依制药，金城医药的控股股东金城实业是交易对方的 LP，交易所、证监会多次问询，后业绩对赌加入上市公司关联方后过会；科达集团收购爱创天杰等 4 家公司也是如此。

五、监管机构的关注重点与对赌实操建议

（一）监管机构的关注重点

监管机构主要是关注对赌安排中，是否存在损害或可能损害中小投资人利益的不合理、不对等设计。以下列举的实践中的关注重点可供参考：

1. 业绩承诺、未来预期收益的合理性及匹配性

（1）评估的假设前提及各项预测指标的合理性；

（2）按未来预期收益推算是否能够达到业绩承诺；

（3）业绩承诺的合理性及往年业绩基础；

（4）业绩承诺的实现，是否受重组的募集资金投资项目的较大影响。

2. 业绩补偿安排的合法性及可行性

（1）业绩补偿安排的合法合规性；

（2）业绩补偿安排的可行性及相关保障措施；

（3）是否与其他方还存在未完成或未披露的对赌安排；

（4）对标的资产在承诺期内各期末的资产减值测试及补偿安排；

（5）上市公司未控制目标公司，业绩补偿措施的设置。

（二）对赌实操建议

根据多年的业绩承诺实务经验，以下所列出的实操建议可供参考：

1. 做出业绩承诺时，目标公司要根据企业的实际经营情况合理确定

标的公司不能单纯为了高估值及短期利益而盲目确定过高的业绩承诺，否则上市公司和标的交易对方都会产生较大风险：

（1）若标的公司的业绩承诺未达到，不但上市公司与交易对方要公开致歉，而且监管机构还可能立案调查。上市公司的市场声誉和现实利益也会因为标的公司的业绩承诺未达到而受到影响，使得其商誉减值并冲减当期利润，拉低当期业绩；

（2）与实际情况及行业逻辑脱节的业绩承诺，可能会引起监管部门的关

注和对交易产生的质疑，进而可能导致并购方案无法过会；

（3）业绩补偿条款若被触发，将会影响标的企业管理层的稳定性和积极性，进而影响后续的并购整合。

2. 设计业绩承诺方案，要根据承诺主体的不同类型灵活确定

相关法规对三种类型的交易主体进行了区分：

（1）对于上市公司控股股东来说，尽量不要以直接或间接等形式参与标的企业，如提前参股、过桥收购等安排，以免被强制要求进行业绩承诺，承担不必要的风险。

（2）借壳重组交易的情况属于必须承诺及补偿的类型。为避免因财务投资人不愿参与业绩承诺而对上市方案产生的实质影响，建议在交易对方与机构股东重组前对强制对赌达成一致意见。

（3）对于收购标的为第三方持有的情况，若增加业绩承诺与补偿安排，更容易取得监管层的认同，从而提高过会率。

六、上市公司在现行法律体系下的对赌困局与办法

（一）业绩承诺相关的现行规定与困局

目前，证监会发布的有关“业绩承诺”的现行法规主要有以下文件：

（1）《上市公司重大资产重组管理办法》（2016 年修订）（证监会令第 127 号）；

（2）《监管规则适用指引——上市类第 1 号》（2020 年 7 月）。

在此需要说明的是，在并购过程中可能会受到一些不可控的外部因素影响，导致业绩承诺未能实现，此时能否适当合理地调整承诺业绩，并适当延长业绩承诺期呢？对此问题，在 2016 年 6 月 17 日之前是可以的。但是，在 2016 年 6 月 17 日证监会作出的《关于上市公司业绩补偿承诺的相关问题与解答》中是这样回答的：“上市公司重大资产重组中，重组方的业绩补偿承诺是基于其与上市公司签订的业绩补偿协议作出的，该承诺是重组方案的重要组成部分，因此，重组方应当严格按照业绩补偿协议履行承诺。重组方不得适

用《上市公司监管指引第 4 号——上市公司实际控制人、股东、关联方、收购人以及上市公司承诺及履行》第五条的规定，变更其作出的业绩补偿承诺。”因此在 2016 年 6 月 17 日之后业绩补偿义务人无论如何也无法逃避业绩补偿的义务。需要说明的是，该解答现已被《监管规则适用指引——上市类第 1 号》替代。上述规定在新文件中得以保留。一般情况下，标的公司一旦无法完成业绩承诺需要进行补偿时，无论是标的公司、市场恶化还是上市公司造成，业绩补偿义务人一般会和上市公司闹翻产生纠纷，要么将标的公司掏空另起炉灶并寻求外部投资人来赎身，要么消极怠工。那么，除了纠纷，对此问题还有什么变通缓解的办法吗？下文的内容也许可以给我们提供一些参考借鉴。

（二）业绩承诺无法实现时的创新解决办法

并购重组项目中，一些标的公司通过上市公司的牌子、渠道、知名度、供应链、客户网络等诸方面的资源，抢占更多的市场份额并提升了自己的行业竞争优势，如新兴技术创新类标的公司常属于此类。还有些标的公司，其业务属于资金驱动型，被并购后希望上市公司能提供资金支持，保障目标公司未来的业务发展。目前大多数参与了并购交易的标的公司属于后者。对于资金驱动型的标的公司，当上市公司遭遇了债务危机之后，标的公司的经营可能受到拖累，导致业绩承诺无法完成。例如猛狮科技（002684. SZ）并购深圳华力特即是如此。

猛狮科技并购华力特案中，鉴于华力特 2018 年度的业绩承诺无法完成，其中有一部分原因是受到了上市公司的影响，对赌双方经过多轮磋商后，最终业绩补偿义务人与猛狮科技提出了一个极具创新的巧妙办法，即猛狮科技与华力特及其核心管理团队代表人屠某魁（以下称乙方）就公司对华力特实施经营责任制相关事项作出约定，签署《企业经营责任制协议书》。协议约定，在经营责任制期限内（3 年，如无特殊情况及违法情况，自动顺延三年）设定两个经营目标，在完成经营目标的基础上，对乙方及华力特管理团队进行奖励，具体如下：

1. 前两个年度的经营目标是盈亏平衡（不计算出售华力特大厦可能产生

的利润）；

2. 第三年及以后的经营目标是在前一年的净资产基础上实现5%的净资产收益率；

3. 任一年度华力特实现盈利但未达到前述经营目标时，将净利润的30%奖励给乙方及特力特经营管理团队；

4. 任一年度华力特净利润超出经营目标时，超出经营目标部分的净利润的70%奖励给乙方及特力特经营管理团队；

5. 经营责任制期限内累计分配给乙方及华力特经营管理团队的金额不得违反中国证监会和证券交易所的相关规定。

以上的协议方案，一方面，业绩补偿义务人没有失去（或现阶段继续持有）上市公司的股份，并通过对管理团队的激励机制挽回这次并购交易可能造成的损失；另一方面，上市公司可以稳定住标的公司的经营管理团队，减少人才流失，保住一定的资产收益率。

七、并购重组中双方当事人的对赌风险与应对策略

并购重组中双方当事人的对赌风险主要涉及两方面，对于目标公司原大股东、实际控制人而言，主要是指在并购重组中的补偿风险；对上市公司而言，主要是指在并购重组中对目标公司的失控风险。

（一）目标公司原大股东、实际控制人在并购重组中的补偿风险与应对策略

上市公司在并购重组对赌条款，一般是规定目标公司在并购完成的几年（一般3年左右）后每年要达到营收和净利润指标（净利润指标更重要），否则要对上市公司进行补偿。因并购主体一般是溢价收购的，支付的补偿价值金额可能会几倍于目标公司的净资产或净利润等。

此外，如果目标公司业绩不达标，往往会造成上市公司的减值。由此给上市公司造成的商誉减值损失一般也会约定由目标公司原大股东、实际控制人承担，商誉减值数额一般会由具有证券从业资格的会计师事务所进行评估

确定。所以说，一旦对赌失败，目标公司原大股东、实际控制人的补偿风险是很大的。

以上风险的应对重点在于：（1）并购之前，标的公司一方一定要对上市公司进行充分的了解，最好也进行相应的尽调，看看两家公司是否匹配，企业文化、战略目标、发展方向等是否一致，并购之后是否能够相互加分赋能。如果两家公司不匹配，即使对标的公司的估值再高也不宜成交。（2）标的公司原大股东、实际控制人对目标公司的业绩目标不要过分乐观或盲目追求高估值，一定要考虑经营风险对业绩的影响以及补偿方案带来的后果。

（二）上市公司在并购重组中对目标公司的失控风险与应对策略

上市公司在并购对赌中的一个重大风险就是对目标公司的失控。并购完成后，在对赌期内上市公司除了提供必要的支持外，目标公司仍由原先大股东运营管理，上市公司不过多干预。这样也便于划分责任，免得目标公司大股东推卸责任。对赌条款的重要作用之一是保障上市公司的利益，但其中也存在目标公司脱缰的风险。如 2015 年 12 月，亚太药业（002370）以现金 9 亿元收购上海新高峰，业绩承诺期 4 年，然而 2019 年 12 月 24 日晚，亚太药业公告称，已在事实上对上海新高峰及其子公司失去控制。原因在于，截至 12 月 24 日，上海新高峰工作组未能接管上海新高峰、上海新生源及其子公司共 10 家公司营业执照正副本原件、印章等关键资料，不能对其实施控制。[①] 此外，创新医疗（002173）收购建华医院[②]、新日恒力（600165）收购博雅干细胞科技有限公司[③]等案例，都存在上市公司对目标公司的失控问题。

上市公司对目标公司的失控风险，要区别情况对待。一是要看在并购设计中是否必须对赌或有对赌的必要，如果没有对赌必要的，尽量不对赌，这样上市公司通常都会比较顺利移交管理权，也就谈不上目标公司失控的问题

---

① 参见《子公司上海新高峰失去控制，亚太药业 2019 业绩将产生重大影响》，载凤凰网，https：//ishare. ifeng. com/c/s/7sftWhNFbAg，2020 年 6 月 20 日访问。

② 参见《创新医疗：失去对子公司控制 商誉减值损失 6. 49 亿元》，载上海证券报 · 中国证券网，http：//company. cnstock. com/company/scp_ gsxw/201911/4455009. htm，2020 年 6 月 20 日访问。

③ 参见《失控的子公司：新日恒力与博雅干细胞纷争细节曝光》，载证券日报网，http：//www. zqrb. cn/gscy/gongsi/2018 -03 -13/A1520923911712. html，2020 年 6 月 20 日访问。

了。对于不对赌的并购，要更加重视对目标公司的尽职调查，尽调要更加细致准确。对于纵向并购或是跨领域并购的，如果不对赌，对该领域又不熟悉，可以通过招聘等方式做好相关人才储备，在接管目标公司后向其派员与目标公司原股东一起参与管理。如果必须对赌，尽量完善相应的违约条款，对于目标公司可能出现违约失控的情况，要有明确具体的违约责任，必要的情况要设置相应的担保，使违约条款具有可操作性。

第九章 对赌案例实录与诉讼实操全程指引

处理对赌案件，仅仅知道一些知识点是不够的，还需要掌握一定的方法和操作规程、技巧，以达到全面、准确、宏观、微观、战略、战术上的综合把握与操作的程度。本章将以案例实录的形式从当事人接洽、案情筛查、剖析提炼、法律关系论证、战略规划、战术设计、操作实施、最终结案、案件反思总结等分层逐步推进讲解。此实录案例选取的是笔者诸多对赌案例中的一个，该案例涉及的对赌常见问题较多，具有较强的启发性、代表性和一定操作难度。该案貌似与常见对赌案件没太大区别，但潜心研究会发现细节之处别有洞天，这些细微差别正是律师发挥才能的空间。其实，天下没有完全相同的案件，本实录做不到面面俱到，仅希望本章内容能起到一个抛砖引玉、启发探讨的作用。

第一节 对赌案情解剖与要点筛查

每一个案件就像一个患者，要想对症下药，就要对患者病情进行全面客观的筛查了解，只有经过科学准确的体检筛查之后，才可能对病症有个准确的定性。本书将以实例的形式讲解对赌案例的体检项目、体检筛查方法、要点提炼、体检结果的分析判断等内容。

一、对赌案件基本文件和案情

对赌协议案件，常常涉及几个文件，主要有《增资协议》、《增资协议之补充协议》（对赌协议）、《股权回购协议》、《担保协议》及其他补充文件等。

本案中某设备有限公司（目标公司）及其全体股东董某大（大股东，法定代表人）、董某二、董某大管理有限公司等与投资方签订了《增资协议》，当天目标公司、大股东和投资方又签订了《增资协议之补充协议》（对赌协议）。后来大股东与投资方又签订了《股权回购协议》，目标公司、大股东及其妻子与投资方又签订了《担保协议》。该案涉及的法律关系诸多，交叉纷繁，比如有合同效力判断、主从合同、关联担保、夫妻财产担保、一票否决权与同股同权、股权投资与民间借贷的判断、对风险共担的认识、对公平性的理解、对固定收益和保底条款的理解、诉讼管辖、案由选择，等等。下面介绍本案的一些基本文件和案情。

（一）《增资协议》部分条款

为了保护当事人的隐私和商业秘密，以下均隐去了当事人的真实名称，调整了相关数据。

增资协议

本协议于2012年9月19日由下列各方签订。

甲方：某设备有限公司（目标公司）

法定代表人：董某大（大股东）

乙方1：董某大

乙方2：董某二

乙方3：董某大管理有限公司

（乙方1、乙方2、乙方3合称“乙方”）

丙方：某投资中心（有限合伙）

执行事务合伙人：乾某某

上述合同方在本协议中单独称为“一方”，合并称为“各方”。

鉴于：

1. 甲方系一家依据中国法律成立并合法有效存续的有限责任公司，乙方1、乙方2、乙方3是甲方的现有股东，分别持有甲方70%、20%、10%的股权。

2. 由于经营发展的需要，甲方希望引进新的投资者以扩大资本规模，促进公司的进一步发展，丙方愿意投资入股甲方。

3. 乙方1、乙方2、乙方3同意放弃本次优先增资权。根据《中华人民共和国公司法》及其他有关法律法规之规定，经友好协商，协议各方特就丙方增资入股甲方有关事宜，达成一致协议如下：

第一条 增资金额和增资方式

1.1 甲方现有的注册资本为人民币900万元。

1.2 丙方以货币形式向甲方出资人民币8400万元，其中225万元作为甲方的实收资本即注册资本金，剩余8175万元作为溢价进入甲方的资本公积金。丙方投资款用于甲方流动资金、偿还贷款、新增项目所需的资本支出和正常公司经营用途；不得用于非经营性支出。

1.3 本次增资后，甲方的注册资本变更为人民币1125万元，股权结构变更如下：

序号	股东	出资额（万元）	持股比例
1	董某大	630	56%
2	董某二	180	16%
3	董某大管理有限公司	90	8%
4	某投资中心（有限合伙）	225	20%
合计		1125	100%

第四条 公司治理

4.1 本次增资完成，甲方董事会由3人组成，包括乙方提名委派2名董事，丙方提名委派1名董事；监事会由3人组成，由乙方提名委派3名监事（其中1名为职工监事）。

4.2 公司事项，根据法律、行政法规或甲方公司章程规定尚需经股东大会批准的，在经董事会审议通过后还应报股东会批准（股东会决议须包括丙方表决同意后方能有效作出）。

第八条 其他

8.1 未经对方书面同意，任何一方不得转让其在本协议中的权利或义务。

8.2 关于本协议的未尽事宜，各方应通过友好协商另行签订补充协议，补充协议构成本协议不可分割的部分，与本协议具有同等法律效力。

（二）《增资协议之补充协议》（对赌协议）条款

增资协议之补充协议

本协议于2012年9月19日签署。

甲方：董某大（大股东）

乙方：某投资中心（有限合伙）

执行事务合伙人：乾某某

鉴于某设备有限公司（简称目标公司或公司）、董某大、董某二、董某大管理有限公司与乙方已于2012年9月19日签署《增资协议》，甲方为目标公司的法定代表人。经甲乙双方协商一致，现就增资协议未约定事项补充明确如下，以资各方共同遵守：

1. 若2015年12月31日之前，目标公司未能实现在国内证券交易所首次公开发行A股并上市（以下简称上市），则甲方承诺收购乙方所持全部目标公司股权。收购价格按照本次增资价格人民币8400万元，并加收前述增资价格每年8%的收益回报确定，不足一年的，按日计算，即，收购价格＝增资价格×（1＋8%×增资到位日到收购日天数/365）。

2. 若发生甲方需履行第1条之股权收购承诺之情形，甲方应于2016年1月5日前，或者目标公司明确放弃国内A股上市计划之日起5日内，或证券监管部门未核准目标公司上市申请之日起5日内，将收购款项支付给乙方。股权收购款项支付时间以三者孰早为准确定。

3. 本次增资后乙方的特别权利保护。

3.1【跟售权条款：限制实际控制人脱离】如在目标公司上市前，甲方将其所持目标公司股份的全部或部分出让给第三方，除非乙方出具书面豁免同意，该第三方和/或甲方应当收购乙方所持的全部公司股份。收购价格应当为下列两者中之较高价格：

（1）甲方与第三方之间达成的股权转让每一元注册资本单价×乙方届时所持公司注册资本额；或

（2）乙方投资额×（1＋8%×成交日到收购日天数/365）。

3.2【信息获得权】应乙方要求，甲方应立即提供目标公司最新版本的投资合同与后续融资、公司管理或相关的文件，包括各方的签字和经有关监管机构盖章的公司章程。

乙方有权获取甲方提供的目标公司每个会计年度经审计的年度合并财务报表。

3.3【优先购买权】自增资协议签订之日，针对公司的股权的出售或增资，乙方将享有优先购买权。如果将发生上述出售或投资行为，甲方应在该出售或投资的相关协议、合同或文件（无论是否有约束力）签订前30日，将该等出售或增资的价格和其他条款通知乙方并给予乙方以同等价格和条件购买或投资的优先权。如乙方在收到通知后20个工作日不做出购买或投资任何该等股权的意思表示，视作放弃优先购买权。

3.4【同等优惠条款：针对后续投资者】本次增资扩股完成至目标公司上市前，如目标公司接受新的增资方增资或进行其他任何形式的增资行为，新的投资者所享有的任何比本次增资的增资方所享有的更为优惠的条件或保护类条款，乙方全部自动享有。否则除非经乙方事先书面同意，甲方不得同意目标公司接受该新投资。

3.5【特殊条款效力调整】为使目标公司顺利实现首次公开发行股票之目的，本协议涉及投资方退出、优先购买权、同等优惠权、跟授权以及董事会否决权的规定，自目标公司向中国证监会递交首次公开发行股票申请材料之日起自动失效，并自目标公司公开发行股票并在境内证券交易所上市之日起终止效力。

若发生下列情形之一，前述自动失效的各条款立即自动恢复效力，并且视同该条款所约定的权利或安排从未失效或被放弃：（1）中国证监会驳回目标公司上市申请或目标公司主动撤回公开发行股票申请；（2）目标公司未能通过中国证监会发行审核委员会审核；（3）目标公司在其股票公开发行申请获得中国证监会发行核准之日起6个月内，无乙方认可的原因，没有完成在交易所的上市交易。

4. 本协议作为对增资协议有效组成部分，增资协议条款与本协议不一致的，以本协议为准。

5. 本协议自各方或授权代表签字/盖公章之日起生效。本协议一式六份，协议各方各执一份，各份具有同等法律效力。

（三）《股权回购协议》部分条款

股权回购协议

本协议于2015年12月15日签署。

甲方：董某大（大股东）

乙方：某投资中心（有限合伙）

执行事务合伙人：乾某某

鉴于：

1. 目标公司系一家依据中国法律注册成立的有限责任公司，目前合法、有效存续。甲方系公司的控股股东。

2. 甲方、乙方及其他相关方已于2012年9月19日签署《增资协议》；甲方、乙方已于2012年9月19日签署《增资协议之补充协议》（对赌协议）。根据《增资协议》及《增资协议之补充协议》，乙方对公司增资并持有公司20%股权。

3. 鉴于《增资协议之补充协议》约定，如2015年12月31日前公司未能实现在国内证券交易所首次公开发行A股并上市，则甲方承诺按照增资价格加收每年（不足一年，按日计算）8%收益回报的价格收购乙方所持公司全部股权；乙方现要求甲方依照本协议约定的方式回购乙方所持有的目标公司股权。现就目标公司股权回购事项明确如下，以资各方共同遵守：

第一条　股权回购

1. 甲方、乙方、目标公司及其他相关方于2012年9月19日签署《增资协议》，约定乙方以人民币8400万元（以下简称本金）增资目标公司，乙方完成增资后持有目标公司20%股权。截至本协议签署之日，目标公司的股权结构如下：

序号	股东	出资额（万元）	持股比例
1	董某大	630	56%
2	董某二	180	16%
3	董某大管理有限公司	90	8%
4	某投资中心（有限合伙）	225	20%
合计		1125	100%

2. 根据《增资协议》及《增资协议之补充协议》约定，鉴于目标公司未能在2015年12月31日前实现在国内证券交易所首次公开发行A股并上市，乙方现要求甲方回购其所持有的目标公司股权。甲、乙双方经协商一致，现确定具体回购方式为：乙方将所持目标公司的全部出资按照《增资协议》及《增资协议之补充协议》约定的回购价格全部转让给甲方。

第二条　转让价款

甲方收购乙方所持的目标公司的全部出资的价格，按照2012年9月乙方增资目标公司的价格人民币8400万元，并加收前述增资价格每年8%的收益回报确定，不足一年的，按日计算。

鉴于依照本协议第三条约定甲方向乙方分期支付出资回购价款，各期收购价格的计算公式分别为（具体支付方式详见本协议第三条“付款方式”）：

（1）收购价格=当期支付本金+当期支付本金对应的利息。

（2）当期支付本金对应的利息=当期支付本金×8%×增资到位日至当期出资回购价款支付日的天数/365。

第三条　付款方式

甲方依照本协议第二条确定的价格分三次向乙方支付本协议所涉出资回购价款：

（1）第一次支付出资回购价款：甲方应当在2015年12月31日，向乙方支付本金的20%及对应的利息。即支付本金人民币1680万元及对应的利息。

（2）第二次支付出资回购价款：如果目标公司在2016年度（会计年度）的营业收入、净利润或者净资产（上述财务指标既可以是经审计的财务数据也可以是未经审计的原始财务报表数据，下同）三项指标均比上一年度（即2015年度）增长大于等于30%，则甲方应自2017年1月1日起1个月内向乙方支付本金的40%及对应的利息（即支付本金人民币3360万元及对应的利息）；如果公司在2016年度的营业收入、净利润或者净资产三项指标中至少一项指标比上一年度增长小于30%，则甲方应自2017年1月1日起1个月内向乙方支付本金的30%及对应的利息（即支付本金人民币2520万元及对应的利息）。

（3）第三次支付出资回购价款：甲方应当在2017年12月31日，支付本金的40%（或50%）及对应的利息，即支付本金人民币3360万元（或者人民币4200万元）及对应的利息。

第八条　其他

本协议系各方就公司股权回购事项达成的唯一协议，并取代之前各方就本次股权回购事项所达成的任何口头或书面的约定、备忘录、协议等。

（四）《担保协议》条款

担保协议

本协议于2017年4月30日签署。

甲方：董某大（大股东）

乙方：某投资中心（有限合伙）

丙1：目标公司

丙2：董某大之妻

（丙1、丙2简称丙方）

2012年9月19日甲方与乙方签订增资目标公司《增资协议》及《增资协议之补充协议》，增资金额为8400万元。2015年12月12日签订了《股权回购协议》，双方约定，若在2015年12月31日前，目标公司未能实现在国内证券交易所首次公开发行A股并上市，则甲方承诺按照增资价格（8400万元）并加收8%的收益收购乙方持有目标公司的全部股权。第一次回购价款1680万元已支付，尚欠对应利息486.049万元未付（2012.9.19－2016.4.30共计1320天，1680万×8%÷365×1320天）。第二笔回购价款（8400万×30%）2520万元及对应的利息930.122万元（2012.9.19－2017.4.30共计1684天，2520万×8%÷365×1684天）均未支付。第三笔回购款4200万元（8400万元×50%）及对应的利息均未支付。现就《股权回购协议》的继续履行问题达成如下补充协议：

1. 为保证《股权回购协议》的继续履行，为保证甲方按时付款，丙方愿意作为担保人与甲方共同承担连带付款责任。担保范围包括甲方应付的所有本息及应付的所有费用（包括诉讼费用及律师费等），担保期限为本协议签字盖章之日起2年。

2. 为保证乙方投资款的按时回收，担保人董某大之妻愿用夫妻共同财产房产（某市某路某号）提供担保，董某大之妻协助到房产部门办理抵押登记，抵押权人为乙方。

3. 目标公司应收债权为9000万元。甲方保证目标公司收回的债权除留下20%作为经营费用外，其余80%优先偿还乙方投资款。乙方有权对目标公司的财产及财务收支情况进行监管，未经乙方同意，甲方不得转让在目标公司的股权，不得变更目标公司的法定代表人。如发现有损害乙方权益的行为，乙方有权直接接管目标公司，甲方及丙方不得阻拦。

其他未尽事宜双方协商解决。其他权利义务按《股权回购协议》约定执行。

（五）《民事起诉状》

民事起诉状（一）

原告：某投资中心（有限合伙）

被告1：目标公司

被告2：董某大（大股东）

被告3：董某大之妻

案由：股权转让纠纷

诉讼请求：

1. 请求判决被告支付投资款2520万元及利息共计3937.995万元；

2. 诉讼费用由被告承担。

事实与理由：

原告于2012年9月19日与被告签订增资目标公司的《增资协议》及《增资协议之补充协议》，增资金额为8400万元。并于2015年12月15日签订了《股权回购协议》。双方约定若在2015年12月31日前，目标公司未能实现在国内证券交易所首次公开发行A股并上市，则被告董某大承诺按照增资价格（8400万元）并加收8%的利息收购原告的全部股权。第一次回购价款1680万元已支付，尚欠对应利息，第二笔回购价款2520万元及对应的利息均未支付。被告1、被告3提供连带责任担保。被告2与被告3系夫妻关系。现原告依法起诉。请受理。

此致

某区人民法院

具状人：某投资中心（有限合伙）

2017 年 5 月 15 日

民事起诉状（二）

原告：某投资中心（有限合伙）

被告 1：目标公司

被告 2：董某大（大股东）

被告 3：董某大之妻

案由：股权转让纠纷

诉讼请求：

1. 请求判决被告支付投资款 2800 万元；

2. 诉讼费用由被告承担。

事实与理由：

原告于 2012 年 9 月 19 日与被告签订增资目标公司的《增资协议》及《增资协议之补充协议》，增资金额为 8400 万元。双方约定若在 2015 年 12 月 31 日前，目标公司未能实现在国内证券交易所首次公开发行 A 股并上市，则被告董某大承诺按照增资价格（8400 万元）并加收 8% 的收益收购原告的全部股权。双方于 2015 年 12 月 15 日签订了《股权回购协议》。第一次回购价款已支付，尚欠对应利息，第三笔回购价款 4200 万元已逾期至今未支付。被告 1 提供连带责任担保。被告 2 与被告 3 系夫妻关系。现原告依法起诉。请受理。

此致

某区人民法院

具状人：某投资中心（有限合伙）

2018 年 1 月 6 日

二、对赌案件要点提炼与委托人诉求

（一）案情摘要

本案涉及的细节很多，为了便于疏通思路，下面把案件要点提炼如下：

1. 2012年9月19日投资中心与目标公司及其大股东（法定代表人）、二股东、三股东签订《增资协议》，通过增资方式成为目标公司股东，并约定：未经对方书面同意，任何一方不得转让其在本协议中的权利或义务，补充协议须“各方”友好协商才能签订；

2. 于签订《增资协议》同日，投资中心与大股东签订《增资协议之补充协议》（对赌协议）约定：目标公司必须于2015年10月之前在主板上市，否则大股东要回购投资中心的全部股权，并约定了回购价额计算公式；

3. 触发对赌条款：2015年10月之前目标公司未能在主板上市；

4. 2015年投资中心与大股东签订《股权回购协议》，约定大股东回购股权；

5. 2017年4月30日投资中心与目标公司、大股东签订了《担保协议》并约定，目标公司对股权回购款承担无限连带责任（二股东、三股东不知情）；

6. 诉讼：2017年2月、8月投资中心起诉目标公司、董某大（大股东）、董某大之妻子要求履行回购义务，案由为股权转让纠纷。

（二）委托人的诉求

目标公司及大股东在委托笔者之前，投资方起诉的两个股权回购案件已开过庭，其诉讼请求有充分的合同依据，案件几乎在原告投资方划定的规则和范围内博弈，节奏完全由投资方带动，目标公司及大股东非常被动，败诉几乎是注定的。另外，目标公司及大股东之前的代理人已经提过管辖权异议，且未被一、二审法院支持。目标公司大股东（实际控制人）找到笔者，介绍完案情后把材料予以展示，说按目前的案情和财产状况，如果自己和目标公司败诉，自己的公司和家庭财产将全部归投资方所有。大股东也表示其不想失去目标公司。

三、对赌案件法律关系疑点问题筛查

对赌案件中的融资方（大股东、目标公司）相对投资方普遍处于诉讼劣势地位，加之本案中签署的回购协议、担保协议、第一笔回购款的支付等一系列行为，让融资方几乎走进了“死胡同”，很难发现本案的“救命穴”。因此要想找到解锁密码，有必要对案件材料进行全面体检筛查，而且要宏观微观相结合。宏观筛查，避免顶层法律关系被忽略或分割；微观筛查，尽可能搜索可以反攻的堡垒和可能造成溃堤的蚁穴。

本案当事人委托笔者时，我国还没有任何针对对赌协议的司法指导政策，更没有相关针对性的司法解释、法律法规，可以说可借鉴可参照的依据非常有限。虽说最高人民法院判决的“对赌第一案”——海富世恒案中的某些裁判观点在实务及理论界广泛存在争议，甚至被后来的某些案例所颠覆，但是，毕竟最高人民法院的“对赌第一案”判决书提供了某些可资借鉴的思考角度和规则，只要注意取舍，还是可以有所启示的。因此此处将“中国对赌第一案”作为一个比对样本，对本案进行详细的体检筛查，捋出了如下几个要点：

1. 签约主体的比对

“对赌第一案”中，对赌条款的签订主体与增资协议的签订主体一致，即目标公司及其全体原股东、实际控制人（法定代表人）与投资方签订。而本案情况有所不同，增资协议的签订主体与对赌协议的签订主体并不完全一致，即增资协议的签订主体是目标公司及其全体原股东、实际控制人（法定代表人）与投资方签订，而对赌协议的签订主体仅仅是大股东与投资方，目标公司、二股东、三股东并没有签署。

需要考虑的问题是：本案中，增资协议与对赌协议的签约主体，为什么不像“对赌第一案”一样保持一致呢？是故意回避什么吗？还是其他主体没必要签字？目标公司和其他股东可以不签字或不知情吗？

2. 对赌主体的比对

“对赌第一案”中，目标公司和大股东都与投资方对赌，本案中只有大股东与投资方对赌，目标公司并未以对赌当事人的身份出现。投资方的这种安排回避了类似“对赌第一案”中投资方与目标公司对赌被认定无效的风险。

需要考虑的问题是：“对赌第一案”中认定了大股东与投资方对赌，协议有效，是否意味着本案大股东与投资方签订对赌协议也必然有效呢？

3. 担保关系的比对

“对赌第一案”的目标公司直接参与对赌，并未设定担保，本案的目标公司是为参与对赌的大股东提供担保，承担连带责任。

需要考虑的问题是：目标公司为大股东向投资方提供对赌担保，达到类似目标公司与投资方直接对赌的效果，其法律效力如何呢？

4. 公平性的比对

“对赌第一案”中补偿金额 =（1 – 2008 年实际净利润/3000 万元）×本次投资金额，即对投资方的补偿与经营利润挂钩，补偿数额因经营状况不同而不同，是一个不固定的数额；对于股权回购价格的计算，分两种情况：若自 2008 年 1 月 1 日起，目标公司的净资产年化收益率超过 10%，则大股东回购金额为投资方所持目标公司股份对应的所有者权益账面价值；若自 2008 年 1 月 1 日起，目标公司的净资产年化收益率低于 10%，则大股东回购金额为（投资方的原始投资金额 – 补偿金额）×（1 + 10% ×投资天数/360），即股权回购价格也与经营业绩挂钩。“对赌第一案”的计算方式相对来说具有一定的公平性。本案的回购价格公式有所不同，股权回购价格 = 增资价格×（1 + 8% ×增资到位日到收购日天数/365），即回购价格与公司的经营利润无关，是一个固定数额。

需要考虑的问题是：本案股权回购价格的计算方式是否属于保底条款，违反风险共担原则呢？是否违反公平原则呢？是否属于借贷行为呢？其效力如何呢？

5. 诉讼标的额与法院级别管辖的比对

从诉讼标的额来看，“对赌第一案”的一审受理法院是中级人民法院，本案投资方两次起诉的受理法院都是同一个基层法院，但本案合同的总标的额达到了当地中级人民法院的受理标准。

需要考虑的问题是：是否有改变管辖法院的可能和必要？

6. 案由的比对

诉讼案由的选择涉及对法律关系定性的判断、法院审查范围的确定、主审法官专业类型的选择确定等，因此对赌诉讼案由的选择不可轻视。在与对赌有关的纠纷中，涉及的常见案由有：确认合同效力纠纷、股权转让纠纷、公司增资纠纷、与公司有关的纠纷、民间借贷纠纷等。“对赌第一案”使用的案由是公司增资纠纷。本案中投资方起诉大股东与目标公司的案由采用的是股权转让纠纷。

需要考虑的问题是：本案的“股权转让纠纷”与一般的股权转让纠纷有很大的不同，尤其是转让价格的确定机制。如果在投资方框定的案由范围内博弈，不容易对案件法律关系和事实进行全面的审查，大股东和目标公司会很被动。因此，需要考虑如何冲出对方设定的窠臼。

7. 其他条款的问题

除了上面的问题之外，还有以下问题值得关注：

（1）《增资协议》第 8.1 条明确约定：“未经对方书面同意，任何一方不得转让其在本协议中的权利或义务。”第 8.2 条约定，补充协议须“各方”友好协商才能签订。因此要注意，未经《增资协议》全体签约人同意，仅由投资方与大股东和目标公司签订的对赌协议和《股权回购协议》其效力是否受影响。

（2）《增资协议》第 4.1 条，派董事参与公司经营，第 4.2 条规定投资方的一票否决权，说明投资方对目标公司的经营决策起着决定性作用，但对赌协议第 1 条约定的投资方每年 8% 的“绝对固定”收益，不承担经营风险，是否违反风险共担原则？是否显失公平？投资方的“一票否决权”是否违反了公司法“同股同权”“资本多数决”的基本原则呢？是否有效呢？

（3）对赌协议第 3 条中的 3.1 跟售权条款、3.3 优先购买权条款、3.4 同等优惠条款、3.5 特殊条款等，均涉及其他股东及有关主体的权益。未经相关权益主体同意，大股东、目标公司、投资方是否有权作出约定呢？

（4）《股权回购协议》“鉴于”部分第 3 条、第 4 条约定，证明回购协议的签订基础是《增资协议》及《增资协议之补充协议》（对赌协议），若《增资协议之补充协议》（对赌协议）被认定无效，那么《股权回购协议》的效力如何呢？

四、对赌案件疑点问题提炼剖析

1. 本案《增资协议》签约主体与后续《增资协议之补充协议》（对赌协议）、《股权回购协议》签约主体不一致的疑点与法律问题。

经向目标公司股东董某二了解，签订对赌协议时，董某二并不知情，其后来知道对赌协议中涉及的某些条款风险很大，有些条款还涉嫌侵犯其权利且不平等，并表示如果事先知情一定不会同意签订协议。同样目标公司股东董某大管理有限公司也未在对赌协议上签署同意。因此大股东与投资方签署对赌协议有故意回避其他股东的可能。另外，对赌协议涉及目标公司的业绩安排、上市计划等重大事项都涉及其他股东的利益，未经其他股东同意的对赌协议效力是可能存在问题的。

另外《增资协议》第 8.1 条明确约定：“未经对方书面同意，任何一方不得转让其在本协议中的权利或义务。”第 8.2 条约定，补充协议须“各方”友好协商才能签订。因此，未经《增资协议》全体签约人同意的对赌协议及《股权回购协议》效力问题是值得考虑的。经检索发现，是有案例支持这个思路的，如上海市第一中级人民法院在（2014）沪一中民四（商）终字第 730 号案件判决书中认为，《补充协议二》之回购条款，仅是四方单独订立（遗漏了《乐园新材增资协议》中的部分签约主体），一是违背了《乐园新材增资协议》（主合同）第 8.1 条之规定，二是亦损害了其他投资方基于本协议项下的权益，故应属无效。

2. “对赌第一案”中认定了大股东与投资方对赌，协议有效，是否意味着本案大股东与投资方签订对赌协议也必然有效呢？

通过“对赌第一案”可以认定，投资方与目标公司的股东或者实际控制人对赌，如无其他无效事由，对赌有效，但不能说只要是投资方与目标公司的股东或者实际控制人对赌就一定有效，因为在存在其他无效事由的情况下，该种类型的对赌仍然可能无效。本案中存在的诸多情况，就有可能导致对赌协议及后续相关文件产生效力问题。

3. 本案中目标公司为大股东向投资方提供对赌担保，达到类似目标公司与投资方直接对赌的效果，其法律效力如何呢？

此案在委托笔者时，《九民会议纪要》还未公布，对上面问题的判断属于疑难问题，就连最高人民法院的相关案例中的法院意见也不一致。对此问题的效力判断如果直接用《公司法》第 16 条第 2 款去衡量，就需要确定该公司法条是否为效力性强制性规范，这个判断路径容易陷入泥潭而不能得出有利的明确结论。后来笔者从法定代表人是否构成越权代表、债权人是否构成善意的角度进行判断，此判断路径和方法有幸与 2019 年 11 月 14 日公布的《九民会议纪要》第 17 条、第 18 条的方法、思路一致。本案中目标公司为法定代表人（大股东）提供担保并未经股东表决通过，显然目标公司的法定代表人（大股东）构成越权代表。投资方与目标公司的法定代表人（大股东）故意向其他股东隐瞒对赌、担保事实，对其他股东的权利造成不利影响，显然投资方不构成善意。

4. 是否有改变管辖法院的可能和必要？

如果仅仅是对投资方起诉的两个案件应诉，则很难改变管辖法院。不过，因本案《增资协议》及对赌协议的合同的标的额都达到了中级人民法院的受理额度，因此还是有一定希望改变管辖法院的。

5. 本案投资方设定了“股权转让纠纷”的窠臼，怎样突破对方设定的博弈范围呢？化被动为主动，打破“股权转让纠纷”案由的限制，是一个可以考虑的方案。

本章下节内容将主要讲解对赌案件中的战略规划、战术设计、操作实施、最终结案、案件反思总结等内容。

第二节 对赌案件战略规划、战术设计与诉讼实操

上节内容讲了处理对赌案件涉及的体检项目、体检筛查方法、要点提炼、

体检结果的分析判断等内容。本节内容将在此基础上，分享处理对赌纠纷的战略规划、战术设计、操作实施、最终结案、案件反思总结等内容。

一、对赌案件诉求的确定与战略规划、战术设计

经过对案件的筛查和分析，委托人（目标公司及其原股东、大股东的妻子）与笔者讨论交流后表示，希望笔者可以考虑以下四点诉求：(1) 一方面争取更多的诉讼准备时间，另一方面可以获得一定的期限利益；(2) 尽量减少目标公司的损失；(3) 尽量延缓、阻止股权回购或降低回购价格；(4) 改变管辖法院。根据委托人的诉求，笔者开始了战略规划与战术设计。

（一）整体思路：跳出对方节奏，变被动为主动

本案中，投资方起诉的是股权转让纠纷，主要依据是《股权回购协议》这份文件，其在法律关系的定性、博弈的范围、诉讼节奏的带动、管辖法院的选择等方面占据全面的主动性，关键是《股权回购协议》的约定内容对我方极为不利，如若就案论案，在投资方划定的范围内应诉，基本上必败。因此，我方要想扭转不利局面就必须跳出投资方框定的范围。经筛查分析发现，虽然本案四份协议文件中的每一份文件对融资方都不太有利，但是，四份文件相互之间存在诸多隐藏矛盾和一些明显的条款矛盾，深度挖掘并巧妙利用其中的矛盾冲突，可让我方变被动为主动。因此，经过提炼、规划设计，这四张“烂牌”可以成为我方手中的“王炸”。

（二）具体方案：扩大审查，釜底抽薪，全面阻击，转移战场，控制节奏

1. 扩大审查

要想实现诉讼战略目标，必须扩大法律关系的审查范围和对抗范围，不能拘泥于《股权回购协议》的范围内对抗。为此目标，我方把四个协议紧密地联系在一起看成是一个完整的交易即股权融资对赌交易，四份协议分别只是这一个交易的一部分，任何一个文件都不能孤立理解，断章取义。因此，

我们把对一个协议即《股权回购协议》的审查扩大到对四个协议的全面审查，充分利用四份协议之间的矛盾，进行反击。

但问题是，如何从局部审查扩大到全面审查呢？如果仅仅是应诉抗辩还是很难冲出《股权回购协议》局部审查的。反诉呢？对方的义务主要是出资，且已经履行完毕，又反诉对方什么呢？这就涉及釜底抽薪的策略。

2. 釜底抽薪

此处所谓的釜底抽薪，就是把投资方起诉的合同依据否定掉，原告的诉讼请求就成了无源之水，即利用四个合同之间的矛盾、相关当事人及公司债权人之间的利益矛盾否定相关合同或条款的法律效力，达到否定原告合同依据的目的。本案四份协议文件的第一份是《增资协议》，是后面三份协议文件的基础，全体当事人都签订认可并履行完毕，而且此协议不损害任何一方的合法权益，因此我方对此协议的效力没有任何异议。我方的策略是请求法院确认《增资协议之补充协议》（对赌协议）、《股权回购协议》、《担保协议》或其中某些条款无效。

如果相关协议的效力被否定，基本就能实现我方的诉讼预期：阻止股权回购或降低回购价格；延缓、减少目标公司的损失，减轻董某大之妻的担保责任或对家庭财产的影响。

此操作的案由如何确定呢？我方起诉坚决不能使用投资方起诉使用的“股权转让纠纷”案由，因为，本案不是单纯的股权转让纠纷，此案由最多仅能反映本案的一部分法律关系，所以，必须换成其他案由。经再三考虑，我方使用了“与公司有关的纠纷”这个案由。

3. 全面阻击

要否定三个协议的效力，就要综合考虑分析其内在的法律关系、逻辑关系、履约前提、债权人利益、目标公司及其全体股东利益等，对任何一个协议文件的理解都不能偏废，不能断章取义，要挖掘全部可能影响合同效力的因素，尽可能地全面否定三个协议的效力，如果仅仅否定一些无关紧要条款的效力，是无法实现我方诉讼目的的。

4. 转移战场

前面已经分析过，抗辩、反诉的方式解决不了根本问题，因此必须选用另行单独起诉的方式才可能实现诉讼目的。具体方式是，我方化零为整，将四个协议看成一个不可分割的整体，请求法院在一个案件里确认三个协议无效，同时按四份协议中标的额最高的协议数额确定法院的级别管辖。这样一来，本案就达到了中级人民法院的受理标准，因此我方跳出了投资方起诉选定的基层法院，直接向中级人民法院立案，实现转移战场的目的。

5. 控制节奏

我方委托人希望能控制一下诉讼节奏，以便有时间做出反攻准备，扭转被动局面。因在委托笔者之前，目标公司、大股东等代理人已经提出过管辖权异议，所以不可能再提管辖权异议。但我方策划的诉讼请求是确认合同无效，在中院单独立案，而且对合同效力的认定是投资方起诉“股权转让纠纷”判决的前提条件，因此在我方成功立案的情况下，可以申请投资方起诉的“股权转让纠纷”中止审理，待我方起诉的合同效力问题解决了，再审理。这种操作如果能实现，就能够实现控制诉讼节奏，争取诉讼时间，延长回购期限或回购付款期限，化被动为主动的目的。经检索发现，我方的战略思路是有实际案例支持的，如昌吉回族自治州中级人民法院（2015）昌中民二初字第57号民事裁定书。

二、对赌纠纷案由、管辖、起诉与战略战术的实施

对赌战略战术设计得再完美，也离不开准确具体的实施，在案由的选择、管辖的确定、诉讼请求的设计、诉讼事实理由的表述等诸多方面都马虎不得。

（一）对赌纠纷的案由选择

民事案件的起诉，在立案时必须根据不同纠纷的类型确定一个案由，对赌案件也不例外。在最高人民法院的《民事案件案由规定》中并没有对赌纠纷这个案由，实践中常用的与对赌纠纷相关的案由主要有：企业借贷纠纷、股权转让纠纷、公司增资纠纷、与公司有关的纠纷、合同纠纷、确认合同效力纠纷、委托合同纠纷、股东出资纠纷等。其中，股权转让纠纷居于首位，其次为公司增资纠纷。

对赌纠纷案件的案由如何确定呢？这个问题不可轻视，因为选择案由就是圈定法律博弈范围，导航争议焦点方向，选择审判法官的业务专长与知识储备，一旦选择不当，可能会导致诉讼失控甚至败诉。需要注意的是，法院会根据案由派选审判法官，但是，案由选用不当将来不一定会调整，即使变更调整了案由，法官也不会轻易跟随案由再调整。问题是，现在的法官审判专业方向越来越细，越来越专，不同审判方向的法官知识储备体系会有很大差别，对于一些疑难复杂的案件来说，不同知识技能储备的法官对案件的审判结果可能就有很大不同。比如同一个对赌纠纷案件，擅长审判借贷合同纠纷的法官与擅长审判与公司有关纠纷的法官对案件的理解把握可能就有相当大的差别。

因此选用案由一定要根据主要法律关系、诉讼目的、战略战术方向等综合考虑确定。比如：

【企业借贷纠纷】如果要否定投资关系，认为资金提供方享有固定的保底收益，且不承担经营风险，则可以考虑"企业借贷纠纷"的案由。此案由使得投资回报率受到企业借贷利率的限制。对赌实践中，此案由主要是融资方选用，目的是将融资成本控制在法律保护的利息范围内。也有法院将对赌协议中规定的对赌条件及年化收益率视为"保底条款"，将案件性质认定为"名为投资、实为借贷"或"名为对赌，实为借贷"，如广西高院在 2020 年 7 月 27 日发布的《关于审理公司纠纷案件若干问题的裁判指引》中认为，若对赌目标在客观上不可能或几乎不可能达成，则实质上消除了所附条件的"不确定性"，其约定的违约责任就成为必然发生的结果，该部分收益即为投资方获得的固定收益，该内容已不再符合"对赌"的性质，对此人民法院可以根据个案情况认定为借贷关系。

【股权转让纠纷】如果想在股权回购协议规定的有限范围内提出诉讼请求、博弈对抗，就可以考虑使用"股权转让纠纷"的案由。对赌协议纠纷实践中，投资方选用此案由的较多，因为，一般投资方主要的诉求内容之一是要求融资方股东（一般是目标公司大股东）回购股权，或者给予现金补偿。如果投资者是同时要求目标公司及其股东承担责任，则要看主要承担责任主体是谁，如投资方主张公司承担主要责任，则一般不宜适用股权转让纠纷案由。因为，确定案由，通常要看最主要的法律关系，由主要的法律关系吸收次要的法律关系。

【公司增资纠纷】公司增资纠纷是指公司在增加注册资本金过程中因增资行为引起的民事纠纷。如果当事人的对赌矛盾纠纷主要集中在公司增资的权利义务范围内，则可以考虑采用“公司增资纠纷”的案由。对赌实践中，投资者成为目标公司的股东，通常有三种方式：其一是通过目标公司增资，其二是受让目标公司原股东的股权，其三是前两者的结合。若因增资协议中含有的对赌条款引发了纠纷，实践中也有选用公司增资纠纷案由的情况。

【与公司有关的纠纷】若对赌纠纷中，涉及诸多公司法律关系及争议，股权转让纠纷、公司增资纠纷等案由都不能恰当体现争议法律关系，则可以考虑采用“与公司有关的纠纷”案由。

【合同纠纷】若合同当事人诉讼请求的直接依据或主要依据立足于合同法及投融资、对赌协议等合同文件，由于对赌协议并非有名合同，因此实践中也有使用此案由的情况。

【确认合同效力纠纷】如果只是对合同效力有争议，甚至不太想涉及公司法比较复杂的规定或理论，可以考虑选用“确认合同效力纠纷”的案由。我们知道，对赌纠纷中投资方提出股权回购或者现金补偿等请求时，法院或仲裁机构必然会首先对合同效力进行审查，为什么还要提起“确认合同效力”之诉呢？实践中，此类案由通常是融资方（目标公司或其大股东）先发制人，单独提起的诉讼，目的是从根本上否定投资方关于现金补偿、股权回购等权利的合同依据，全面赢得诉讼。

投资方需要注意的是，在融资方先发起确认合同效力之诉时，我们不建议投资方提起反诉，以免被拖入对方的诉讼节奏，投资者应当以己方诉求为中心，选择有利的案由另行提起诉讼。

对于委托合同纠纷、股东出资纠纷案由，在对赌纠纷中使用得相对较少。

（二）对赌纠纷诉讼管辖

对赌纠纷在诉讼管辖上，要区分地域管辖和级别管辖。对于地域管辖，如果协议中对管辖法院存在有效约定，则以约定为准，如果不存在有效约定，通常由被告所在地或目标公司注册地法院管辖。级别管辖的确定，取决于诉讼标的额达到管辖法院所在地哪个级别的受理标准。对于法院的级别管辖，原告有一定的主动选择空间，例如通过增大、缩小、拆分请求数额等方式，可能会对法院的级别管辖选择有一定的影响。

需要注意的是，约定或确定管辖法院时，最好先检索一下管辖法院关于对赌协议纠纷案件所持的裁判意见，以便心中有数或重新确定管辖法院。

（三）对赌纠纷的起诉：开辟战场，化被动为主动，向中级人民法院另行提起“与公司有关的纠纷”诉讼

确定了案由和管辖法院后，融资方就着手起诉事宜。某设备有限公司（目标公司，股权回购担保人）及其股东董某大管理有限公司、董某大、董某二、董某大之妻（股权回购担保人）作为原告，向合同履行地的中级人民法院起诉投资方，请求法院确认《增资协议之补充协议》（对赌协议）、《股权回购协议》、《担保协议》无效。以下为起诉状要点：

民事起诉状

原告：某设备有限公司、董某大管理有限公司、董某大、董某二、董某大之妻

被告：某投资中心（有限合伙）

案由：与公司有关的纠纷

诉讼请求：

1. 请求确认《增资协议之补充协议》（对赌协议）无效；2. 请求确认《股权回购协议》及其《担保协议》无效；3. 诉讼费由被告承担。

事实和理由：

2012年9月19日原告某设备有限公司（以下简称目标公司）及其股东董某大管理有限公司、董某大、董某二与被告某投资中心（有限合伙）签订了《增资协议》约定，被告向目标公司出资人民币8400万元，其中225万元作为青岛辉腾公司的实收资本即注册资本，剩余8175万元作为溢价进入资本公积金。增资后被告占目标公司20%的股权，目标公司注册资本变更为1125万元。当天原告董某大（大股东）还与被告签订了《增资协议之补充协议》

(对赌协议)，并约定了目标公司的上市目标及股权回购的“对赌”条款。在以上两个协议的基础上，作为“对赌协议”的延续，2015年12月15日董某大与被告签订了《股权回购协议》，约定董某大回购目标公司20%的股权。迫于压力和被欺诈，2017年4月30日目标公司、董某大之妻与被告签订了《担保协议》，约定目标公司、董某大之妻为董某大履行股权回购义务向投资方提供连带责任担保。以上四份协议构成了一套完整的投资对赌文件，不可拆分、断章取义。该四份协议文件或其中部分条款存在矛盾、侵害有关主体的利益或违反有关法律规定，因此应依法认定无效。相关问题如下：

1.《增资协议之补充协议》(对赌协议) 应为无效合同。

《增资协议之补充协议》涉及全体股东的利益，未经另三位股东同意，且三位股东不知情，该协议应属无效协议。本案中《增资协议》由五个当事人签订，其第8.1条明确约定：“未经对方书面同意，任何一方不得转让其在本协议中的权利或义务。”而同日《增资协议之补充协议》仅由两个当事人董某大、被告签订，约定了相关股权转让回购的内容，以及其他权利义务条款，该补充协议还在第4条规定，补充协议是增资协议的有效组成部分。但《增资协议之补充协议》的两个签署当事人比《增资协议》少了三个当事人（董某大管理有限公司、董某二、董某大之妻)，即不但未经过另外三个当事人“书面”同意，甚至这三个当事人起诉前都不知道此对赌协议的存在和相关安排。因此《增资协议之补充协议》一是违背了《增资协议》第8.1条的规定，二是《增资协议之补充协议》中的上市计划、绝对固定收益、跟售权、优先购买权、特殊条款等条款均涉及其他股东及有关主体的权益，损害了董某大管理有限公司、董某二、董某大之妻基于《增资协议》项下的利益，因此《增资协议之补充协议》应属无效。

《增资协议之补充协议》设有保底条款，违反风险共担原则以及有关金融管理秩序，违反同股同权原则，应认定为无效条款。《增资协议之补充协议》第1条约定每年8%“绝对固定”收益条款（跟最高人民法院“对赌第一案”海富世恒案的“相对固定”不同)，与公司的经营利润毫不相关，是保底条款，违反同股同权、风险共担原则以及有关金融管理秩序，应认定为无效条款。《增资协议》第4.2.11条项目中“股东会决议须包括某投资中心（有限合伙）表决同意后方能有效作出”的约定赋予了被告（20%股权）一票否决权，该约定违反了公司法“同股同权”“资本多数决”的基本原则，应认定为无效条款。

2.《股权回购协议》属于无效协议，且侵害其他主体的利益。

在《增资协议之补充协议》无效的情况下，《股权回购协议》应属无效协议。该回购协议“鉴于”部分第3条、第4条约定，证明回购协议的签订基础是《增资协议》及《增资协议之补充协议》，因此在《增资协议之补充协议》无效的情况下，该《股权回购协议》无效。

《股权回购协议》会侵害其他股东及相关主体的利益。《股权回购协议》是《增资协议之补充协议》的进一步具体化和实施方式的细化，最终是为了达到对赌协议中股权回购的目的，会侵害其他股东及相关主体利益。

3.《担保协议》系当事人违反法律规定，恶意签订，应属无效协议，某设备有限公司、董某大之妻不应承担担保责任。

《公司法》第16条第2款规定：“公司为公司股东或者实际控制人提供担保的，必须经股东会或者股东大会决议。”该条第3款规定“前款规定的股东或者受前款规定的实际控制人支配的股东，不得参加前款规定事项的表决。该项表决由出席会议的其他股东所持表决权的过半数通过。”《合同法》第50条规定：“法人或者其他组织的法定代表人、负责人超越权限订立的合同，除相对人知道或者应当知道其超越权限的以外，该代表行为有效。”根据该规定可知，担保合同相对人如果知道或者应当知道担保公司法定代表人超越权限，则越权签订的担保合同无效。本案中作为目标公司股东的被告对目标公司违法担保的行为、对董某大越权签订担保合同的行为显然是明知的，未尽到任何审查义务和基本注意义务，其主观是恶意的，因此本案担保合同无效。

《担保协议》第2条中关于董某大之妻同意用夫妻共同房产担保的约定，因未进行抵押登记，而且未取得丈夫董某大的同意，因此该抵押未生效。

另外，因《担保协议》作为《股权回购协议》的担保协议是从合同，其因主合同《股权回购协议》的无效而无效。

综上，为了维护原告的合法权益，请法院依法支持原告的全部诉讼请求。

此致

某中级人民法院

具状人：某设备有限公司

董某大管理有限公司

董某大

董某二

董某大之妻

2018年×月×日

三、对赌诉讼节奏的战术控制

投资方已经起诉的股权转让纠纷案件，已经将我方拖入被动局面，如果诉讼节奏得不到控制，我方可能很快就会败诉，到时将无力回天。因此控制诉讼节奏，对我方来说迫在眉睫。我方在中级人民法院另行立案，取得立案通知书后，立即向投资方起诉“股权转让纠纷”的基层法院申请中止审理。申请书如下：

中止审理申请书

申请人：某设备有限公司、董某大、董某大之妻

申请事项：

请求中止审理某投资中心（有限合伙）诉某设备有限公司、董某大、董某大之妻股权转让纠纷一案。

事实与理由：

2012年9月19日某设备有限公司（目标公司）及其全体股东与某投资中心（有限合伙）签订了《增资协议》约定，投资方某投资中心以货币形式向目标公司出资人民币8400万元，增资后投资方占目标公司20%的股权。当天董某大还与投资方签订了《增资协议之补充协议》约定了目标公司上市目标及股权回购的“对赌”条款。在以上两个协议的基础上，作为“对赌协议”的延续和补充，2015年12月15日董某大与投资方签订了《股权回购协议》，约定了董某大回购投资方持有目标公司20%股权的方式。迫于压力和被欺诈，2017年4月30日目标公司、董某大及其妻子与投资方签订了《担保协议》，

约定了股权回购的相关担保条款。以上四份协议构成了一个完整的投资对赌行为，其法律关系不是单纯的股权转让关系。因此本案的股权转让法律关系，只是目标公司增资“对赌”关系的后面一个环节，本案不能割裂地断章审理股权转让纠纷。

对于本案来说，《增资协议》《增资协议之补充协议》《股权回购协议》《担保协议》的合同效力问题是审理本案“股权转让纠纷”的重大基础前提，不能回避。对以上协议的效力问题，申请人已经向某中级人民法院提起诉讼，并已经正式受理（见立案通知书）。根据《民事诉讼法》第150条规定：“有下列情形之一的，中止诉讼：……（五）本案必须以另一案的审理结果为依据，而另一案尚未审结的……”为维护申请人合法权益，申请人依法向贵院提出中止审理申请，请依法裁定。

此致

某人民法院

申请人：某设备有限公司

董某大

董某大之妻

2018年 ×月×日

时间紧急，我们赶在了基层人民法院就“股权转让纠纷”案件通知谈话的当天，向法院提交了《中止审理申请书》和中级人民法院的案件受理通知书。但是，该基层人民法院在收到我方申请书后，并没有立即表态，只是让当事人回去等通知。之后，该基层法院就是否中止审理“股权转让纠纷”案件，组织了两次开庭，双方代理人辩论激烈，因为彼此都意识到了，此战具有战略意义，甚至可以看成是提前到来的决战。开庭时法院对我方诉求的依据、道理询问得很详细，对此我方早已做了充分的准备，将事实依据、法律依据、法理、利弊、参考案例非常系统得提交给法院。代理律师为了让法官支持自己的观点和诉求，不能只站在自己的立场上自说自话，要善于站在法官的角度思考问题，力争为法官支持己方观点扫清障碍，铺平道路。经过激烈的鏖战和等待，终于把战争拖入了我方的节奏，法院最终裁定“股权转让纠纷”中止审理。

四、对赌纠纷的开庭与辩论

开庭，是前期战略、战术、策划、准备的全方位集中检验，同时还考验代理人随机应变的能力以及代理人之间、代理人与当事人之间分工配合的默契度。例如，有些案件中，虽然某一方的多个当事人的诉求完全相同，但是由于其主张的具体理由和出发点可能不同，甚至是要指责同一方当事人的过错，因此就要考虑同一方的不同当事人及其代理人的分工配合问题了。

开庭的过程不仅是说服对方的过程，更是说服法官的过程。说服对方，是为了让对方认识到我方的实力和己方的风险，为和解、调解做准备；说服法官，就是从事实、法律、法理、案例等诸方面论述我方观点和依据，给法官下判决支持我方诉求、观点铺平道路。

法庭辩论要注意分清主次矛盾、要注意主攻与佯攻的虚实结合，有些问题要集中火力重炮轰击，如本案中的目标公司的担保效力问题，有些问题是一些干扰项，点到为止，如本案中对《增资协议之补充协议》第 3 条中跟售权条款、优先购买权条款、同等优惠条款、特殊条款等效力问题的质疑。

对于本案来说，基于我方的专业和全方位的战略战术准备，自诉讼节奏被成功拖入我方的轨道以来，一直沿着我方的预测方向发展，因此我方对开庭充满了信心。以下是本案代理词的部分要点。

代理词（部分要点）

融资方代理人在坚持诉讼理由和举证质证意见的同时，发表代理意见如下：

1. 董某大与投资方恶意串通签订《增资协议之补充协议》（对赌协议）及后续相关协议、损害其他股东及利害关系人的权益。

董某大与投资方明知未经目标公司及全体股东同意签订《增资协议之补充协议》及后续相关协议的行为违反《增资协议》的约定，会侵害其他股东的知情权、决策权、否决权及其他基于原《增资协议》项下的权益，还故意瞒着董某大管理有限公司、董某二等股东及目标公司相互沟通、串联，签订《增资协议之补充协议》及后续相关协议，具有主观恶意，且签约后两当事人互相配合共同实施对赌行为损害了其他主体的利益。

2.《增资协议之补充协议》（对赌协议）涉及目标公司及全体股东的重大利益，未经全体股东及利害关系人签字无效。

（1）《增资协议之补充协议》（对赌协议）未经《增资协议》全体签约人同意无效。《增资协议》第8.1条明确约定："未经对方书面同意，任何一方不得转让其在本协议中的权利或义务。"因此，未经全体签约人同意不得进行股权回购、转让。《增资协议》第8.2条约定，补充协议须"各方"友好协商才能签订，因此《增资协议之补充协议》（对赌协议）未经全体签约人协商同意无效。本案《增资协议》签约人是目标公司、董某大管理有限公司、董某大、董某二、投资方五个当事人，而《增资协议之补充协议》签约人仅为董某大和投资方两方主体，因此，《增资协议之补充协议》无效。

（2）《增资协议之补充协议》（对赌协议）可能造成目标公司股权、控制权及经营的不稳定，甚至引起纠纷，当然会严重影响目标公司和全体股东的利益。本案中，由于对赌协议的存在，2017年10月法院已经对董某大所持目标公司的股权采取了财产保全措施，如果董某大的股权被拍卖的话，目标公司的控制权会发生重大改变，严重影响目标公司的人合性和股权架构，必然会严重影响全体股东的利益，影响公司持续盈利能力。

（3）股权对赌回购，会恶化目标公司财务及信用，会损害目标公司债权人的利益。董某大以高额的价格回购投资方不具有价值或低价值的股权，会间接恶化目标公司的财务和信用，并损害目标公司债权人利益。

（4）对赌目标促使目标公司为追求短期目标而非常规经营，因此无限增大了企业的风险，在一定程度上会损害目标公司的利益、其他股东的利益、社会公共利益等。

（5）本案对赌协议中的"绝对固定"收益与公司的经营利润毫不相关，是保底条款，因违反同股同权、风险共担原则及公平原则，应认定为无效条款。

（6）《增资协议之补充协议》第3条中的3.1跟售权条款、3.3优先购买权条款、3.4同等优惠条款、3.5特殊条款、4.2.11款规定投资方的单方否决权等约定，明显违反公司法同股同权原则、公平原则，容易导致公司治理的混乱和控制权的不稳定，且均涉及其他股东及有关主体的权益。

（7）本案对赌协议的约定，有违《IPO管理办法》中的有关规定。

3.《股权回购协议》为无效协议。

《股权回购协议》"鉴于"部分第3条、第4条约定，证明回购协议的签订基础是《增资协议》及《增资协议之补充协议》，因此在《增资协议之补充协议》无效的情况下，该《股权回购协议》无效。并且《股权回购协议》是《增资补充协议》的进一步具体化和实施方式的细化，最终是为了实现对赌协议中股权回购的目的，同时会侵害其他股东及相关主体利益，因此《股权回购协议》无效。

4.《担保协议》系当事人违反法律规定恶意签订，应属无效协议，目标公司、董某大之妻不应承担担保责任。

（1）《担保协议》担保条款对目标公司无效，该协议系当事人违法恶意签订。《公司法》第16条第2款规定："公司为公司股东或者实际控制人提供担保的，必须经股东会或者股东大会决议。"该条第3款规定"前款规定的股东或者受前款规定的实际控制人支配的股东，不得参加前款规定事项的表决。该项表决由出席会议的其他股东所持表决权的过半数通过。"《公司法》该条规定旨在防止公司股东或实际控制人利用控股地位，损害公司、其他股东或公司债权人的利益，保障公司提供担保时遵循严格的决策程序。公司对外担保的决策程序一旦由公司内部要求上升为公司法上的要求时，其效力范围就发生了改变，法律具有普遍适用效力。投资方与目标公司签订担保合同时，应当注意到法律的既有规定，应当对目标公司的担保程序尽到必要的审查注意义务，从而遏制公司的无序、恶意担保行为的发生。本案中作为目标公司股东的投资方对目标公司违法担保行为、对董某大越权签订担保合同的行为显然是明知的，未尽到任何审查义务和基本注意义务。

《合同法》第50条规定："法人或者其他组织的法定代表人、负责人超越权限订立的合同，除相对人知道或者应当知道其超越权限的以外，该代表行为有效。"根据该规定可知，担保合同相对人如果知道或者应当知道提供担保的公司其法定代表人超越权限，则越权签订的担保合同无效。《最高人民法院关于适用〈中华人民共和国担保法〉若干问题的解释》第11条规定："法人或者其他组织的法定代表人、负责人超越权限订立的担保合同，除相对人知道或者应当知道其超越权限的以外，该代表行为有效。”由此可见，越权担保是否对公司有效，则取决于相对人是否知道或应当知道法定代表人超越了权限。该规则旨在保护善意相对人的信赖利益，“法律不保护恶意第三人”。本案中，签订《担保协议》时，董某大、投资方都已经是目标公司的股东，明明知道目标公司还有其他股东董某二、董某大管理有限公司，却故意不通知该两个股东，故意不召开股东会，故意违法掏空目标公司财产，损害了目标公司及另两位股东的利益，同时也损害了目标公司债权人的利益。因此担保合同无效。

（2）《担保协议》第2条中关于董某大之妻同意用夫妻共同房产担保的约定，由于未进行抵押登记，而且未取得丈夫董某大的同意，因此该抵押未生效。

（3）《担保协议》是《股权回购协议》的担保协议和从合同，其因主合同《股权回购协议》的无效而无效。

5. 应从公平原则出发，对目标公司及董某大予以适当保护。

（1）在投资对赌协议中，融资方处于明显弱势地位，融资方相对于专业投资方来说，对于法律的了解，合同条款的设计、理解等非常有限甚至是没有了解。

（2）融资方一旦对赌失败，在投资方苛刻的现金补偿以及股权回购条款下，融资方很容易丧失公司的控制权，甚至破产，但投资方仍然可能获得丰厚的回报，这种利益失衡可能威胁我国的实体产业，甚至引发金融风险，因此建议法院裁判时适度保护我方目标公司及其实际控制人董某大。

代理人：刘鹏飞

2018年×月×日

五、对赌纠纷的相持、谈判与和解

（一）知己知彼，扬长补短

在对赌纠纷案件中，如果融资方能够争取到投资方与自己平等和谈的机会，那就已经非常不容易了。投资方具有资金优势，往往在投资对赌合同拟定阶段就占有主导地位，加之其是精通对赌的专业机构，因此投资方一般先天占有绝对的优势地位。但融资方也不是绝对没有机会，其虽然在对赌协议的约定、对赌知识技能等方面处于劣势，但是在公司信息、公司控制权方面相对投资方却处于优势地位。因此，在对赌纠纷中，处于整体劣势的融资方，如果想要扭转不利局面，就必须弥补自己的短板，发挥自己的长处。融资方补足短处可以借助外部力量，比如聘请精通对赌法律事务的专业律师。融资方通过扬长补短，有可能摆脱不利地位，甚至是取得综合优势地位。

（二）没有制约，就没有和谈

起诉后，投资方与融资方能否和谈、如何和谈，往往取决于开庭后双方的实力展示和对弱点的防守情况。有时双方是边打边谈，边谈边打，谈谈打打，打打谈谈，这些都是在相互试探对方的底线与底牌，评估风险和成本。公平和谈的前提一定是双方相互制约或者基本是势均力敌的，否则就没有真正意义上的和谈。如果一方的实力对另一方能够完全碾压，有实力完胜，所谓的谈判就变成了强势方对弱势方的命令，弱势方对强势方的乞求。因此可以说，诉讼对抗也是谈判的一种语言。

（三）集中火力，重击痛点

在诉讼或谈判中，只要是对方的致命痛点，无论是否为我方想要的利益，一定要集中火力重击，因为即使这些痛点不是我方的需求，只要把对方打痛了，这些痛点就可以成为我方与对方和谈的筹码。在本案中，我方抓住投资方的第一大痛点是，目标公司的担保条款很可能被认定无效。这样一来，一旦此担保条款被认定为无效，即使投资方胜诉，也会有很大的执行风险和成本，因为目标公司在我方的完全控制之下。我方抓住对方的第二大痛点是，全面否定对赌协议的效力。因为对赌协议与增资协议的签订主体不一致，相关对赌条款涉及全体股东、目标公司及其债权人的利益，有可能被认定对赌协议无效（我方提供了相关类似案例）。一旦认定对赌协议无效，这就等于把投资方绑定在目标公司上，不能强制要求回购退出了，这是投资方万万不能接受的。

（四）把握时机，争取利益最大化

诉讼阶段的谈判，提出真实诉求的时机一定要把握好，既不宜过早，也不宜过迟。过早提出，对方未感受到风险和压力，因此不易妥协；过晚提出，对方完全了解了你的底牌和底线，失去了未知的恐惧，谈判妥协的余地反而会变小。其实，诉讼过程也是一个相互角力的过程，当谁都没有明显优势拿下对方，双方都有较大风险漏洞的时候，就进入相持阶段，此时双方都感受到了来自对方的巨大压力，对案件后果也不好明确判断，因此就容易启动和谈程序。和谈可以是法官主持的庭内和谈，也可以是当事人及其代理人庭外的和谈。和谈过程中，要对己方的真实意图有所掩护，以免过早暴露全部真实意图，被对方提高谈判筹码。

其实和解协议可以理解成是双方对抗结果的最终呈现。就本案而言，和解协议是在边打边谈，打打谈谈的过程中，最终达成的。首先，我方在控制诉讼节奏后成功获得了期限利益，在一定程度上缓解了资金链的压力。其次，通过诉讼亮剑，让对方感受到了巨大的风险和威胁，使对方同意了调整股权回购的期限和价格。最后，是因期限利益获得的巨大收益，可以看成我方取得了诉讼的全胜。在我方争取的诉讼期限内，在目标公司所在地由国家组织承办了影响巨大的国际活动，加之其他一系列利好消息的叠加，目标公司所在地的房地产价格一路飙升，目标公司持有的一块土地价格翻番。因此目标公司土地上涨的价格就足以覆盖投资方的诉求。最终我方大股东完全保住了自己的公司和家庭财产。在对赌纠纷实践中，投资方往往比融资方占据绝对的综合优势，就本案而言，融资方能够和投资方达成和解并实现己方的应诉目的，可以理解成是融资方的一场胜诉。

第十章 对赌协议的法律适用与裁判规则

处理好对赌法律事务，必须要对相关法律适用有比较准确的把握。然而，由于对赌协议属于非典型性的无名合同、混合合同，其法律特征多面，法律关系复杂，涉及的主体不但包括签约当事人，还触及非签约利益相关人，这给对赌协议的法律适用带来了一定的难度。除了法律适用外，处理对赌法律事务，特别是对赌纠纷案件，还应当对股权投融资对赌案件的裁判规则及一些实务案例有所了解。本章将分三节对相关问题进行介绍。

第一节 对赌协议的法律适用

“对赌协议”属于合同，当然要受合同法律规范的调整，但“对赌协议”的履行又涉及目标公司及其股东和债权人之间的利益平衡问题，因此也应遵守公司法律规范的约束。区分好合同法规范与公司法规范的适用界限是有效把握对赌协议法律关系本质属性和处理对赌纠纷的关键性问题，本节将对此问题进行探讨。

一、对赌协议常见法律适用问题及产生原因

在讨论这个问题之前，我们先看一个案例：投资方 A 公司与目标公司 B 及其原股东 C、D 等签订协议，约定：投资方 A 公司向目标公司 B 投资 1000 万元人民币，其中 100 万元增资为 B 公司的注册资本，900 万元列为 B 公司的资本公积金，A 公司取得 B 公司 5% 的股权。同时，协议中约定，签约后 3 年内目标公司 B 的年利润分别是 M 万元、N 万元、Y 万元，目标公司 B 在 × 年

×月×日之前要在我国主板上市。未达到利润目标时，股东C、D要按照约定的计算公式给予投资方A公司补偿，未按时实现上市目标的，股东C、D要按照约定的价格回购A公司持有的目标公司的股权。后因目标公司未达到利润目标、未能成功上市，签约当事人产生纠纷，投资方A将股东C、D诉至法院。

上述案例是对赌协议常见的基本应用形态。此类纠纷面临的首要法律问题就是在合同法与公司法统御下如何适用法律对合同效力作出判断。此类纠纷中，往往是投资方作为原告，认为应以合同法作为评价"对赌协议"效力的基础依据，认定对赌协议有效；而目标公司原股东或实际控制人（有时也包括目标公司）作为被告，则主张应以公司法作为评价"对赌协议"效力的基础依据，认定对赌协议无效。另外，对赌协议的约定又常常涉及是否侵害目标公司及其债权人的利益。是否违反资本维持原则、是否涉及"名为投资，实为借贷"等相关问题的判断，这是判断对赌协议效力时，合同法与公司法适用出现问题的原因。

二、对赌协议中合同法与公司法的调整领域

这里的合同法要理解成广义的合同法，当然也包括《民法典》总则中的相关内容。合同法是调整平等民事主体之间关系的法律规范，强调契约自由，充分尊重当事人的意思自治，注重保护合同当事人合意而成的民事权利义务。而公司法，既是组织法也是行为法，既有意思自治的空间，也有强制性规范的底线。公司法不仅仅是调整公司与股东、股东与股东之间的关系，加强中小股东利益保护，还要规范公司应有的社会责任，注意保护公司债权人的权益。"对赌协议"是约定投融资当事人权利义务的载体，要受合同法律规范的调整，同时，其又涉及目标公司、股东间对公司的经营治理涉及公司债权人的利益，因此也必须遵守公司法的制约。

三、对赌协议中合同法与公司法的衔接转换

既然对赌协议不可避免地受到合同法、公司法两部法律规范的复合调整，

那么其关于法律的适用是如何衔接转换的呢？笔者认为，判断对赌协议的效力时，应坚持合同法律规范第一性，公司法律规范第二性之原则。首先要看各方当事人意思表示的一致性、真实性、合法性等，其次才是目标公司治理结构调整的合法性、合理性，最后综合运用两种法律规范予以正确法律评价。

王利明先生在《合同法研究》中写道，《合同法》第52条第5项“违反法律、行政法规的强制性规定”之规定属于引致条款，“其本身不能对法律行为的效力产生影响，必须结合法律、行政法规的具体规定予以判断”。所以，通过公司法律规范评价对赌协议效力时，其出发点和最终落脚点依然是合同法。

四、法院在对赌协议法律适用问题上的回应

对于对赌协议的法律适用问题，在《九民会议纪要》公布之前，无论是实务界还是理论界争议都很大，这使得对赌案件的司法裁判标准不统一，容易出现同案不同判的现象。对此问题，最高人民法院在2019年11月14日公布的《九民会议纪要》中首次明确作出回应，“人民法院在审理‘对赌协议’纠纷案件时，不仅应当适用合同法的相关规定，还应当适用公司法的相关规定……”

结合实践中的大量案例，可以从以下四方面理解最高人民法院的以上内容：（1）审理“对赌协议”纠纷案件，合同法、公司法都要适用，不能偏废；（2）合同法主要是适用合同效力相关条款；（3）公司法主要涉及的是资本维持原则、股权回购相关条款；（4）最高人民法院的价值取向体现为意思自治与相关方利益保护的衡平精神。

五、仲裁委员会在对赌协议法律适用方面的特点

实践中对赌协议类纠纷通过商事仲裁解决的比例相当高，可能比法院诉讼解决的数量还要多，因此仲裁委员会对于对赌协议法律适用的意见决定不能忽视。由于仲裁委员会不同于法院系统，其并不是全国统一的裁判系统，

仲裁员的身份背景多样，加之仲裁文件的不公开，因此全国的仲裁委员会并没有像法院系统一样形成高度统一的法律适用理念。总体上仲裁委员会的裁判理念可能比法院系统更开放一些，全国不同的仲裁委员会，对同类案件的法律适用上和仲裁尺度上差异可能较大。就笔者对部分相关案件的了解，仲裁委员会在对赌协议的法律适用上，常常表现为以下特点：第一，推崇与尊重契约精神，强调股东自治和股东利益最大化，如有可能，尽量不否定合同的效力；第二，更多地倾向于以合同法规范为基础，兼行考虑公司法规范的适用。

第二节　对赌案件的审判理念和裁判规则

要想对对赌案件有整体把握，找准方向、厘清法律关系，避免犯原则性错误，就有必要从宏观上了解对赌案件的裁判规则和底层法律关系，本节将对相关内容进行介绍。

一、对赌案件的审判理念和审理原则

最高人民法院在 2019 年 11 月 14 日公布的《九民会议纪要》中对民商事审判基本原则、审判思维、公司案件多维度关系的协调、审理对赌纠纷的原则等问题进行了强调，下文将进行介绍。

（一）关于民商事案件的审判理念

对赌协议纠纷案件，属于民商事案件，对其审理首先要遵循民商案件审判理念。《九民会议纪要》指出，审理民商事案件要注意辩证理解并准确把握契约自由、平等保护、诚实信用、公序良俗等民商事审判基本原则；注意树立请求权基础思维、逻辑和价值相一致思维、同案同判思维；通过穿透式审判思维，查明当事人的真实意思，探求真实法律关系。

（二）审理公司案件的意义与多维度关系的协调

对赌协议纠纷案件受到公司法规制，涉及多方主体利益和多维度关系，必须要注意协调把握。最高人民法院在《九民会议纪要》中认为，审理好公司纠纷案件，对于保护交易安全和投资安全，激发经济活力，增强投资创业信心，具有重要意义。要依法协调好公司债权人、股东、公司等各种利益主体之间的关系，处理好公司外部与内部的关系，解决好公司自治与司法介入的关系。

（三）关于对赌协议案件的审理原则

审理对赌纠纷案件，既要鼓励投融资，又要维护公司法律基本制度，二者不能偏废。对此，《九民会议纪要》规定，人民法院在审理“对赌协议”纠纷案件时，既要坚持鼓励投资方对实体企业特别是科技创新企业投资原则，从而在一定程度上缓解企业融资难问题，又要贯彻资本维持原则和保护债权人合法权益原则，依法平衡投资方、公司债权人、公司之间的利益。

（四）“对赌协议”是投资协议，法律上对其没有特殊保护

无论PE还是VAM，不过是经济现象，它必须通过一般民事法律行为才能实现。在法律上，其表现为投资的法律关系，并不具有法律意义上的特殊性，因此也不能以此得到私募投资者所希冀的特殊保护。

概念不可能代替本质。投资者必须遵守法律，在现行的法律框架内为某些行为。“对赌协议”是投资与融资的组合行为，不能要求且没有必要让法律去特别单独应对，特别是对于司法行为来说。①

---

① 参见罗东川、杨弘磊：《“对赌协议”纠纷的法律规制及裁判规则》，载《人民司法·案例》2014年第10期。

二、审理对赌案件的裁判规则①

裁判规则无论是对法官判案还是对律师代理案件都至关重要，本文摘录整理了陈鸣法官总结的与对赌协议相关的裁判规则要点，可供笔者参考学习。

（一）宣告价格自治规则

对赌协议属于纯粹的商业博弈范畴，对于参与对赌协议的当事人双方来说，不宜将其中任何一方认定为经济上的弱者。正如王文宇教授所言，现代商事契约参与者与民事契约参与者不同，他们属于老练经纪人，而商事契约本身具有风险分担和治理机制的特性，契约法应当充分尊重当事人的缔约自治。② 无论司法机关还是监管机关在无正当理由的情况下都不宜介入干预。但应强调的是，这些对赌协议中的自治规则并非没有限度，需要与后述的结果考量规则结合运用。

（二）条件正当性规则

条件内容的正当性直接关系对赌协议本身的性质乃至合同效力问题，可认为是对赌协议中的一种静态约束。在认定过程中，又存在以下两个具体规则：第一，公序良俗规则。条件的内容应当符合社会公序良俗。第二，利益攸关规则。对赌协议中所设定的条件的成就结果应当与当事人双方具有切身利害关系，如果不具有利害关系，对赌协议可能沦为赌博合同，不应当具有法律上的保护效力，应认定为无效合同。

（三）正向激励规则

正向激励规则是一种动态约束。该规则的目的在于对赌协议交易结构的设计应当具有价值促进的推动功能，而非起到反向的激励功能（尤其是在资

---

① 参见陈鸣：《对赌协议的法律结构与裁判规则——以一则非典型对赌协议案例的分析展开》载《法律适用·司法案例》2018 年第 2 期。

② 王文宇：《商事契约的解释：模拟推理与经济分析》，载《中外法学》2014 年第 5 期。

产估值领域），这是基于社会福利最大化的考虑。此外，正向激励规则的确立还有一个重要考量在于防范隐形的利益输送。

（四）形成权行使规则

出于保护相对人权利的需要，作为形成权的估值调整权在行使时需要遵循形成权行使的一般规则，包括：第一，需要向相对方作出明确的形成意思表示，在对赌协议中，估值调整权的行使需要向相对方明示，即权利行使的告知义务。第二，权利的行使具有期间限制，从而维护法律关系的明确与安定，该期间多为除斥期间。第三，权利的行使不可撤回。不过，在对赌协议中，这种不可撤回性可以被双方的重新合意所覆盖。

（五）结果考量规则

对赌协议的法律效果是否存在外部性是判断对赌协议法律效力的标准，但对赌协议法律效果的多元化决定了即使对赌协议中存在外部性的可能情形，也应基于结果考量的规则判断合同效力。具体而言，应当作出如下判断步骤：第一，当条件尚未成就即估值调整权未行使时，因损害第三人的法律效果并非发生，故不宜否定合同效力。第二，当对赌协议的法律效果促进了第三人的利益，则对赌协议有效，当事人不得以合同中可能存在的无效情形对抗善意第三人。第三，当对赌协议的法律效果损害了第三人的利益，则对赌协议无效，但该合同可依第三人的主张而转为有效。

三、对赌协议中的几个底层法律关系问题

分析对赌协议法律关系时，必须要厘清几个底层法律关系问题：一是考虑对赌协议的效力问题；二是诉讼请求能否获得法院支持的问题；三是对赌协议的履行问题；四是对赌协议的担保问题。这几个问题，本书前面的章节都有讲述，本节在此作个概括提炼，以便读者得到一个宏观认识。

（一）对赌协议的效力与合同法的关系

对赌协议属于合同，对其效力的判断虽然有时需要借助合同法之外的其

他法律规范来判断，但最终落脚点还应该是合同法。正如王利明先生在《合同法研究》中所言，《合同法》第52条第5项“违反法律、行政法规的强制性规定”之规定属于引致条款。因此判断对赌协议的效力，离不开合同法律规范。

（二）诉请的支持与合同的可履行性

诉讼请求能否被法院支持，不但要看其效力，还要看法院判决时是否具备履行条件，当合同有效，但不具备可履行性（至少是判决时），法院依然会驳回诉讼请求（对赌协议纠纷中的此类问题主要发生在目标公司承担股权回购和/或现金补偿义务时的情况）。本书第四章第二节已经详细分析，此处不再赘述。

（三）合同的可履行性与资本维持、债权人保护原则

对赌协议中的股权回购和/或现金补偿义务（主要是目标公司承担相应义务的时候）要得到履行，前提是必须遵守“资本维持原则”不得损害公司“债权人利益”。具体而言，《九民会议纪要》中所指的，投资方请求目标公司回购股权的，人民法院应当依据《公司法》第35条关于“股东不得抽逃出资”或者第142条关于股份回购的强制性规定进行审查。经审查，目标公司未完成减资程序的，人民法院应当驳回其诉讼请求。投资方请求目标公司承担金钱补偿义务的，人民法院应当依据《公司法》第35条关于“股东不得抽逃出资”和第166条关于利润分配的强制性规定进行审查。经审查，目标公司没有利润或者虽有利润但不足以补偿投资方的，人民法院应当驳回或者部分支持其诉讼请求。今后目标公司有利润时，投资方还可以依据该事实另行提起诉讼。

（四）对赌协议中公司担保效力与担保规则及资本维持原则

对于对赌协议中公司担保的效力问题要分两种情况，一种是目标公司提供担保，另一种是非目标公司提供担保。对于目标公司为其股东或实际控制人担保的情况，不但要遵守《公司法》第16条第2款的规定，即公司为公司

股东或者实际控制人提供担保的，必须经股东会或者股东大会决议，还要考虑不能违反资本维持原则。对于非目标公司为目标公司股东或实际控制人担保的情况，则主要考虑遵守《公司法》第16条第2款的规定。关于对赌协议中公司担保问题详细分析请参见本书第七章第一节中的内容。

四、目标公司内外债权间的衡平保护与深石原则

对赌协议案件中，当目标公司承担股权回购和/或现金补偿义务时，遵守资本维持原则、公司法关于回购股权的限制性规定、减资规定、利润分配的规定，基本不会侵害目标公司外部债权人的权益，但是当投资方与目标公司的大股东或实际控制人对赌，由目标公司为其大股东或实际控制人的股权回购和/或现金补偿义务担保时，就有可能影响到目标公司外部债权人债权的清偿。例如，当目标公司提供对赌担保，其财产不足以同时清偿投资人的债权和其外部债权人的债权时，身为目标公司的大股东、实际控制人可能利用其对目标公司的控制权，以及作为内部股东的投资方可能利用对目标公司知情权、决策权、执行权的便利条件，力推目标公司优先偿还内部股东的债权而使目标公司外部债权陷入无法清偿或不能公平受到清偿的境地，实质上会造成处于平等位序的债权受到不公平清偿的非正常偏向。对此问题，笔者认为可以借鉴英美法系中的深石原则予以化解。

所谓深石原则又称衡平居次原则（Equitable Subordination Rule），是指在存在控制与从属关系的关联企业中，为了保障从属公司债权人的正当利益免受控股公司的不法侵害，在依照法律规定对从属公司进行清算、和解和重整等程序中，根据控制股东是否有不公平行为，而决定其债权是否应劣后于其他债权人或者优先股股东受偿的原则。该原则是对债权平等原则的突破，目的是在保证特殊情况下公司内外债权利益的实质平衡。笔者认为我国立法机关可以考虑借鉴深石原则，进一步完善我国法律制度，更好地为我国的经济建设保驾护航。就对赌案件而言，可以考虑在符合一定条件的情况下目标公司内部债权劣后于外部债权。

其实深石原则在我国的规范制定以及司法实践中已露端倪。最高人民法

院于2003年11月4日公布的《关于审理公司纠纷案件若干问题的规定（一）》（征求意见稿）第52条规定：控制公司滥用从属公司人格的，控制公司对从属公司的债权不享有抵销权；从属公司破产清算时，控制公司不享有别除权或者优先权，其债权分配顺序次于从属公司的其他债权人。另外，在最高人民法院公布的典型案例“沙港公司诉开天公司执行分配方案异议纠纷案”[①] 中就有关于深石原则隐含适用的内容。深石原则的引入，其意义还在于能够完善我国的阶层法律适用体系，即“突破债权平等”的“深石原则”可以在“公司法人资格否认”制度与“债权平等”原则之间起到承上启下的纽带作用。

第三节 最高人民法院裁判观点集成

对赌协议案件一般都具有一定的复杂性，而且目前我国也缺乏比较详细的司法解释及指导意见，因此实务中相关案例的裁判观点就显得更有借鉴意义，尤其是有重要影响的案例和最高人民法院的案例。虽然本书中其他章节已经列举了一些最高人民法院的重要案例，如“对赌第一案”“瀚霖案”“久远案”“邦奥案”以及地方高院的一些有重要影响的案例，如“华工案”“小马奔腾案”，但是，笔者认为本节收录的几个最高人民法院的案例及裁判观点同样值得研究学习。

一、对赌协议与股权转让的区别认定

安某晖与彭某明、彭某辉股权转让纠纷案[②]

最高人民法院认为：……第二，关于《补充协议》“公司股东分红冲抵剩余股权转让款”条款的解释问题。安某晖上诉主张，其与彭某明、彭某辉签

① 参见最高人民法院2015年4月1日发布的四起典型案例之一：沙港公司诉开天公司执行分配方案异议案。

② 参见最高人民法院（2015）民二终字第416号民事判决书。

订的《补充协议》性质为对赌协议，以股东分红作为支付股权对价的方式是该对赌协议的本质内容。彭某明、彭某辉认为，该协议是股权转让协议，标的是40%股权，对价为1亿元人民币，不是对赌协议。本院认为，《补充协议》系对《股权转让协议》中规定的后两期股权转让款的支付方式进行的变更，并没有关于彭某明、彭某辉保证安某晖享有一定数额的公司分红，否则安某晖可以不支付剩余的股权转让款的约定，不符合对赌协议的特征。根据该协议约定，双方主观上均无若股东不分红则免去安某晖支付剩余5000万元股权转让款义务的意思表示，安某晖关于该《补充协议》系对赌协议的上诉理由缺乏事实和法律依据，不能成立。依据《合同法》第125条，“当事人对合同条款理解有争议的，应当按照合同所使用的词句、合同的有关条款、合同的目的、交易习惯以及诚实信用原则，确定该条款的真实意思”，对于有争议合同条款应本着诚实信用和有利于合同目的实现的原则予以理解和解释。如果将《补充协议》该约定理解为附条件的付款约定，当公司分红条件不成就时，安某晖得以免责，不负担付款义务，并不符合当事人本意，亦不符合股权转让法律关系中，转让人获取约定的股权转让对价，受让人获取目标公司相应股权的合同目的，且有悖于诚实信用和有效合同全面履行的原则。因此，一审法院认定该条款为付款履行期限约定不明的约定，并无不当。安某晖应当履行支付剩余股权转让价款的义务。

二、当事人在《投资协议书》外另行签订的保护投资人利益的条款，属于对投资合作商业风险的安排，应为有效

蓝某桥、宜都天峡公司、湖北天峡公司与九鼎投资中心（有限合伙）投资合同纠纷案[1]

最高人民法院二审认为：关于案涉《投资协议书》和《补充协议》中回购条款的法律效力问题，首先，从诉争的两份协议书的内容看，立约各方为达到使宜都天峡公司增资、在中国境内资本市场公开发行股票并上市之目的，

---

[1] 参见最高人民法院（2014）民二终字第111号民事判决书。

先签订了《投资协议书》，约定蓝某桥、宜都天峡公司以资产及股权增资，九鼎投资中心则以资金注入方式对目标公司宜都天峡公司进行增资，协议包括业绩承诺与股权奖励等条款；同日，为保证投资方基本投资利益的实现，各方当事人又签订了《补充协议》，主要包括在一定条件下被投资方股东回购股份的承诺等内容。案涉两份协议系典型的商事合同，《补充协议》系对《投资协议书》的补充约定，二者系于同一天达成，共同完整地构成了各方当事人的意思表示。《补充协议》中有关两种情形下被投资方股东应当回购股份的承诺清晰而明确，是当事人在《投资协议书》外特别设立的保护投资人利益的条款，属于缔约过程中当事人对投资合作商业风险的安排。该条款与《投资协议书》中的相关股权奖励条款相对应，系各方当事人的真实意思表示。其次，案涉协议关于在一定条件下被投资方股东回购股份的内容不违反国家法律行政法规的禁止性规定，不存在《合同法》第52条所规定的有关合同无效的情形。诉争协议系各方当事人专为此次交易自愿达成的一致约定，并非单方预先拟定或者反复使用，不属于我国合同法所规定的格式合同或者格式条款，不存在显失公平的问题。蓝某桥、湖北天峡公司提出回购股份的条款属于格式条款、有违公平原则的上诉理由缺乏事实与法律依据，不能成立。因此，原审判决认定案涉《投资协议书》与《补充协议》，包括在一定条件下被投资方股东回购股份的承诺等内容合法有效正确，本院予以维持。

案涉《投资协议书》《补充协议》以及其中的回购股份条款内容，是当事人在《投资协议书》外特别设立的保护投资人利益的条款，属于缔约过程中当事人对投资合作商业风险的安排，与《投资协议书》中的相关股权奖励条款相对应，均系各方当事人的真实意思表示。且不违反国家法律行政法规的禁止性规定，不存在《合同法》第52条所规定的有关合同无效的情形，亦不属于我国合同法所规定的格式合同或者格式条款，不存在显失公平的问题。①

---

① 参见李京平：《“对赌协议”中股东承诺回购股份的法律规制——蓝某桥、宜都天峡特种渔业有限公司、湖北天峡鲟业有限公司为与苏州周原九鼎投资中心（有限合伙）投资合同纠纷上诉案》，载最高人民法院民事审判第二庭编：《商事审判指导》（总第39辑），人民法院出版社2015年版，第192~195页。

三、将未能实现约定净利润指标设为股权回购条件，并不损害目标公司及债权人利益，应为有效

富盈中心与三洲集团、金丰科华公司等股权转让纠纷案[①]

最高人民法院认为：关于股权回购的约定是否有效，股权回购的条件是否已成就问题。富盈中心与三洲集团公司、金丰科华公司、三洲实业公司、储某晗、三洲特钢公司在《股权回购框架协议》鉴于部分确认了如下事实：“鉴于整体经济形势市场环境及其他主客观原因，已方（三洲特钢公司）未能实现《股权转让协议一》和《股权转让协议二》约定的净利润指标，已经触发《股权转让协议一》和《股权转让协议二》第7.7条约定的股权回购条款”；“鉴于已方（三洲特钢公司）的现状及未来前景，2013年5月17日，甲方（富盈中心）向乙方（三洲集团公司）及戊方（储某晗）发出《股权回购通知》，乙方（三洲集团公司）及戊方（储某晗）于2013年5月18日签收《股权回购通知回执》”。对于《股权回购框架协议》确认的三洲特钢公司未能实现《股权转让协议一》和《股权转让协议二》约定的净利润指标的事实，上诉人三洲集团公司、金丰科华公司并无异议，但认为《股权转让协议一》和《股权转让协议二》中关于股权回购的约定应为无效，且股权回购的条件并未成就。对此，本院认为，三洲集团公司、金丰科华公司的上诉主张不能成立。理由如下：第一，富盈中心起诉所依据的并非《股权转让协议一》和《股权转让协议二》，而是《股权回购框架协议》，《股权转让协议一》和《股权转让协议二》不属本案审理范围，且对于《股权回购框架协议》的效力，三洲集团公司、金丰科华公司并无异议。第二，三洲集团公司、金丰科华公司虽认为《股权转让协议一》和《股权转让协议二》中关于股权回购的约定应为无效，但是并未有生效法律文书确认该约定为无效。第三，《股权转让协议一》和《股权转让协议二》中约定的股权回购条件是未能实现双方约定的净利润指标，而关于净利润指标的约定是股权转让方（转让前和转让后

① 参见最高人民法院（2016）最高法民205号民事判决书。

均是目标公司的控股股东）与股权受让方基于商业风险判断的真实意思表示，并不损害目标公司的利益，也不损害目标公司债权人的利益。第四，三洲集团公司、金丰科华公司上诉主张股权回购条件并未成就，但该主张与其确认的三洲特钢公司未能实现《股权转让协议一》和《股权转让协议二》约定的净利润指标的事实相冲突，也无证据支持，不能成立。

四、因股权回购协议履行基础已经发生颠覆性变化，致使回购义务不能按约定期限和比例履行的，不构成违约

陈某明、陈某月、王某生与公路公司合同纠纷再审案[①]

最高人民法院认为：关于公路公司是否违约以及《分配协议》应否解除的问题。按照《分配协议》的约定，公路公司在天虹公司注册资本增至9050万元的3年后回购北国投持有的二航局信托股权，成为天虹公司的股东需满足以下基本条件：一是北国投用二航局9000万元信托资金增资入股占天虹公司99.45%股权；二是天虹公司的注册资本在增资后为9050万元，股东结构为北国投公司、陈某明等三人（双方持股比例为99.45%∶0.55%）；三是3年后由公路公司受让北国投持有的二航局在天虹公司的信托股权9000万元。但是，在协议约定的期限尚未届满前，由于天虹公司公路建设项目总投资的增加，作为合同一方当事人的陈某明等三人（天虹公司股东）与天虹公司另一股东北国投及信托股权委托人二航局之间通过协商另行约定对天虹公司进行第二次增资扩股，并于2006年9月新增注册资本6000万元，天虹公司资本金增至15050万元。北国投、二航局因直接投资而成为天虹公司股东。至此，《分配协议》履行的前提条件已发生根本变化。一审法院在天虹公司通过第二次增资扩股，公司股权结构（北国投59.80%、二航局39.87%、陈某明等三人0.33%）、信托股权数额（3000万元）、注册资本金（15050万元）等均发生重大变化，公路公司能否依约回购、何时回购及回购比例均没有确定的情况下，以《分配协议》履行的基础已发生了颠覆性变化为由，认定公路公司

① 参见最高人民法院（2012）民申字第1588号民事裁定书。

不能按照《分配协议》约定的期限和比例履行回购义务不构成违约，本案不符合《合同法》第94条第4项规定的行使法定解除权的条件，判决驳回陈某明等三人要求解除与公路公司的合同的诉讼请求，并无不当。

五、股权回购请求虽然被驳回，但是待回购条件成就时仍可再主张

中铁公司与中金公司其他合同纠纷申请再审案①

最高人民法院经审查认为：（一）关于中金公司是否有权回购中铁公司持有的中金渝能公司股权的问题。中金公司在本案中的诉讼请求虽有多项，但结合其在起诉时陈述的事实，可知中金公司起诉的核心内容是要求回购中铁公司所持有的中金渝能公司全部股权，其援引的合同依据也是《投资合作协议》第8条。故本案原审围绕《投资合作协议》第8条第2款所约定的条件是否具备进行审理，是正确的。《投资合作协议》第8条第2款明确约定了中金公司回购中铁公司所持全部股权的5项条件。在本案二审判决作出前，除第1项条件已具备外，对于其余4项条件，中金公司均未能提交相应证据证明其已具备。二审判决据此认定“在协议约定的股权回购条件全部成就之前，中金公司并不享有回购该股权的权利”，并无不当。二审判决的此项认定，并未否定在协议约定的条件全部具备后，中金公司可以行使回购中铁公司所持全部股权的合同权利。二审判决的此项认定，亦未否定中金公司可以援引《投资合作协议》第9条等约定，要求就引入其他战略投资者等问题与中铁公司协商。因此，中金公司依据《投资合作协议》约定享有的回购股权的权利，不因中金公司的诉讼请求被驳回而丧失。通过签订《投资合作协议》以及股权转让协议、形成股东会决议、修改公司章程并进行工商变更登记等行为，中铁公司受让了中金渝能公司原股东的股权，中铁公司具备了作为中金渝能公司股东的所有法律要件。《投资合作协议》中所称阶段性持股是相对于股权回购事实发生而言，在中铁公司持有中金渝能公司股权期间，中金公司并不对中铁公司持有的上述股权享受任何权利。中金公司称二审判决认定中金公

---

① 参见最高人民法院（2013）民申字第161号民事裁定书。

司没有回购权的结论错误，是对原判决的错误理解，理由不能成立。（二）关于中金公司是否有权请求中铁公司、中金渝能公司配合其立即实现《投资合作协议》第 8 条第 2 款约定的股权回购条件的问题。《投资合作协议》第 2 条关于“合作模式”中约定：“项目物业达到销售条件后，公司物业销售的回款应首先满足中铁公司的投资及收益的回收。”第 7 条关于“甲方投资及收益”中约定：“项目达到预售条件后，公司即行销售，销售回款首先应偿还中铁公司投资本金及收益。”据此，销售项目物业是双方约定的实现合同权利的履行方式。中铁公司行使此项合同权利，由中金渝能公司对项目物业进行销售，亦可以促进《投资合作协议》第 8 条第 2 款约定的股权回购条件的实现。但在本案二审判决作出前，项目物业并未进行销售，中铁公司未能通过项目销售获得收益。中金公司在本案诉讼中提出要求中铁公司、中金渝能公司履行协助股权回购条件实现的义务，所援引的合同依据是《投资合作协议》第 8 条第 2 款。该条款约定的股权回购条件是中铁公司的合同履行内容，由于中金公司通过诉讼查封了本案房地产项目土地，导致中铁公司无法顺利进行项目建设和施工。中金公司没有履行积极协助与配合的义务，而不是中铁公司。中金公司在诉讼中向法庭提交了其与第三方金融机构签订的融资协议，该融资协议表明了可能的融资意向，而不是保证中铁公司能够获得合同约定的投资本金及收益。至于中金公司提出的可以通过引入战略投资者，也可自筹资金随时支付来保证中铁公司的权益，这是公司经营过程中的商业决策问题，而不是人民法院支持其回购股权的理由。中金公司申请再审称二审判决此项认定错误，理由不能成立。（三）关于中铁公司、中金渝能公司是否负有协助义务，将相关股权变更到中金公司或其指定的第三方战略投资者名下的问题。中金公司在本案原审诉讼期间，请求中铁公司、中金渝能公司配合其立即实现股权回购条件，所援引的合同依据主要是《投资合作协议》第 11 条第 6 款。该款内容为“为保证本协议约定的各项内容的顺利进行，一方遇有协助义务的，另一方应积极协助与配合”。根据这一约定，中铁公司、中金渝能公司负有协助义务将相关股权变更至中金公司名下的前提是，《投资合作协议》第 8 条第 2 款约定的内容已经实现。而在本案二审判决作出前，《投资合作协议》第 8 条第 2 款约定的内容尚未实现，中金公司当时并不享有回购中铁公司所持中金渝能公司92%股权的权利。故在此阶段，中铁公司、中金渝能公司不负有协助中金公司变更过户相应股权的义务。中金公司申请再审称二审判决此项认定错误，理由不能成立。综上，在项目物业尚未销售，且本案合同没有相关约定的情况下，二审判决认定中金公司不享有“请求中铁公司立即实现回购条件”的权利，是正确的。（四）关于中金公司提交证据说明涉案房地产项目情势发生变化，可以实现回购的问题。1. 青岛国贸中心2011年3月7日和2012年5月17日的《商品房预售许可证》，并不能证明《投资合作协议》第8条第2款所约定的股权回购条件已全部具备，不足以推翻原判决；且2012年5月17日的《商品房预售许可证》属于原判决生效后新发生的事实，故不符合民事诉讼法第200条第1项的规定。2. 项目物业的销售等事实发生在本案二审判决作出之后。如果中金公司认为此等新的事实已使协议约定的股权回购条件完全具备，或者其权益因此等新的事实受到侵害，则可另行提起诉讼主张权利。本案二审判决并未否定在协议约定的条件全部具备后，中金公司可以行使回购中铁公司所持全部股权的合同权利。且中金公司现已在山东省高级人民法院提起另案诉讼，要求回购中铁公司持有的项目公司部分股权，因此，中金公司的股权纠纷并非不能通过另案诉讼解决。

第十一章　对赌法律问题综合提示

本书前面十章已经就对赌协议涉及的诸多法律问题进行了介绍，本章就前面的问题做个回顾性的概括总结及要点补充。本章分两节，针对投融资双方主体的不同特点，分别给出了提示，望能带给对赌当事人一点帮助。

第一节　对融资方的对赌法律问题综合提示

创业者是否该引入风险投资？引入什么样的风险投资？是否该签订对赌协议？如何签订对赌协议？融资方需要注意什么？需要如何做？这些是打算股权融资的创业者必须要面对和思考的问题。其中部分内容在前面的章节有详细介绍，本节仅就相关问题作概括性、补充性、综合性的提示，以便融资方有个宏观的整体认识。

一、融资方的优势、劣势及面临的主要风险

俗话说，知己知彼，百战不殆。签订对赌协议也是一样，融资方首先一定要对自己的优势、劣势和面临的主要风险有个客观的认识，才可能签订适合自己的协议。

（一）融资方的优势与注意事项

对赌协议中融资方的优势是对目标公司的信息优势和控制权优势。需要注意的是，融资方不要利用自己的优势过分夸张美化目标公司状况，欺诈投资人，以期目标公司获得高估值，此种行为非常危险，很可能变成作茧自缚。

（二）融资方的劣势与注意事项

融资方在融资对赌中也有其明显的劣势，因资金饥渴容易贪图眼前利益，因股权融资对赌知识技能匮乏，容易麻痹妥协。创业者自信本是好事，但常常容易高估自己的能力，低估未来的风险。针对融资方的劣势，其应当注意的是，要善于借助外部专家力量，充分考虑经营风险，谨慎签约，不要只顾眼前利益，以防饮鸩止渴。要有信心和勇气与投资方进行谈判，争取最大利益。

另外，由于对赌协议一般是由投资方主导拟定的，甚至是提供的格式条款，如果产生诉讼，在某些阶段尤其是初期融资方通常比较被动，容易失去信心，但是，融资方如果根据案情经过专业精心策划，借助外部专家力量以及巧妙利用程序权利，还是有很大机会扭转不利局面甚至是赢得利益的。

（三）融资方面临的主要风险

鉴于融资方的优势和劣势，在股权融资对赌中，融资方常见的问题和风险主要是：业绩目标不切实际、急于获得高估值、忽略控制权的对立性、对赌失败后的风险评估与把控等问题。下文针对融资方的常见法律问题给出一些提示，望能有所借鉴。

二、补足短板，及时聘请外部专家顾问

目标公司对外融资是一个长期、复杂且专业性很强的工作，目标公司要将其作为专项工作来做，一定要有专门的人力、物力、财力、时间的投入。就股权融资对赌知识技能而言，一般情况下融资方与投资方不可相提并论。投资方一般是长期以股权投资对赌为业的专业投资机构，是职业对赌专业人士，而融资方的企业主要从事产品生产和服务提供等业务，对股权融资对赌并不熟悉，甚至是第一次接触对赌。在此种差距下，双方的沟通效率会比较低下，而且由于专业力量悬殊，融资方如果仅靠自己能力与投资方博弈几乎无胜算，一旦对赌失败，极有可能倾家荡产。

鉴于此，对于专业性非常强的股权融资对赌来说，融资方若不具备此类专业人才，就非常有必要及时从外部聘请擅长对赌业务的法律、财务、投资专家顾问，补足短板，提升工作效率、防控风险，还能降低综合成本。

三、是否对赌、如何对赌，知其后果再抉择

对于融资方来说，资金饥渴、上市冲动都可能是其签署对赌协议的动机。但要决定是否对赌、如何对赌时，首先要认真分析目标公司的条件和需求；其次要考虑除了签署对赌协议之外，是否还有其他可行的风险更低的融资方式，是否迫不得已才选择了对赌融资；再次，对赌之前既要弄清楚关于对赌的利，更要充分了解对赌的弊（详见本书第一章第一节），考虑清楚是否能承受对赌的弊；最后，要弄清楚本企业如果签署对赌协议的话，风险点在哪里，如何规避或降低风险，最坏的结果是什么，能否接受最坏的结果等。

融资的时候要知道，并不是所有企业的资金饥渴问题都适用对赌协议来解决，也不是所有的投资都要设定对赌协议。如果创业公司认为得到瓶颈资金之后，能够迅猛或爆炸式发展扩张，但就公司的估值与发展速度无法与投资者达成一致意见，那就可以考虑签订对赌协议。如果目标公司即使得到大规模资金也不可能迅猛发展或快速体现规模效应，这种情况就不适合签订对赌协议。

总之，融资方对赌之前要做到签约了然，赢亦淡然，败亦坦然。做最好的设计、努力和防范，做最坏的打算。

四、投资机构的选择

投资机构的差别很大，有的只能提供资金、有的还能提供专业顾问资源，有的履历光鲜、有的劣迹斑斑，有的对目标公司的经营控制权有比较高的诉求、有的放手融资方管理等，选择投资人是个重大且专业的问题，其是几年内的重要合作伙伴，一定要慎之又慎（详见本书第二章第一节“与谁‘赌’——对赌主体的选择与操作”）。

五、业绩目标要理性，上市预期要合理，不盲目追求高估值

（一）过高的对赌目标及盲目追求高估值的弊端

融资方股权融资常见的问题之一就是盲目扩大规模，片面追求高估值，对上市预期过于理想，对未来风险严重估计不足。融资方一定要清楚，高估值不是白拿的，都要体现在将来的业绩和对赌要求上，一旦未能实现对赌目标，是要加倍赔偿，甚至输掉公司控制权的。因此融资方定业绩目标、做上市计划时一定要客观、理性甚至是保守，对未来的风险要有充分的预估和处置预案。否则，今天吹过的牛就会被明天的巴掌买单。而且，高估值对目标公司来说通常还有如下副作用：

（1）高估值意味着高业绩要求，因此公司创始人团队往往会压力很大，短期的业绩目标可能会影响公司的长期安排；

（2）目标公司切勿过分抬高自己的企业估值，因为融资协议一般都设有反稀释权条款，容易使公司在后期出现融资僵局；

（3）公司容易战斗力透支，在公司存在期权激励的情况下，如果公司前期估值增长过快会透支后期的增长空间，后期估值增速一旦减缓或停滞，将会降低后期期限激励效果，造成公司后期战斗力不足；

（4）再引进新的战略合伙人困难，公司被不切实际的高估值会造成公司后期的利益想象空间变小，很难再引进新的战略合伙人。

（二）避免过高的对赌目标及非理性估值的措施

1. 设定合理的对赌评判标准

对赌协议不是零和博弈，其结果不是双赢就是双输，当融资方输得一塌糊涂的时候，意味着投资方的投资失败。因此，双赢才是投融资双方的共同理想。要想实现双赢，关键是要设定合理的对赌标准，否则若对赌标准设定得过高，利益明显偏向机构投资方，融资方很可能崩溃在过高的对赌业绩上，最终导致投融资双方对赌失败。

设定对赌评判标准时，融资方管理层除了要能够准确判断目标公司自身的发展状况外，还必须对整个行业的现实情况、发展趋势、竞争者情况、核心竞争力等方面有很好的把握，才可能在与投资机构的谈判中掌握主动，提出合理评判标准的方案。

2. 对赌当事人都要调低预期

要实现对赌双赢，须注意不要把目标公司逼得太紧，尽可能为目标公司多留足灵活进退、自主经营的缓冲空间，以便目标公司在遇到小风险或有小失误的时候有调整康复的余地。因此，在对赌协议中投融资双方都有必要主动降低预期，给对方和目标公司机会就是给自己机会。

六、融资节奏及多轮融资的对赌问题

公司不同发展阶段一般要经历多轮融资，这就涉及公司融资节奏及不同阶段融资的相互关系及衔接问题。这些对公司的发展和公司原股东的利益都至关重要，应引起融资方足够的重视。

（一）公司应根据发展阶段需要控制股权融资节奏

创业公司一般会经历初创期、成长期、扩张期和成熟期等发展阶段并面临多轮不同规模的融资需求，天使轮的融资规模是百万元级的，A 轮的融资规模是千万元级的，B 轮以后的融资规模是亿元级以上的。对于公司的融资节奏应根据发展需要来控制，既不易超前也不宜迟缓。融资节奏超前，一方面会造成资金闲置浪费，增加公司经营成本；另一方面在公司估值较低的阶段超前融资会快速大幅度稀释公司股权，不仅影响了公司控制权的稳定性，还压缩了公司下一轮股权融资及股权激励的空间。如果公司融资节奏迟缓，则会因资金短缺影响公司的发展。因此，公司要根据发展阶段逐步增加融资，同时公司的估值也在逐步提高，公司可以用尽可能少的股权融更多的资金，同时会减小和延缓原股东股权的稀释程度，更好地维持公司原来的控制权，避免过早透支股权的价值。

（二）多轮融资涉及的对赌问题

公司因发展需要，常会进行多轮融资甚至与不同的投资机构签订对赌协议。对此，融资方一定要注意多个对赌协议的相互关系和衔接问题，避免产生意料之外的风险或损失。例如，A 轮融资的投资机构同意目标公司与其他投资机构签订对赌协议进行了 B 轮融资，结果因履行 B 轮的对赌协议，导致 A 轮对赌协议的对赌业绩目标没有实现，此时 A 轮的投资机构根据对赌协议要求目标公司进行现金补偿，其理由是 A 轮的投资机构虽然同意目标公司与其他机构签订了 A 轮的对赌协议，但这并不代表改变了 A 轮的对赌协议内容，更不是抗辩未实现对赌协议的理由。再如，投融资双方签订的对赌协议一般都会设有反稀释条款等保护投资方的特殊条款，后面签订对赌协议让渡的权利也可能会被前面投资机构同样享有。因此，在目标公司存在多轮股权融资的情况下，目标公司控股股东、实际控制人安排和协调好多个对赌协议的关系至关重要。

七、从对赌控局到公司控制权

对于创业公司来说，一般签订对赌协议的主要目的就是引入瓶颈资金，解决资金饥渴问题，同时保留住对公司的控制权。但实践中，投资者中并不全是纯粹的财务投资机构，有的投资者是以对赌协议为手段，从一步步控局成为对赌庄家开展，最终掌握目标公司的控制权。因此公司在股权对赌融资时，一定要注意投资方对董事席位的要求、对一票否决权等决策权的要求，注意投资方是否向公司安排高管、是否在具体业务流程中设置审批权、对赌失败是否涉及股权补偿及控制权调整等要求。融资方要考虑清楚相关条款的风险自己是否能够接受，一定要注意防范公司控制权的丢失。

八、对赌陷阱之经营控制权被干预及丢失后对对赌协议履行的影响

有些投资者觊觎的就是目标公司的控制权，投资的真正目的就是挤走公

司原股东和管理团队，全面控制占有公司资源，此种情况融资方就要特别注意防范投资者的对赌圈套。例如，在对赌协议中，将对赌标的设置为股权补偿及增加己方占有董事、监事、高管及关键职位的席位，随后在对赌协议的履行过程中，投资方在关键事项上故意行使一票否决权或在关键业务流程中故意拖延行使审批权，目的就是让目标公司不能实现对赌业绩，进而要求股权补偿实现股权控制，增加己方占有董事、监事、高管及关键职位的席位，最终全面控制目标公司。

（一）原股东对公司的经营控制权受到投资方严重干涉的情况

实践中的问题是，在目标公司原股东对公司的经营控制权受到投资方严重干预未实现对赌业绩目标的情况下，仍然要对对赌业绩负责。有的案例中的裁判观点是将投资方干预公司经营管理的行为与对赌协议的履行割裂来看，即除非对赌协议明确约定外，投资方故意行使一票否决权或在关键业务流程中故意拖延行使审批权的行为致使对赌业绩不能实现的，可以通过另行诉讼的方式主张投资方股东、董事等公司治理方面的责任。这一般不与对赌业绩实现的责任挂钩。

实务案例

陆某芸等与四方继保公司合同纠纷案①

关于如四方继保公司（投资方）介入泓申公司研发、经营等造成重大不利影响，是否可以减轻或免除方某及陆某芸（融资方原股东）业绩补偿责任的问题，一审法院认为：本案中，方某、陆某芸主张四方继保公司深度参与泓申公司的研发、生产经营等环节，导致泓申公司的销售业绩和市场推广受到重大不利影响。因此，四方继保公司无权提出所谓业绩补偿的主张，反而应向泓申公司赔偿损失。对此，首先，方某、陆某芸并未提供其上述主张的合同依据，即《增资协议》中并未约定如四方继保公司介入泓申公司研发、

① 参见北京市高级人民法院（2019）京民终252号民事判决书。

管理、经营造成重大不利影响，则其无权向方某提出业绩补偿要求。其次，本案需要解决的是方某、陆某芸是否需要依照约定承担业绩补偿义务的问题，而方某、陆某芸主张的四方继保公司对泓申公司造成重大不利影响，系属于基于四方继保公司的股东身份而损害公司利益纠纷，或基于其他合同产生的纠纷，与本案分属不同的法律关系。至于四方继保公司是否需要对泓申公司承担责任以及承担何种责任，不属于本案审理的范畴，各方均可另行解决。最终二审法院维持一审判决。

（二）原股东的经营控制权不能实际行使或被夺走后的情况

我国法律并没有明确规定公司原股东拥有经营控制权是履行对赌协议的基础。但实践中一般认为若投资方造成目标公司原股东失去公司经营控制权或无法实际行使经营控制权的，则对赌协议不能继续约束融资方。

实务案例

瑞锋公司等与劳莱斯门业公司等公司合并纠纷案[①]

法院认为，出让方股东艾某锋是否担任劳莱斯门业公司总经理并负责经营该公司是双方约定的实现公司业绩的前提。总经理是公司经营的实际运作人，对公司经营至关重要。如出让方股东担任了劳莱斯门业公司总经理，公司经营收益未达约定的，其后果理应由出让方即三名上诉人承担，两被上诉人可按协议约定拒付相应款项。本案中，两被上诉人未按约任命三名上诉人的股东担任总经理负责劳莱斯门业公司经营，直接影响到对劳莱斯门业公司能否达到约定的付款条件。现两被上诉人不能提供证据证明劳莱斯门业公司任命或通知过出让方股东艾某锋担任该公司总经理并负责公司经营、运作，辩称是艾某锋拒绝担任总经理，本院不予采信。

法院最终认定投资者不让转让方股东经营目标资产，系阻碍对赌目标实现的行为，作为对投资者违约行为的惩罚，应视为对赌目标部分实现。

---

① 参见上海市第一中级人民法院（2014）沪一中民四（商）终字第105号民事判决书。

（三）对赌圈套风险防范

严重干涉公司的经营控制权与经营控制权不能实际行使之间并不全是泾渭分明的，有时法院的认定也不一致，为了减少融资方的相关风险，融资方要注意三点：一是在投融资对赌协议中明确约定，在业绩承诺期内保证融资方原股东拥有公司的经营权、控制权并担任公司总经理；二是在协议中限制投资方对公司经营管理的干预；三是在协议中约定，如果投资方严重干扰融资方原股东行使经营管理权致使对赌业绩目标未能实现，或融资方原股东丢失公司控制权后公司未实现对赌业绩，则对融资方免责。

九、对赌的潜在风险条款

虽然双赢是对赌双方追求的理想目标，但毕竟投融资双方的性质不同，其最终诉求还是有差异的。融资方考虑的是目标公司的长期发展，而投资机构一般考虑的是短期套现退出，当然也有觊觎公司控制权的。投资方从保护己方利益角度出发，一般会根据对目标公司的尽调结果，在投资对赌协议中设置一系列的保护性条款，以实现自己的投资目标。比如：设置一票否决权、进一步增资、优先认购权，优先购买和共同出售权，反稀释权，知情权，领售权，回购权，清算优先权，在董事会和股东会的特别权利等。这些条款往往会给目标公司带来潜在风险，因此目标公司要注意根据企业自身情况，对投资机构设计的条款进行分析判断、调整和修改，预防化解相关风险。

十、利益及风险的平衡，减免责任条款要明确

融资方一定要注意与投资方的利益平衡，尤其是前期利益与后期利益的平衡、资金利益与隐形利益的平衡，莫要因为久旱逢甘霖大喜过望而失了原则，为后期埋下隐患。

融资方在充分评估预测将来风险的基础上，要主动与投资方协商某些特

殊情况下减免责任的具体情形、具体条件、处置方法、处置流程等。尤其是对融资方没有任何过错的市场风险、不可抗力、情势变更、贸易战、金融风暴、双方措施、IPO 暂停、政府征收、市场价格剧烈波动、融资方原股东因受到投资方干扰未实现对赌业绩目标或失去公司控制权等情况要求免责的，要尽量约定清楚。因为以上相关情况在司法实践中被适用法定免责非常困难。而且，即使相关事由被认定成不可抗力或情势变更，但一般遭受相关事由的是目标公司，若融资方对赌当事人（一般是大股东或实际控制人）主张减免责任，可能不被法院支持。

十一、注意风险隔离与家庭财产保护

实践中，融资方对赌失败是大概率事件，而且投资人往往偏好让创业者个人及夫妻共同财产为对赌协议的履行提供担保，一旦对赌失败，创业者不但不能给家人带来幸福生活，反而可能让家人跌进万丈深渊。小马奔腾案的教训是惨痛的。因此创业公司的大股东、实际控制人等，在参与公司融资对赌前，一定要考虑如何确保家族成员不受对赌牵连，如何做好对赌风险隔离与家庭财产保护。如有可能，融资方在签署对赌协议时，尽量在对赌协议里明确约定，若对赌失败，融资方对赌当事人的家族成员的利益与此无涉，其个人财产（或份额）不受影响。

十二、股权融资时的商业秘密保护

实践中，有的融资方由于急需瓶颈资金，对投资机构的尽调几乎来者不拒，全面积极提供财务、法律和业务方面的尽调材料，未注意公司的商业秘密保护。投资机构尽调之后，未必就能和融资方合作，有的甚至后来与融资方的竞争对手成了合作伙伴，这对融资方是非常危险的。现实中也有相关的例子，融资方为了融资被投资机构尽调之后，没能达成合作，但一段时间后，融资企业发现其竞争对手在争夺其客户并接洽其供应商，可怕的是该竞争对手甚至知道融资方与其客户之间的价格等重要商业秘密。虽然融资方怀疑是尽调投资机构泄露了商业秘密，但因为没有证据，徒增维权难度。因此，公司股权融资时，一定要注意对公司的商业秘密进行预防性保护。

十三、程序权利与期限利益

对赌是投融资双方综合博弈的过程，体现在前期考察、谈判、签约合作、协议履行、纠纷诉讼、法院执行等各个阶段。对于纠纷诉讼和法院执行阶段，融资方可以运用程序权利获得期限利益。融资方策略得当，可以增加和解谈判、法院改判、延长资金使用期限缓解资金饥渴的机会，还可能等到其他机会（比如市场好转、公司资产增值等）。

十四、对赌刑事法律风险

在股权投融资对赌商事活动中，刑事法律风险也是不能忽略的问题。2017 年香榭丽公司、叶某、乔某东、周某海合同诈骗罪、虚开增值税专用发票罪单位、行贿罪案件①再次给我们敲响了警钟。实践中，融资方在对赌谈判或履行对赌协议时，可能因压力过大产生了犯罪动机，实施了一些涉嫌犯罪的行为。如有的公司以非法占有为目的，在签订、履行合同过程中，制造虚假业绩、提供虚假财务资料等，骗取投资方财物，给投资方造成重大财产损失。单位直接负责的主管人员、单位其他直接责任人员，参与被告单位犯罪行为的，其行为也可能构成犯罪。在对赌协议的谈判、履行过程中触犯刑法涉及的罪名主要有：合同诈骗罪，虚开增值税专用发票罪，单位行贿罪，职务侵占罪，挪用资金罪，伪造公司企业印证罪，行贿类犯罪等。在股权融资对赌过程中，相关当事人要有法律意识，不但要注意防范一般法律风险，更要注意防范刑事法律风险。

① 广东省广州市中级人民法院（2017）粤 01 刑初 228 号刑事判决书。

第二节 对投资方的对赌法律问题综合提示

某知名基金联合创始人曾说，作为创业者，永远不可能在对赌游戏中获胜。在对赌协议中，创业者面对投资者就像面对赌场中的庄家，赢的概率早就被算好了。从法院的判决情况来看，投资方确实是胜多败少，似乎也印证了上面的说法。难道对赌游戏就真的完全掌握在投资者手中吗？从投资方对赌胜诉判决的后期执行情况来看，并不乐观，投资人常常是赢了官司，输了实惠。因此，在股权投融资对赌中，投资方仍然有很多工作要做，有一些短板要补足。

一、投资方的优势、劣势及面临的主要风险

投资方要解决对赌中的问题，就要先了解自己，知道自己的优势，明白自己的劣势，明白自己面临的风险等，下面对相关问题分别进行介绍。

（一）投资方的优势与注意事项

投资方相对融资方来说拥有资金和对赌知识技能优势，占有买方市场地位，主导对赌条款的制定，但投资方还是有若干问题需要改进和注意：

1. 投资方不要因为具有对赌知识技能优势而在制定对赌协议时盲目自信和任性，不要犯经验主义错误，注意对赌条款及配套条款的合法有效性，跨界踩线的权益可能得不到法院的认可。

2. 总体来说目前对赌协议的设计不够细致，甚至很粗糙，欠缺针对性，对赌指标、对赌筹码、对赌模式单一。特别是在设定对赌指标过于单一的情况下，容易忽视或掩盖目标公司的相关风险。

3. 缺乏系统化、机制化和有效联动，欠缺可操作性，触发对赌条款后，投资人资金的回收及保障性权益的获得经常路径不畅，欠缺回收轨道和程序的预设。

4. 对赌协议的风险控制能力、精准性还有很大提升空间，风险挡位的切换不够顺滑，还需尽力降低换挡顿挫感。可以考虑参照“动态调整评估法”加入一些过程控制的挡位。

5. 对赌模式有些简单粗暴，“静态调整估值法”过于注重对赌结果指标、轻视对赌过程指标，最终可能因为丢了过程而输了结果，而且最终结果常常因为很难补救导致产生纠纷甚至是激烈冲突。

6. 对赌协议关联融资方关键主体的精准性和全面性还不够，未能更好地调动激励融资方各关键要素的积极性。

（二）投资方的劣势与注意事项

投资方相对融资方来说对目标公司了解的信息处于劣势地位，而且不掌握目标公司的控制权，投资方需要注意的是：

1. 要对目标公司加强尽调，做出比较充分、全面、客观地评估，尽量减小估值偏差。

2. 不盲目轻信融资方的对赌承诺，对目标公司的真实增长潜力要有个有效评估，并充分了解博弈对手的经营管理能力。

3. 预设好回购、补偿方案的路径、程序和手续，以防范对赌协议的履行障碍，做好对赌担保、执行风险防范工作，否则投资方写在合同里的权益，可能最终变成竹篮打水一场空。

（三）投资方面临的主要风险

鉴于投资方的优势和劣势，在股权融资对赌中，投资方常见的问题和风险主要有：对赌协议的效力问题，估值偏差过大问题，对赌主体的选择问题，对赌方案的设计问题，现金补偿、股权回购的履行障碍问题，可转债的转换路径预设问题，担保条款的效力与履行障碍问题，对赌纠纷胜诉后的执行风险等。

二、加强尽调，尽量减小估值误差

（一）加强尽调的必要性

理论上，通过签订对赌协议可以减小信息不对称带来的投资弊端，减小投资方的投资风险，对目标公司的尽调可以从简，但实际情况并不理想。据不完全统计，对赌协议纠纷中，投资方的纸面判决胜诉率几乎超过了 90%，但在执行阶段却常常发现融资方被执行人可供执行的财产早已被其他债权人抢先查封、冻结。涉及上市公司的并购对赌中，有的创业者将作为收购对价的股票质押套现，当其对赌失败后，使得上市公司无法回购并注销股票。因此，并不是签订对赌协议就可以完全避免 PE/VC 的投资风险，所以投资方在签订对赌协议前还是有必要对目标公司进行比较细致的尽职调查，设计出更合适的对赌方案。

（二）加强尽调的作用

对目标公司加强尽调，至少具有以下作用：

1. 比较准确地把握是否考虑对目标公司投资；
2. 尽量减小对目标公司的估值偏差，降低投资风险；
3. 便于设计准确细致的投资方案（如确定更精确的投资数额、投资款具体使用方案的预算等）和对赌方案（如根据尽调情况确定合理的业绩目标、上市预期）；
4. 根据尽调情况，精准发现对赌风险点，做出有针对性的风险防范。

（三）尽调的原则和注意事项

1. 尽调的原则：对目标公司的尽调要遵循客观性、全面性、审慎性原则；
2. 尽调的注意事项：对目标公司的尽调在此强调注意两点，一方面要注意商业尽调、法律（人力）尽调、财务尽调相结合，同时不要忽略内部反腐调查；另一方面要注意尽调的形式审查与实质审查相结合，以及生产要素之间的匹配是否客观，避免尽调的形式主义。如，某劳动密集型企业提供的资料显示的往年“实际产量”与公司的工资表严重不匹配；某高消耗水电的公司提供的资料显示的往年“实际产量”与水电表显示的数据严重不匹配等。

三、确保对赌协议的效力，勿疏忽放纵，防范经验主义错误

签订对赌协议时，投资方一定要特别注意确保对赌协议的合法有效性，否则己方的真金白银投进去之后，将来自己的诉求却可能成为无根之木、无源之水。投资方在主导制定对赌协议时，要注意以下几点：

1. 勿疏忽放纵，踩到法律红线导致合同条款无效

由于投资方具有对赌专业技术优势、资金优势和买方市场的地位优势，故一般是主导对赌协议拟定的一方，但投资方不要过于放纵自己的优势地位以至于自己要求的权利越过了法律的红线，最终导致对赌协议某些条款无效。如，投资方一票否决权的设置不能违反公司法的强制性规定。

2. 导致融资方经营控制权不能实际行使或丢失，将影响对赌协议的履行

法院在审理对赌案件时一般认为，因投资者的原因，致使原股东无法实际行使或丧失对目标公司的经营管理权，则融资方不再受对赌机制的约束。因此，投资方在追求对目标公司的经营控制权时，如果对赌业绩目标未实现，法院可能会减轻或免除融资方的责任。相关案例如上海市第一中级人民法院（2014）沪一中民四（商）终字第105号。对此问题，本章第一节中有详细的讲解。

3. 防范经验主义错误，对合同条款的理解不要想当然

很多投资方的资深工作人员，容易犯经验主义错误，因为经常使用的一些对赌协议格式条款未发现问题，就想当然地认为没有问题，没有对相关条款的效力问题进行思考研究。这是比较危险的，有些司空见惯的格式条款，在诉讼的时候却经不起法律的拷问，被认定为无效条款。因此，投资方在主导拟定对赌条款时，不要仅凭经验想当然，关键条款一定要有法律依据甚至是有案例相印证，以确保合同效力，不要在产生纠纷时才发现自己设置的安全带是虚拟的。

四、对赌设计要注意诸多关系和要素的协调配合

对赌协议并不是一个简单的交易合同，它是一个复杂的估值调整系统，涉及多方面的法律关系和利益主体，设计操作时既要注意宏观，又要注意微观；既要考虑操作成本，又要降低对赌风险；既要注意眼前的操作，也要预判协议未来的可履行性。因此对赌协议的设计、操作，除了上文的内容需要注意之外，还需要注意慎重选择对赌主体、对赌标的、对赌筹码、对赌工具，合理设定对赌指标，尽量降低估值偏差，减小投资风险。为了降低对赌风险，改变结果调整的高风险，可以将对赌设计为分层博弈，分期对赌。为了增加对赌协议的可履行性，可以设定多个救济通道、多种履约方案及多个履约可能涉及的复杂程序，尽量提前预设，减少未来的履行障碍。对于投资方一定要注意退出条件和程序的设定，要清晰界定对赌终止的节点、条件、标准和程序，为退出规划、预设好路径。

五、注重对赌担保问题

当触发对赌纠纷后，往往融资方已经没有了履约能力或履约能力已经很差，因此投资方务必要重视对赌中融资方的履约担保问题，否则自己的投资安全将很难得到保障。担保问题，需要登记的，要及时登记；需要持有的，要注意持有。关于经常涉及的目标公司为股东提供保证的问题，不但要注意担保协议（条款）的效力问题，而且还要注意履行担保义务时涉及的路径和手续问题，能预设的尽量预设好，尽量避免担保协议无法履行。

六、争议解决方式及管辖地点的选择

关于争议解决方式及管辖地点的选择也是投资方需要重视的问题，有必要在协议中明确约定，这不仅涉及纠纷解决的效力，还涉及将来执行机构的选择。

关于对赌纠纷的解决方式是选择商事仲裁还是法院诉讼，在作出选择之前要了解清楚不同方式的优点和缺点，备选仲裁机构或法院的相关裁判观点意见等，以便针对自己的项目特点和对赌协议内容作出适合自己的选择。再强调一点，投资方选择纠纷裁判机构时其实也是对执行机构作出了选择，因此投资方在作出选择前一定要考虑方便有利的执行因素。

七、争议解决程序与强制执行

在对赌纠纷中，有众多的投资者虽然取得了胜诉的裁决，但后面的结果却无法令其高兴，因为投资者的胜诉利益不但没有拿到，反而还被拖入到无尽的诉讼泥潭之中。其实，胜诉判决对投资人来说也可能是“长征”的开始，后面还可能会涉及诉讼、执行、财产保全等一系列法律问题。因此，投资人在对赌前就有必要对涉及对赌的法律风险作出分析、预判和防范，尽量避免投资成果因法律方案设计、实施的漏洞而功亏一篑。

图书在版编目（CIP）数据

“对赌协议”实务全书：操作指引与裁判规则 / 刘鹏飞著. —北京：中国法制出版社，2021. 6

ISBN 978 -7 -5216 -1931 -7

Ⅰ. ①对… Ⅱ. ①刘… Ⅲ. ①期权交易 - 法律效力 - 研究 Ⅳ. ①D912. 280. 4

中国版本图书馆 CIP 数据核字（2021）第 108851 号

责任编辑：韩璐玮（hanluwei666@ 163. com）　　封面设计：杨泽江

“对赌协议”实务全书：操作指引与裁判规则

“DUIDU XIEYI” SHIWU QUANSHU：CAOZUO ZHIYIN YU CAIPAN GUIZE

著者/刘鹏飞

经销/新华书店

印刷/三河市国英印务有限公司

开本/710 毫米 ×1000 毫米　16 开　　印张/ 20. 25　字数/ 245 千

版次/2021 年 6 月第 1 版　　2021 年 6 月第 1 次印刷

中国法制出版社出版

书号 ISBN 978 -7 -5216 -1931 -7　　定价：78. 00 元

北京西单横二条 2 号

邮政编码 100031　　传真：010 -66031119

网址：http：//www. zgfzs. com　　**编辑部电话：010 -63141790**

市场营销部电话：010 -66033393　　**邮购部电话：010 -66033288**

（如有印装质量问题，请与本社印务部联系调换。电话：010 -66032926）